한국기업 생존의 열쇠

창조경영

한국기업 생존의 열쇠

창조 경영

신순철 · 김동준 공저

...변화

...혁신

...상상력

...열정

이코_북
Eco. Book

창조경영은 선택의 문제가 아니라 생존의 문제다

21세기 디지털 정보 네트워크 사회로 접어들면서 글로벌 경쟁, 창의력 경쟁, 디자인 경쟁, 혁신기술의 경쟁, 속도 경쟁, 고객 중심의 감성 마케팅 경쟁이 심화되고 있다. 이런 시대적 상황을 맞아 발상의 전환이 자유로운 사람, 차가운 논리가 아니라 가슴으로 생각하는 사람, 상상력을 명확히 시각화할 수 있는 사람, 새로운 사용가치와 독특한 콘셉트를 시스템적으로 생각할 수 있는 사람, 색다른 즐거움과 재미(fun)를 창출할 줄 아는 사람이 크게 각광을 받고 있다.

이처럼 경쟁 패러다임의 급격한 변화에 따라 혁신적이고 창의적인 가치를 창출하지 못하는 기업들은 생존조차 어려운 상황에 직면하게 되었다. 그렇다면 해결 방안은 있는가? 필자가 최근 국내외적으로 크게 주목받기 시작한 '창조경영'에 관심을 갖게 된

동기가 바로 여기에 있다. 특히 스티브 잡스의 애플이 화려하게 부활하고, 이건희 회장의 삼성전자가 세계 최강의 정보 · 통신 · 디지털 가전회사로 자리 잡고, 셰이크 모하메드 왕이 이끄는 중동의 조그만 나라 두바이가 세계의 이목을 끄는 것을 보면서 연구에 착수하였다. 이들을 연구하면서 '창조경영'이 국내외적으로 어려움에 처한 정부나 기업들에게 최고의 해결 방안이 될 수 있다는 것을 깨달았다.

최근 국내 기업들은 반도체, 휴대전화, TV · 에어컨 · 냉장고 등 프리미엄 가전제품, 이동통신, 디스플레이, 조선, 자동차 등 몇 개 분야를 제외하고는 일본 등 선진기업들의 첨단기술과 디자인 개발, 브랜드, 마케팅 경쟁에서 밀리고 있는 실정이다. 특히 글로벌 경쟁 무대로 진출해야 하는 국내 기업의 입장에서는 선진 기업의 벤치마킹과 모방전략, 품질, 가격 경쟁력 향상을 통한 생산성과 효율 중시 전략만을 내세운다면 중국과 인도, 베트남, 대만 등과의 경쟁에서도 살아남기 어려운 상황에 직면하게 되었다. 창조경영은 이런 위기 상황의 타개책이 될 수 있을 것이다. 즉 창조경영을 기업 내 핵심 시스템과 기업문화로 어떻게 수용하고 정착시키느냐에 따라 기업의 운명이 향후 10년 사이에 판가름 날 것이라고 확신한다.

현대그룹 고 정주영 회장, 삼성그룹 이건희 회장, 마이크로소프트 빌 게이츠 회장, 애플의 스티브 잡스 회장, 두바이의 셰이크 모하메드 왕과 같은 창조경영의 선구자들을 연구하면서 그들에게는 몇 가지 공통점이 있다는 것을 발견했다. 그들은 탁월한 상상력을 바탕으로 1%의 생각 차이를 미래의 가치로 그려내는 디자인 능력과 10년, 아니 100년 앞을 내다보는 원대한 꿈과 야망, 강인한 열정과 뚜렷한 신념, 인재 중시, 끊임없는 자기 학습, 철저한 실행력을 가졌다는 것이다. 그리고 수많은 실패 속에서 새로운 도전을 즐기고 작은 성공에 안주하지 않고 끊임없이 창조적 파괴를 이끄는 혁신적 사고를 지녔다. 또한 그들은 항상 새로운 미래를 꿈꾸고 이를 실현시키기 위해 끊임없이 상상하고, 누구보다도 세상과 사람에 대해 열린 마음을 가지고 다양성을 수용할 줄 알며, 핵심인재의 기용과 활용을 남다르게 실천해왔다.

우리가 그들로부터 배워야 할 것은 '실패 속에서도 배우고 지혜를 얻는다.'는 점이다. 또한 그들은 기업의 이윤 창출을 넘어서 사회와 국가에 대한 강한 사명감 내지 소명의식을 갖고 있었다. 이러한 혁신적 사고와 야망, 그리고 상상력을 가진 리더라야 창조경영도 가능하다. 그 중에서도 리더의 창의적 사고와 상상력은 기업이나 국가의 운명을 좌우할 정도로 중요하다. 리더의 작은 생각의 차이가 현실로 실현되었을 때 그 결과는 엄청나게 차이 나는 것이다. 세계인의 주목을 끌며 수천만 명의 관광객과 수십억 달러를 끌어들일 수 있는 두바이 '팜 아일랜드' 프로젝트는 셰이크 모하메드 왕의 창의적 아이디어에서 비롯되었다. 반면 제대로 된 청사진 없이 시작한 우리의 새만금 간척 사업은 약 1조 3천억 원이라는 엄청난 재원을 투자하고도 국민들로부터 외면당하고 제대로 공사도 진행되지 못하고 있다. 누가 어떤 생각으로 시작했느냐에 따라서 결과는 이처럼 하늘과 땅의 차이를 만들어내는 것이다. 왜 이런 현상이 일어나는가? 그 해답은 창의적인 사고로 미래의 청사진을 설계하고, 이를 열정적으로 실행할 수 있는 리더가 있느냐는 문제로 귀결된다.

필자들은 경영자나 국가 지도자들이 섣불리 창조경영을 흉내 내는 일에 나서지 않기를 바란다. 창조경영의 가치가 아무리 높다고 해도 리더가 창조적 사고와 상상력의 가치를 깨닫지 못하고 열정적으로 실천할 준비를 갖추지 않은 채 단순한 경영기법으로 시작한다면 결국 실패할 것이기 때문이다. 창조경영이란 창조적인 리더만으로 이루어지는 것이 아니라, 리더의 비전을 함께 실행해 갈 창조적인 인재들이 있어야 한다. 그런 인재를 선발, 육성하고 창의적이고 혁신적인 조직문화를 만들어 기업 철학으로 정착시키기까지는 오랜 시간이 소요되며, 제도적으로 접근하지 않고는 성공할 수 없다. 여기서 리더의 역할은 상상 이상으로 중요하다.

이 책은 '창조경영의 본질은 무엇인가? 창조경영을 어떻게 할 것인가? 특히 최고경영자는 어떤 역할을 수행해야 하는가?'에 관한 주제를 담고 있다. 창조경영이란 단순히 창조적 경영기법을 배우고 조직에 도입한다고 되는 것이 아니다. 창조경영을 제대로 하기 위해서는 먼저 리더가 근본적으로 바뀌어야 한다. 리더는 큰 꿈과 개방적인 사고를 가지고 스스로 창조적인 파괴를 할 수 있도록 그에 맞는 환경과 실패를 격려하는 문화를 만들어야 한다. 또한 기업을 사고력 향상에 초점을 맞춘 학습하는 조직으로 육성한다면, 기업의 미래는 밝아질 것이다.

특히 이 책은 기업인이나 경영진뿐만 아니라 미래의 리더를 꿈꾸는 사람들에게 창조경영을 위해 무엇을 갖추어야 하는지, 어떻게 준비하고 행동해야 하는지 전반적인 시각을 제공하고 있다.

이 책을 통해 어떻게 변화를 받아들이고, 어떻게 창조경영을 준비하고 실행할 것인가에 대한 실마리를 찾기 바란다.

2007년 4월 신순철, 김동준

Contents

프롤로그 창조경영은 선택의 문제가 아니라 생존의 문제다 · 5

1 이제는 창조경영이다

변화는 창조의 출발점이다 · 14

성패의 원인을 외부에서 찾지 말자 · 23

창조적 파괴를 가속화하자 · 29

2 세계를 바꾼 창조경영의 실천가들

창조란 낡은 것을 부정하고 새것을 만들어내는 것이다 · 44

인류 최초의 창조경영자, 예수 · 47

불가능을 현실로 만든 꿈의 사나이, 고 정주영 현대그룹 회장 · 54

21세기 한국 경제를 이끌고 있는 삼성 이건희 회장 · 62

세상을 두 번 놀라게 한 애플의 스티브 잡스 회장 · 68

중동 사막에 기적의 꽃을 피우는 두바이 셰이크 모하메드 왕 · 72

3 창조경영은 창조적 열정과 상상력으로 실현된다

창조경영의 출발은 리더의 야망과 상상력이다 · 78

창조적인 혁신 사고가 중요하다 · 87

미래 변화를 예측하라 · 110

속도를 높이고 시간을 경영하라 · 128

신상품 개발과 신사업은 새로운 패러다임으로 접근하라 · 143

4 창조경영을 실현할 수 있는 시스템을 구축하자

창의적인 인재를 영입하고 육성, 활용하자 · 164

사고력 향상에 초점을 맞춘 학습 시스템을 개발, 구축하자 · 177

팀워크 및 커뮤니케이션 능력을 강화하자 · 204

혁신을 장려하여 도전하는 조직문화를 창조하자 · 218

실행 중시의 행동 문화를 만들자 · 235

개방적인 글로벌 조직을 만들자 · 247

에필로그 대한민국 CEO, 창조경영으로 무장하자 · 264

1장

이제는 창조경영이다

변화는 창조의 출발점이다

성패의 원인을 외부에서 찾지 말자

창조적 파괴를 가속화하자

변화는 창조의 출발점이다

변화의 의미를 재해석하라

급변하는 시대는 위기이기도 하지만 또 어떤 사람에게는 기회가 될 수도 있다. 다시 말하면 창의적이고 결단력 있는 사람이라면 더 원대한 꿈과 목표를 성취할 수 있는 더 많은 기회를 잡을 수 있다는 의미다. 따라서 변화란 '위협'이 아닌 '기회'라는 시각으로 새롭게 바뀌어야 한다. 특히 기업 경영에서 변화란 '과거의 지식이나 개념, 과거의 수단이나 방법, 과거의 원칙'이 더 이상 적용되지 않는 것을 의미한다. 즉 기업의 생존과 성장을 위해 '새로운 개념, 새로운 수단과 방법, 새로운 게임의 법칙을 개발하여 고객과 시장의 요구에 대해 어떻게 대응할 것인가?'를 결정하는 것은 중요하고도 영원한 과제다.

예를 들어, 부동산 중개업이 단순한 부동산 매매와 임대차 중개에서 부동산과 관련된 금융·개발·임대 관리·세무 상담 등의 컨설팅업으로 바뀌고 있고, 안경점이 약화된 시력을 교정하는 안경을 판매하는 방식에서 시력 관리와 보호 방법을 조언하고 고객에게 맞는 안경의 디자인과 스타일, 색상까지 컨설팅하는 서비스업으로 바뀌고 있다. 이처럼 변화는 고객가치의 기준을 바꾸고, 경쟁력의 핵심을 바꾸는 역할을 한다. 이와 같은 변화가 없다면, 기회도 없을 것이다. 이는 특히 선도기업이 아닌 입장에서는 오히려 불행이 아닐 수 없다.

시대가 변하고 고객과 경쟁 환경이 변하면, 기업의 대응 방법도 달라져야 한다. 따라서 누가 먼저 새로운 게임의 법칙을 내놓느냐에 따라서 기업의 승패가 결정된다. 삼성전자의 DRAM과 플래시 메모리 반도체와 LCD 디스플레이 패널 사업을 보면 알 수 있지 않은가? 삼성전자는 지속적으로 새로운 표준을 제시함으로써 시장을 선도하고 있다.

앞으로 디지털 기술 및 지식경제 시대에서는 한 방향으로 변화하는 것이 아니라 예상치 못한 다각도로 비선형적 변화를 보일 것이다. 이러한 변화는 기존 경쟁의 개념에 근본적인 전환을 요구할 것이며, MBA 출신자와 특정 분야 전공 기술자만으로 구성된 인재 전략으로는 예측불허의 미래 환경에 효과적으로 대처하기 어려울 것이다. 따라서 기업들은 다양한 각도로 바라볼 수 있는 능력과 창의적으로 해석할 수 있는 인재를 갖추기 위해서는 MBA 출신뿐만 아니라 다양한 인문과학 분야 전공자들을 필요로 하게 될 것이다.

또한 기업 환경이 변화하면서 과거 회사에 막대한 공을 세운 사람이라 할지라도, 오늘도 그가 회사에 필요한 사람이라고 말할 수 없게 되었다. 기업의 생존이란 과거의 실적에 달려 있는 것이 아니라 내일을 보장하는 오늘의 노력과 그 성과에 달려 있기 때문이다. 마찬가지로 과거 고객에게 호평받고 사랑받던 기술과 방법이라고 해서, 또 어제까지 최고의 브랜드로 평가받았다고 해서, 피땀 흘린 노력 끝에 히트시킨 상품이나 서비스라고 해서 내일도 사랑받으리라고 생각해서는 안 된다. 고객은 결코 현 상태에 만족할 줄 모르며 끊임없이 더 새로운 가치를 원하기 때문이다. 이런 고객의 욕구를 충족시키는 데 잠시라도 한눈을 팔게 되면, 그동안 눈에 보이지 않게 치열하게 노력해온 경쟁자들이 한순간에 고객을 빼앗아갈 것이다.

기존의 사고방식과 틀에 박힌 사고에서 벗어나 '오늘의 성공 기술, 방법, 상품 ≠ 내일의 성공 기술, 방법, 상품'이라는 것을 현실로 받아들이기는 결코 쉽지 않다. 그러나 이 평범한 진리를 받아들여야 한다. 그렇지 않고 결국 현실 안주라는 선택을 할 경우 추격해오는 경쟁자에게 추월당해 망할 수밖에 없다.

한편 고객의 욕구는 끊임없이 변화하고 있는데 한자리에 편히 앉아서 한 방향으로만 바라본다면 변화의 본질을 파악할 수 없다. 고객과 시장의 변화를 정확히 알기 위해서는 끊임없이 바라보는 관점을 바꾸고 고객이 있는 현장으로 달려가 그들과 대화하고 그들을 주의 깊게 관찰해야 한다.

그렇다고 고객과 경쟁자에 관해 완벽하게 분석하려고 매달리는 것은 소모적인 일이다. 아무리 그래봐야 완벽한 고객 정보나 지식을 얻을 수는 없다. 따라서 신문이나 인터넷, 시장 조사 등을 통해 더 새롭고 완벽한 변화 정보를 얻기 위해서 지나치게 노력하지 마라. 충분하고 완벽한 정보란 존재하지도 않을 뿐만 아니라, 정보의 양이 많다고 해서 그 속에서 새로운 기회를 발견할 수 있는 것은 아니다. 충분한 자료는 아니라 할지라도 고객을 관찰하고 시대의 흐름을 담은 자료를 새로운 시각으로 바라보고 해석하는 통찰력에서 새로운 기회 창출이 이루어지는 경우가 더 많다. 결국 남과 다르게 생각하고 실행하는 것이 더 중요하다.

신속하게 변화에 대응하라

　변화하지 않는 개인이나 조직은 죽은 것과 다름없다. 더 이상 변화하지 않을 때, 개인도 인생의 무대에서 사라지고 과거 30년, 40년 동안 최고의 기업으로 칭송받던 기업도 경쟁 시장에서 퇴출되는 것이다. 우리가 이런 사실을 간과하고 있을 뿐, 오늘도 이런 변화는 계속되고 있다.
　세계적인 경영 컨설팅 전문회사 매킨지 앤 컴퍼니(Mckinsey & Co)의 보고서에 따르면, 기업의 평균 수명은 기술의 발전 속도에 비례하여 실로 엄청난 속도로 줄어들어 최근에는 수년에 불과하다고 한다. 이 같은 현상은 기업을 둘러싸고 있는 사회경제적 환경의 변화가 엄청나게 빠른 속도로 진행되고 있음을 의미한다.

'변하지 않으면 죽는다.'는 말은 기업과 조직 속에 몸담고 있는 개인에게도 그대로 적용된다. 회사를 성장시키고, 개인의 발전을 도모한다는 것은 오히려 한가로운 이야기가 되었고, 살아남는 것 자체가 절체절명의 과제가 된 것이다.

신속한 변화 대응에 대한 절박감을 느끼지 못하는 개인이나 회사는 비참하게 사라질 수밖에 없다. 이것이 불변의 진리다. 변화와 혁신에 대한 외부적 압박을 조직 내부 또는 자신의 내면으로부터 느끼는 개인이나 기업은 기존의 사업을 지속적으로 재점검할 것이다. 뿐만 아니라 기존 사업의 보완과 개선 방법, 혁신을 위한 연구개발 투자에 관심을 갖고 노력하게 된다. 현재 수익을 내고 있는 주력 사업, 주력 상품, 주력 서비스가 과연 5년이나 10년 후에도 시장 경쟁력을 유지한 채 살아남을 수 있을까 하는 근본적인 의문을 품어야 한다. 그 결과 '현 상태로는 불가능하다.'라는 결론이 나왔다면, 새로운 변화를 모색해야 한다.

변화에 대응할 때는 변화의 물결에 먼저 올라타는 것이 바람직하지만, 아직 그러지 못했다면 더 늦기 전에 그 흐름에 편승해야 할 것이다. '아직은 상황 파악이 잘 안 되니, 좀더 변화가 진행되는 상황을 살펴보자.'라고 생각하는 개인이나 기업은 완전히 바닥을 확인할 때까지 늦장을 부리다가 결국 새로운 시장 기회를 경쟁자들에게 빼앗긴 채 처량한 신세를 면치 못할 것이다.

당신은 성공을 위해 열정적으로 그리고 일관되게 춤출 마음의 준비가 되어 있는가? 음악이 연주되고 있다면, 당신이 먼저 상대에게 손을 내밀어라. 그리고 무대 위로 올라가라. 구경꾼을 위해 마련된 자리는 없다. 도전적인 사람만이 성공의 기회와 성취의 기쁨을 맛볼 수 있다. 당신이 먼저 금광을 캐지 않는다면, 발 빠른 사람들이 금을 모두 캐어가서 당신 앞에는 쓸모없는 돌무더기만 남아 있을 것이다. 승자가 있다면 반드시 패자도 있게 마련이다. 패자는 역사의 무대에서 쓸쓸히 흔적도 없이 사라지고 만다.

성공과 실패는 스스로의 선택과 노력에 달려 있다. 누구도 당신의 성공을 위해 대신 싸워주지 않는다. 그것이 인생이요 기업의 운명이다. 내가 먼저 선수 치지 않는다면 남들이 앞서가며 고객과 열매를 다 가져갈 것이다. 당신이 뒤늦게야 깨닫고 앞서간 사람들의 방식을 그대로 따라한다면 영원히 뒤처진 채 고객의 빈 호주머니나 뒤져보는 신세가 될 것이다.

바꾸어 말하면, 지금이라도 남과 다른 길, 다른 방법을 선택하여 열심히 노력한다면 아마 3년 후에는 경쟁자를 앞설 수 있는 기회를 잡게 될 것이다. '지금 당장 행동으로 옮겨야 경쟁자를 추월할 기회라도 붙들 수 있다.'는 점을 명심하라.

만약에 남의 뒤를 뒤따라가겠다면, 리더 그룹을 쫓아라. 그래야 당신에게도 역전의 기회가 주어진다. 선두그룹이 아닌 후미그룹을 쫓아가다간 영영 승리의 월계관을 차지하지 못할 것이다.

변화를 능동적으로 받아들여라

변화를 받아들일 것인가, 말 것인가? 만약 변화를 받아들인다면 어떻게 받아들일 것인가? 이는 너무나 바보 같은 질문이다. 혹시 이런 고민을 붙들고 있다면 이 세상에서 가장 소중한 시간과 정신적 에너지를 낭비하는 것일 뿐이다. 변화는 생존을 위한 기본 명제이지, 결코 선택의 문제가 아니다. 개인이나 기업 모두 스스로 변화하지 않으면 낙오할 수밖에 없다.

변화의 조짐을 사전에 파악하고 예측하라. 외부 변화를 적시에 파악하지 못한 기업, 변화를 선도하거나 조기 대응하기 위해 스스로 변화하지 않는 기업은 결국 타의, 즉 고객의 강요에 의해서 변화해야 하고 그렇지 못한 경우에는 죽을 수밖에 없다. 먼저 선수 치지 않는다면, 경쟁자가 성공의 기회를 송두리째 빼앗아갈 것이라는 위기감을 가져야 한다.

내가 먼저 변화하면 세상은 결코 어려운 곳이 아니다. 변화란 과연 어떤 의미인가? 한 개인에게는 어떤 의미를 갖는 것일까? 변화를 어떻게 받아들일 것인가? 그리고 어떻게 변화에 대응할 것인가?

살아 있는 생명체는 시간과 함께 자연스럽게 변화해가는 존재다. 스스로 자각하지 못할 뿐, 끊임없이 변화하고 있기에 생명을 유지할 수 있는 것이다. 모든 생명체는 항상 변화해왔고, 그것은 예외 없는 불변의 진리다. 따라서 개인이나 기업도 내일은 오늘과 달라질 것을 요구받고 있다.

이처럼 변화는 생존을 위한 기본 명제다. 성공한 사람들은 언제나 준비된 자세로 살아가며 변화를 주도하지만, 실패한 사람들은 현실에 안주하고 내일을 대비하지 않는다. 당신은 최고의 경쟁력을 갖추기 위해 변화를 주도하는 사람이 되어야 한다. 그런데 많은 사람들이 변화의 필요성을 느끼면서도 변화는 다른 사람들의 몫이고, 나와는 상관없는 귀찮고 어려운 일로 여기곤 한다. 좋은 게 좋다는 식의 안일한 생각에 빠져 사는 것이다. 그런 삶 앞에는 실패가 기다리고 있을 뿐이다.

이제 변화는 생존의 문제다. 과거의 잘못된 병폐를 치유하지 않고는 급속도로 변화하는 시대를 따라잡을 수 없다. 실패를 두려워하지 말고, 주저 없이 낡은 것을 포기하라. 지금이 바로 변화해야 할 때다. 내가 바뀌면 모든 게 바뀐다. 변화를 시도하지 않는다면 고통은 없을지라도 서서히 죽어갈 것이다. 한편 신중하지 못한 태도로 변화를 시도하는 사람도 어리석다고 할 수 있다. 변화를 받아들이는 태도가 성패를 좌우하는 것이다.

자신이 먼저 변화하는 것을 망설이지 마라. 미지의 세계, 변화의 세계로 한 발 내딛는 것을 두려워해서는 안 된다. 삶은 물처럼 흐르게 마련이다. 물은 쉬지 않고 흐르면서 자신을 늘 새로운 모습으로 바꾸어가며 스스로를 정화하기에 살아 있는 생명수가 되는 것이다. 하지만 흐르지 않고 고여 있는 물은 썩게 마련이다.

변화의 거센 물결 속에서 변화를 주도하고 능동적인 사람이 되어라. 남보다 먼저 변화를 받아들이고 남보다 먼저 스스로 변화하기 위해 노력하라. 변화에 익숙한 동물이나 사람은 환경이 바뀌어도 금세 적응해 살아가지만, 변화를 싫어하고 두려워하는 사람이나 기업은 환경이 변하면 결국 변화에 굴복하여 스스로 죽고 만다.

기업은 변화의 위험보다, 변화를 외면했을 때 겪게 될 위험이 더 크다는 사실을 직시해야 한다. 스스로 변화하지 않으면 남에 의해 변화를 강요당할 수밖에 없다. 더구나 그 대가는 상상할 수 없을 만큼 커다란 고통을 요구한다는 사실을 잊어서는 안 된다. 변화하기로 결단했다면 끝까지 밀고 나가는 강인한 추진력이 필요하다. 조금만 남과 다른 생각을 하고 남과 다른 노력을 하는 한, 누구에게나 성공적인 변화가 가능하다.

Question

1. 최고경영자는 변화를 어떤 의미로 받아들이고 있는가?
2. 변화에 대해 어떤 조기 대응 시스템을 갖추고 있는가?
3. 변화 주도형의 조직인가, 아니면 수동형 조직인가?

성패의 원인을 외부에서 찾지 말자

어제와 다른 오늘의 현실을 받아들이자

성공하는 기업을 보면 사업 성과에 영향을 미치는 외부 환경요인은 없고 내부 요인만 있는 반면에, 쇠퇴하는 기업에는 외부 환경요인만이 있다. 최근 세계적인 기업들의 국내 시장 진출과 중국산 저가 제품의 범람으로 국내 기업들은 가격 경쟁력과 품질 경쟁력 하락 위기를 맞고 있으며, 해외시장에서도 일본 기업의 프리미엄 제품의 강력한 공세로 인해 고전을 면치 못하고 있다. 게다가 급격한 원화 절상으로 수출 채산성의 악화와 해외시장 경쟁력의 상실, 극심한 내수 침체로 인한 매출 감소와 치열한 가격 경쟁으로 인한 수익 감소로 매우 어려운 상황에 놓여 있다.

이와 같은 이유로 경영자들은 사업 실적이 악화되었다고 이야기한다. 일견 일리 있는 말 같지만, 근본적으로 잘못된 사고방식이다. 경기가 불황일 때 수익을 올리는 것은 결코 쉬운 일이 아니지만, 불황 속에서도 삼성전자처럼 엄청난 매출 신장과 수익 향상을 기록하고 있는 기업이 있지 않은가. 개인이나 기업이 살아남고 성공하고는 개별적인 문제이지, 결코 외부 탓이 아니다. 그럼에도 저마다 '남 탓, 외부 환경 탓'이라고 말한다. 기업 실적 부진 또는 실패 원인을 경기 침체, 고유가, 경쟁 심화라는 외부 요인으로 돌리는 일은 이제 중단해야 한다. 더 이상 남의 탓 하는 팀장이나 경영자가 되지 않기를 바란다.

기업 경쟁력의 약화와 사업 부진의 원인은 경영자와 기업의 역량에 달려 있다. 물론 서울 근교의 청계산을 오르는 것과 지리산을 오르는 것, 그리고 에베레스트산을 등정하는 것은 외부 환경 측면에서 분명히 다른 조건이다. 에베레스트산을 오르려면 극한의 추위, 언제 눈사태를 몰고 올지 모르는 강한 눈보라, 한 치 앞도 내다보기 어려운 변덕스러운 날씨를 이겨내야 한다. 낮은 산이라 해서 오르고 높은 산이라고 해서 정상에 못 오르는 것은 아니지 않은가? 산을 오르고 못 오르고는 산을 둘러싼 외부 조건이 아니라, 극한 상황을 극복하고 산을 오르겠다는 마음가짐과 의지, 능력 차이에 달려 있는 것이다. 매출이 떨어지고 수익성이 악화되고 있는 것은 고객 감소, 고객의 가처분 소득 감소, 치열한 경쟁 때문이라기보다는 고객의 욕구 및 기호 변화에 대응하지 못한 기업 내부의 노력이 부족한 탓이다. 즉 엄밀하게 말하면 사업 성과의 책임은 외부 환경 변화에 있는 것이 아니라, 변화에 적절하게 대처하지 못한 리더와 회사 내부의 역량 부족에 있는 것이다.

사업 부진의 책임을 외부 환경 탓으로 돌리는 경영자와 팀장들이 있다면 이들은 함량 미달의 사람이라고 할 수 있다. 환경 변화에 능동적으로 대처하여 지속적으로 성과를 내는 것이 리더와 팀장들의 역할이다. 올바른 경영자라면 심각한 내수 부진이나 급격한 원화 절상과 같은 외부 환경의 악화로 경영 실적이 나쁠 수밖에 없었다고 말해서는 안 된다. 경영 환경이 악화되었다면, 어떤 조치를 취해야 할지 좀더 창의적인 아이디어와 방법을 찾고 과제를 해결하기 위해 더욱 노력해야 한다.

　변화를 받아들이고 고객 및 경쟁 환경에 현명하게 대처하여 기업을 성장시키는 것은 경영자의 숙명이자 책임이다. 당신이 최고경영자라면 어제와 다른 오늘의 현실을 받아들여야 한다. 내일은 분명 오늘과 다를 것이다. 변화하는 환경 속에서 경영자는 조직구성원이 힘을 모아 새로운 목표를 향해 나아갈 수 있도록 자극해야 한다. 그런데 새로운 길을 개척해야 할 리더와 핵심인재들이 외부 환경 변화에 능동적으로 대처하기는커녕 사업 부진의 구실로 삼아서야 되겠는가? 그렇게 사업 부진의 원인을 외부로 돌린다고 해서 문제가 해결되고 상황이 호전되는 것은 아니다. 외부 탓으로 돌리는 것은 자기 위안이 될 수 있을지언정, 주주나 직원, 고객들까지 받아들여줄 리는 만무하다. 그렇다고 해서 사업 부진에 대한 책임이 면제되는 것도 아니다. 사업 결과에 대한 책임은 결국 경영자에게 있다. 그런데도 '내 탓이 아니다.'라고 주장하겠는가?

　기업이 우수한 핵심인재를 뽑았다면, 책임감 있는 팀장들을 육성했다면, 신상품 개발 및 마케팅 전략을 올바른 방향으로 결정했다면 결코 사업 부진이라는 성적을 내지는 않았을 것이다. 결국 모든 것은 최종적으로 의사결정을 한 경영자의 책임이다.

애플컴퓨터가 부활한 것이 외부 환경의 변화 때문인가? 수조 원의 공적 자금을 투입해야 할 만큼 엄청난 적자를 내고 있던 하이닉스 반도체가 흑자로 전환한 것이 반도체 경기의 호전 때문인가? 닛산 자동차가 화려하게 재기하여 세계시장 공략에 박차를 가하고 있는 것이 시장 상황의 호전 때문인가? 결코 그렇지 않다.

세계 1, 2위를 자랑하던 GM과 포드는 생사의 기로에서 사투를 벌이고 있다. 경쟁은 과거보다 더 치열해지고 생존을 건 싸움은 한 치 앞을 내다볼 수 없을 만큼 피를 말리는 상황이다. 성공한 기업들은 리더가 먼저 바뀌었고, 전 조직원이 환경 변화에 능동적이고 적극적으로 변했다는 사실에 주목해야 한다. 따라서 진정한 리더라면 변명이나 구실을 찾기 전에 어떻게 하면 남보다 앞설 수 있는지 끊임없이 생각하고 노력해야 한다.

실패와 성공의 원인은 내부에 있다

최근 몇 년 사이 한국 경제는 수출 기업과 내수 기업 사이에 양극화 현상이 벌어지고 있다. 반도체·휴대전화·디스플레이 제품·자동차·조선 등 특정 산업분야는 세계적인 경쟁력을 확보했으나 최근에는 이들 업체조차도 엔화 약세를 무기로 수세에서 공세로 전환한 일본 업체들의 공격에 고전하기 시작했다. 또한 전통적인 주력산업이었던 섬유 및 가전산업 등이 급격하게 쇠퇴하고 있고, 소득의 양극화에 따른 중산층의 붕괴, 부유층의 해외여행 증가에 따른 해외 소비 지출의 증대는 소비의 공동화 현상의 심화라는 부메랑으로 돌아와 우리 경제에 악영향을 끼치고 있는 실정이다. 이처럼 최악의 내수 부진 상태에 직면한 데다 농산물을 비롯하여 전통적으로 국내 경쟁력이 강한 품목으로 알려진 철강제품, 가전 및 컴퓨터 기술, 신발 등의 제품에 이르기까지 저가를 무기로 내세우고 있는 중국산 제품의 공세에 속수무책으로 밀리면서 더욱 악화되고 있는 실정이다.

이처럼 내우외환의 위기에 처해 있는 경제 상황에서도 고속 성장기업과 쇠퇴기업이 동일한 산업 분야에서 동시에 발생하고 있다. 그 본질적인 이유는 무엇인가?

우선 기업가 정신의 부재를 들 수 있다. 경영자들이 새로운 사업과 신기술 개발, 신상품 개발에 과감하게 도전하기보다는 현실에 안주하려는 월급쟁이형 사장으로 변질되어가고 있으며, 벤처 창업에 도전하는 사람들이 사라져가고 있는 것이 현실이다. 정부의 경제 정책을 기대하지 마라. 물질 풍요, 공급 과잉의 시대에 총수요 확대를 위한 거시경제 정책은 전혀 의미가 없다. 재정 확대를 한다고 해서 일자리가 창출되거나 늘어나지도 않는다. 일시적인 수요 증가라면 기존의 유휴 설비 가동만으로도 충분히 감당할수 있기 때문이다. 기업 스스로 길을 찾아야 한다.

한편 국내 기업들은 원화의 급격한 절상으로 수출이 늘어날수록 엄청난 환차손과 가격 경쟁력 약화로 인한 해외시장 상실이라는 이중고에 시달리고 있다. 그렇다고 해서 기업의 실적 부진의 원인을 밖에서 찾으려 해서는 안 된다. 팬택은 구조조정의 위기를 겪을 만큼 어려운 상황이지만, 삼성전자는 훌륭한 실적을 보이고 있지 않은가? 경영 부진의 원인을 외적 요인에서 찾으려는 것은 최고경영자의 책임 회피이자 변명의 구실에 지나지 않는다. 문제는 리더가 외부 환경을 극복하기 위한 전략과 상품을 개발하고 능동적으로 대처하는 경영 능력을 갖고 있느냐는 것이다. 매출 및 수익 악화에는 외부 요인도 어느 정도 영향을 끼치지만, 근본적인 원인은 회사 내부에 있는 것이다.

이제는 환경 변화를 바라보는 시각을 바꾸어야 한다. 외부 환경은 어떤 개인이나 기업을 불문하고 모두에게 동일한 조건으로 작용한다. 리더 스스로 환경을 변화시키는 주체가 되고 '기업 성패의 원인은 외부 환경에 달린 것이 아니라 내부에 있다.'는 인식을 가져야 할 때다.

Question

1. 기업 실적의 부진 요인을 외부에서 찾는가 아니면 내부에서 찾는가?
2. 기업 내부 요인 중 가장 취약한 요인은 무엇인가?
3. '내 탓'이라는 조직문화를 어떻게 만들 것인가?

창조적 파괴를 가속화하자

영원한 1등은 존재하지 않는다

창조적 파괴가 필요한 것은 영원한 1등이 존재하지 않기 때문이다. 특히 선도기업의 경우 시장 지위를 유지하기 위해서는 스스로를 부정하고 자신이 만들어놓은 게임의 법칙과 방법을 스스로 파괴할 필요가 있다.

미국의 퀄컴은 코드분할 다중접속(CDMA) 방식이라는 디지털 이동통신의 원천 기술을 개발하여 대한민국의 삼성전자, LG전자, SK 텔레콤 등과 기술 제휴를 통해 상업화에 성공했다. 이는 국내 기업에게는 세계 이동통신 시장에 뛰어들어 큰 성과를 얻을 수 있는 기회가 되었고, 반면에 퀄컴은 핵심기술 제공에 따른 엄청난 로열티 수입과 시장 선도자라는 명예를 누리게 만들어주었다. 그러나 퀄컴처럼 자사의 혁신 기술을 업계의 표준으로 만들어 시장을 선도하는 위치에 섰다 할지라도, 그런 지위와 수익을 영원히 누릴 수는 없다.

이미 차세대 이동통신 기술에서는 삼성전자나 노키아 등이 한 발 앞서기 시작했으며, 세계 최대의 이동통신 시장이 될 것으로 예상되는 중국에서는 새로운 방식의 이동통신 기술을 개발하여 상용화에 착수한 상황이다. 이처럼 시장에서 1위 자리라는 것은 결코 영원히 지속될 수 없는 것이다. 세계 음료시장의 선도기업으로서 100년 왕국을 자랑하던 코카콜라도 최근 미국 내 음료시장의 왕좌를 펩시에게 내주었다고 한다. 일본 맥주 시장의 대표 기업인 기린 맥주는 오랜 세월 동안 부동의 1위를 고수하였으나 1987년 아사히 맥주가 '수퍼드라이'를 출시한 이후 11년 만에 낮은 시장점유율과 저수익으로 침몰하고 있던 아사히 맥주에게 1위 자리를 빼앗길 수밖에 없었다. 두산그룹의 주력 사업이자 맥주 시장의 대표 브랜드였던 OB맥주는 하이트 맥주가 출시된 지 불과 3~4년 만에 시장 선두자리를 내주었으며, 지속되는 시장점유율 감소와 수익 악화를 견디지 못하고 벨기에의 인터브루 사에게 매각되고 말았다. 그나마 불행 중 다행이라면 OB라는 브랜드가 명맥을 유지하고 있다는 사실이다.

따라서 어떤 기업이든 창조적 파괴와 독창적인 가치 혁신을 통해 언제든지 선두주자가 될 수 있다. 이런 사례는 특히 첨단기술 분야에서 흔히 볼 수 있다. 왜냐하면 한 번 핵심기술 분야에서 우위를 점한 기업은 점차 시야가 좁아져서 현상유지에만 급급한 경우가 많기 때문이다. 노키아와 삼성전자에 디지털 휴대전화 시장을 내준 모토롤라나 삼성전자와 LG전자, 파나소닉에게 LCD TV 와 PDP TV 시장의 주인자리를 내준 소니를 보면 알 수 있다.

영원한 일등은 없으며, 후발기업으로 영원히 남아야 하는 기업 또한 없다. 오랜 노력 끝에 최고의 정상에 오른 기업이라 할지라도 세계 최고의 상품과 서비스 또는 사업 방법을 개발, 확보하기 위한 노력을 조금만 게을리하면 곧 경쟁사에 추월당하는 것이 지금의 현실이다. 마이크로소프트의 빌 게이츠 회장이 격찬을 아끼지 않았던 MP3 플레이어 '아이리버'를 출시해 세계시장에 기린아로 등장하면서 엄청난 화제 속에서 매출 신장을 자랑했던 레인콤이 애플의 '아이팟'과 경쟁사들의 집중 공세에 견디다 못해 최근 구조조정에 들어가기도 하였다. 1등이란 자리는 언제든지 새로운 가치 혁신을 들고 나온 기업에게 내주어야 하는 것이다. 사실 1위 기업이 되는 길은 험난하기 짝이 없고 잠 못 이루는 각고의 노력을 요구한다. 피땀 어린 노력 끝에 얻은 자리라 할지라도 그 자리를 지켜나가기란 결코 쉬운 일이 아니다.

소수의 세계 초일류 기업만이 현실에 안주하지 않고 지속적으로 더 좋은 성능의 상품이나 서비스를 개발, 출시하여 경쟁자들의 추격권에서 벗어남으로써 시장 지위를 유지하고, 높은 매출과 수익을 향유하고 있을 뿐이다. 이들 기업은 자사의 기존 상품과 서비스에 가장 큰 위협이 되는 것은 자사의 차기 신상품이 되어야 한다는 생각으로 혁신의 노력을 배가하고 있다. 이것이 지속적으로 시장을 선도하고 있는 기업들의 성공 비밀이다. 즉 경쟁의 개념을 새롭게 정의하고 있는 것이다. 바꾸어 말하면, 삼성전자 애니콜 휴대전화와 반도체, TFT-LCD TV 등의 경우 가장 강력한 경쟁자는 차기 출시 예정의 자사의 신상품이 되어야 한다는 것이다.

영원한 일등은 없다는 말은 곧 누구에게나 기회가 있다는 말이다. 하지만 기회를 만드는 노력이 성공적으로 이루어지지 않으면 지금의 지위조차 유지할 수 없다는 위기의 표현이기도 하다.

시장에서 경쟁우위는 기술 혁신과 가치 혁신을 강력하게 추진할 수 있는 핵심인력의 질과 양에 의해 결정된다. 반면에 제품과 서비스는 무한한 상상력과 유연한 사고를 바탕으로 끊임없는 기술 혁신과 가치 혁신을 통해서만이 비로소 시장 변화에 대한 적응력과 경쟁력을 갖게 된다. 고객이 원하는 핵심가치를 창출하는 기술과 마케팅 능력에서 앞서는 기업은 어떤 경쟁 상대라도 이길 수 있다. 이것이 바로 지속적으로 핵심기술을 개발하고 가치를 혁신해야 하는 이유다. 특히 하루가 다르게 변화하는 기술 분야에서 특정 핵심기술을 선점한다면, 이를 응용한 다른 분야로 더 빠르게 확장해갈 수 있을 뿐만 아니라, 향후 기업의 전체적인 기술 혁신 수준을 지속적으로 향상시킬 수 있다.

영원한 블루오션은 존재하지 않지만, 삼성전자처럼 '와이브로' 이동통신 기술과 같은 핵심기술을 남보다 먼저 개발하여 표준화시키고 개선시켜간다면 오랜 기간 동안 블루오션을 창출하고 유지할 수 있다. 그렇지 못한 경우에는 퀄컴의 CDMA 디지털 이동통신 기술 도입에서와 같이 타 기업의 기술 표준을 받아들이고 막대한 로열티를 지불하면서도 그들의 횡포에 따라야 한다. 지난 10

여 년간 엄청난 로열티와 고수익을 누려왔던 퀄컴의 핵심 기반 기술도 하루하루 급변하는 기술과 경쟁 환경을 맞이해 삼성이나 노키아 등에서 속속 새롭게 개발되고 있는 신기술로부터 도전을 받고 있다.

이런 경쟁 환경 속에서 생존을 보장받기 위해서는 지속적인 기술 혁신을 통해 제품의 시장 변화 적응력을 높여야 한다. 이를 위해서는 첫째, 지속적인 기술 혁신으로 경쟁사를 앞서거나 둘째, 새로운 용도를 개발하여 제품 수명을 연장하거나 새로운 시장을 개척해야 한다.

창조적 파괴를 가로막는 장애 요소는 무엇인가?

새로운 생명이 탄생하기 위해서는 새가 알을 깨고 부화하듯이, 스스로 구각(舊殼)의 틀을 깨는 창조적 파괴가 필요하다. "새로운 창조가 이루어지려면, 산고의 고통을 겪어야 하고, 기존의 상식과 고정관념을 깨뜨려야 한다." 하지만 머리로는 알고 있지만, 행동으로 옮길 만큼 가슴으로 느끼는 사람은 극소수다. 그래서 상식을 부정하고 새로운 비상식에 도전하는 소수의 사람과 기업만이 결과적으로 존경을 받고 모든 부와 명예를 쥐게 되는 것이다.

이처럼 중요한 창조적 파괴를 가로막는 장애 요인은 무엇인가? 첫째, 새로운 생각이나 새로운 시도 자체를 부인하려는 부정적 사고가 몸에 배어 있기 때문이다. 둘째, 객관적 사고와 객관적 판단이 결여된 자기중심적 사고 때문이다. 셋째, "이 방식으로 지금까지도 잘해왔는데, 왜 쓸데없는 일을 벌이려는 거야?"라는 과거 중심적 사고와 현실에 안주하려는 태도 때문이다. 넷째, 효율주의와 생산성 중심의 사고가 패러다임의 변화와 혁신을 가로막기 때문이다. 다섯째, 보편적이고 일반화된 생각과 행동을 따라야 안심이 되어 부화뇌동하기 때문이다. 여섯째, 업무 집중력을 떨어뜨리는 비조직적인 사고방식에 젖어 있기 때문이다. 일곱째, "이런 일을 안 한다고 별일 있겠어?"라는 무사안일 및 현실 외면적 사고와 태도, 여덟째, "누군가 해결해주겠지. 시간이 다 해결해줄 거야"라는 책임 회피와 자기 방관적 태도, 아홉째, 장기적 발전, 계획적 사고와 업무 수행을 방해하는 목전(目前)의 문제 및 이익 중심 사고, 열 번째, 명확한 목표와 방향 의식을 상실한 무계획적 사고와 태도, 열한 번째, 언제까지 달성해야 한다는 목표 시간의 부재로 인한 성취 동기와 열정의 결여, 열두 번째, 우선순위를 정하지 않은 데 따른 선택과 집중 그리고 일관성의 효과 상실 등이 개인이나 조직의 창조적 파괴를 방해한다.

특히 패배의식과 무기력감에 빠져 "우리는 늘 이래 왔어. 만년 2등이야. 모든 면이 부족한데 어떻게 1위를 이길 수 있겠어"라며 과거 또는 현재에 대해 새로운 의문을 제기하는 것에 대해서는 무조건 비판하고 부정하는 조직문화 등이 창조적 파괴를 저해하는 요소들이다. 먼저 이러한 방해 요인들을 타파하는 것이 창조적 파괴를 활성화하는 데 가장 시급한 과제인 것이다.

대개 논리적 사고가 강한 우수한 조직원일수록 비판적이고 부정적인 의견을 내는 경우가 많다. 그들의 특징을 살펴보면 첫째, 그들은 자신의 능력을 과신하여 남의 의견을 쉽게 무시하거나 경청하지 않는 습관을 갖고 있다. 그래서 자신들이 알고 있는 이론에 맞지 않거나 자신이 이해하지 못하는 점에 대해서는 부정적으로 파악하려는 경향이 있다. 둘째, 타인의 의견이나 아이디어에서 논리적 모순이나 허술한 점을 예리한 분석력으로 짚어낸다. 특히 비판적, 부정적 체크 능력이 뛰어나 되는 이유를 찾기보다는 안 되는 이유를 지적하고 싶어한다. 셋째, 모든 것을 이론적으로 파악하고 이해하려는 경향이 매우 강하고, 반론하기 어려울 만큼 지나치게 논리적이지만 새로운 아이디어는 거의 내지 않는다. 넷째, 모든 것을 완벽하게 조사하지 않으면 만족하지 못한다. 그래서 충분한 조사가 이루어지지 않은 상태에서는 의사결정을 내리지 않음으로써 책임을 회피하고자 한다. 다섯째, 문제 해결의 신속성보다는 정확성을 지나치게 강조함으로써 의사결정을 지연시켜 문제 해결이나 기회 선점의 타이밍을 놓칠 뿐만 아니라, 의사결정 지연에 따르는 기회비용에 대해서는 거의 고려하지 않는 경향이 강하다. 물론 실행 방법을 고안하기 위해서는 논리적이고 분석력이 탁월한 사람이 필요하다. 그러나 창조적 파괴를 위해서는 적절한 수준에서의 조화가 필수적이다.

창조적 파괴를 촉진하려면 사고의 유연성을 높여라

성공적인 기업으로 평가받는 회사일수록, 그리고 성공했다고 평가받는 사람일수록 과거의 진부한 사고의 틀에 갇혀 중요한 구조적 변화를 제대로 파악하지 못하거나 변화를 알았다 할지라도 변화 자체를 외면하거나 애써 무시하는 경우가 많다. 그리고 변화해야 한다고 말을 하면서도 전략적 경영을 위한 발상의 전환과 내부 혁신에 눈을 감는 경우가 많다. 그리고 환경 변화에 대한 대응 방식을 자신의 일부 강점과 기능들로 한정시키려 하며, 특히 대기업일수록 자신들의 업무처리 방식을 정형화시켜버리는 경향이 강하다. 따라서 경영자와 조직원들은 효과보다는 효율 중심의 조직이 되어가며, 초기의 성공을 가져다준 전략이 해당 기업의 성공 방정식인 양 조직에 깊게 뿌리내리도록 방치함으로써 창조적 파괴를 근본적으로 가로막게 된다.

한때 기업에게 화려한 명예와 엄청난 수익을 가져다주었던 성공 방정식은 업무에 대한 자신감과 업무 집중도를 높여주는 데 크게 기여한다. 또한 신상품 개발과 신사업 개발에서 우리는 할 수 있다는 매우 긍정적인 영향을 주지만, 성공 방정식이 조직에 뿌리를 내리게 되면 고객과 경쟁 환경이 급변하는데도 이를 외면하기 쉽다. 즉 고객의 관점으로 시장을 바라보는 것이 아니라 기업의 관점에서 시장을 바라보는 것이 당연하다는 듯이 고집하게 된다. 그 결과 기업은 변화 대응력이 약화되어 서서히 침몰하게 된다.

고정관념을 깨라

일반적으로 중소기업은 대기업에 비해 조직 규모가 작고 인원이 적기 때문에 조직의 유연성이 높고, 의사결정 과정이 짧아 실행 속도도 빠를 것이라고 생각하는 경향이 높다. 그러나 실제로는 그렇지 않다는 사실에 놀라게 된다. 대기업은 중소기업에 비해 새로운 기회 포착을 통한 마케팅·인력·기술·자원·교육 등 여러 가지 면에서 중소기업보다 훨씬 앞선다는 편견 또한 잘못된 것이다. 최고경영자의 사고 유연성이 뛰어난 기업일수록 변화와 성장 속도가 빠른 편이다. 작지만 강한 기업으로 평가받는 중소기업의 경우 대기업보다 덜 체계적일지는 모르지만 훨씬 기회 포착에 뛰어나고 의사결정이 빠르다. 그들은 마케팅 측면에서도 대기업보다 창의적이고, 현장 중심의 실행력이 탁월한 경우가 많다. 이에 반해 삼성전자와 같은 대기업이라고 해서 사고와 조직의 유연성이 떨어지는가? 그렇지 않다. 조직의 유연성은 '업무 중심의 조직 운영과 의사결정 시스템, 그 중에서도 리더의 의사결정과 조직 운영 방식'에 달려 있는 경우가 훨씬 많다.

이러한 사고의 유연성을 높이기 위해서는 고정관념을 버려야 한다. 중소기업이라고 해서 대기업보다 조직이 유연하고 의사결정 속도가 빠른 것이 결코 아닌 것처럼 '특정 사업은 이래야 한다'는 정해진 법칙이 존재할 것이라는 생각 또한 버려야 한다.

예를 들어, 레스토랑이 남성 전용이면 안 되는가? PC방이 호텔처럼 안락하면 안 되는가? 24시간 엔터테인먼트 제공 호텔이면 안 되는가? 레스토랑처럼 실내를 장식한 변호사 사무실이면 어떤 가? 병원의 응급실이 조용하면 안 되는가? 은행의 고객 휴게실을 고급 커피숍으로 만들면 안 되는가? 휴게실 같은 빨래방은? 카페 형 헤어숍은? 시가 있고, 미술이 있으며, 소설이 있는 공간의 커 피숍은? 레스토랑은 반드시 화려하고 멋지게 꾸며야 하는가? 제 품은 이런 기능을 가져야 하고, 저런 특징을 갖추어야 한다는 법 칙이 존재하는 것일까? 결코 그렇지 않다.

성공한 신상품과 신사업을 보라. 단지 업계의 통념과 나의 선 입견이 있을 뿐이다. 이러한 업계의 상식이나 관행에 대한 깊은 이해는 경영자·임원·부서장들의 사고와 행동반경, 그리고 의사 결정의 유연성을 결정짓는 역할을 한다. 동종업계 사람들의 시각 으로 바라보면, 그들과 동일한 단면만이 눈에 들어오는 법이다. 이노디자인의 김영세 대표가 말했듯이, "MP3는 왜 이러해야만 하는가?", "반드시 그래야만 하는가?"라고 고정관념에서 벗어난 질문을 던져야 한다. "MP3에 대한 우리의 생각이 고객과 일치하 는가?" 과거의 것, 몸에 익숙한 것이 항상 옳은 것은 아니다. 미래 의 것, 몸에 익숙하지 않은 새로운 것이 고객의 시선을 끌고 고객 을 감동시킬 확률이 훨씬 높다. 따라서 기존의 상식과 상품 콘셉 트에 의문을 제기하는 사고 습관을 키운다면 기회는 누구나 잡을 수 있다.

불문율로 정해진 법칙 따위는 존재하지 않는다. 고정관념을 버 려라. 그러면 새로운 세계를 바라볼 수 있다. 색다른 방법, 색다른 아이디어는 없는가? 당신이 고객이라면 어떤 모습을 좋아하겠는가? 고객의 관점에서 더 본질적이고 기본적인 질문으로 돌아가는 훈련과 새로운 시각으로 바라보는 훈련만 철저히 한다면 누구나 창의적인 사람이 될 수 있고, 그 가능성의 세계에 당신이 있다고 말할 수 있다.

사람들은 기본적으로 자신이 익숙해진 연관 업무의 틀 안에서 생각하는 경향이 매우 강하다. 이런 기계적이고 판에 박힌 사고의 틀을 깨고 사고의 유연성을 높이기 위해서는 첫째, 다양한 배경과 경험을 가진 사람들과 만나야 한다. 각종 세미나, 포럼, 트렌드 강의에 참석하여 강의나 토론을 듣는 것이 좋은 방법이 될 것이다. 둘째, 다양한 인문과학 분야의 지식을 학습하고 다양한 책을 읽음으로써 지식의 범위를 넓혀야 한다. 셋째, 여행을 통해 세상을 바라보는 시야를 넓히고 다양한 전시회나 이벤트에 참석함으로써 다양한 문화를 접한다. 넷째, 다양한 배경을 지닌 사람들과 함께 일하며 상대의 다른 생각과 가치관을 존중할 줄 알아야 한다. 마지막으로, 어떤 현상(문제)을 바라볼지라도 그 뒤에 숨겨진 가정을 뒤집어 생각해보고, 다양한 상상을 해보는 노력이 필요하다.

스스로 바람을 만들어라

필자는 강의 중에 연 날리기 이야기를 종종 한다. 바람 불 때 연을 날려라. 호황일 때 남보다 더 열심히 돈을 벌어야 하는 것은 당연하다. 그렇다면 바람이 불지 않는 불황이 다가왔을 때 당신은 어떻게 할 것인가? 우리는 비 오는 날을 잊고 살지만, 화창한 날이 지나면 반드시 찾아오는 법이다.

바람이 불지 않는다고 돛을 준비하지 않는 사람은, 바람이라는 기회가 찾아오더라도 결코 잡을 수가 없다. 운명의 여신은 준비하고 노력하는 사람에게만 손을 내민다. 지금은 바람이 잠잠하다. 당신이라면 어떻게 하겠는가? 호황일 때는 언제까지고 그러한 호시절이 계속될 것처럼 보이지만, 지금 우리는 극심한 내수 불황의 늪 속에 빠져 있지 않은가. 그렇다면 당신은 어떻게 할 것인가? 기억하라. 아무도 당신을 위해 바람을 일으켜주지 않는다. 저절로 바람이 일어나기를 기다릴 수도 없다. 바람이 불 때까지 힘이 들겠지만 연을 띄우고 달려야 한다. 언젠가는 바람이 불 것이다. 바람이 부는 시간이 문제이지 반드시 바람은 다시 불고, 기회는 온다. 이것이 창조주가 우리에게 준 공평한 선물이다.

남보다 내가 먼저 준비하고 내가 먼저 기회를 발견해 신속하게 움직이겠다는 다짐을 하며 오늘을 보내야 한다. 남의 성공을 이야기하기보다는 나 자신이 그 성공의 주인공이 되어야 한다.

"우리는 바람에게 명령할 수는 없지만 항로를 따라가도록 돛을 선택해 올릴 수는 있다"는 말이 있다. 내일이 반드시 찾아오는 것처럼 바람은 다시 불어오게 마련이다. 성공을 위해 지금 이 순간 새롭게 다시 한 번 실천하라. 바람이 불 때를 대비해서 돛을 수리하고 끈을 조이고 바람이 부는 방향과 세기에 따라서 돛을 조절하는 훈련을 평상시에 해둔다면, 바람이 불 때 남보다 훨씬 빠르고 안전하게 항해할 수 있을 것이다. 지금 이 순간 바람이 불어오길

기다리며, 두 손으로 열심히 노를 저어라. 다른 사람들도 나를 따라 노를 저을 수 있도록 하라. 그러나 기억해야 할 점은 비행기가 이륙하든 배가 출항하든 충분한 준비를 한 자만이 목적지를 향해 출발할 수 있다는 사실이다.

Question

1. 리더가 믿고 있는 성공 방정식은 무엇인가?

2. 조직 내 창조적 파괴를 가로막는 요인은 무엇인가?

3. 어떻게 창조적 파괴를 활성화시키도록 앞장설 것인가?

2장

세계를 바꾼
창조경영의 실천가들

창조란 낡은 것을 부정하고
새것을 만들어내는 것이다.

인류 최초의 창조경영자, 예수

불가능을 현실로 만든 꿈의 사나이,
고 정주영 현대그룹 회장

21세기 한국 경제를 이끌고 있는
삼성 이건희 회장

세상을 두 번 놀라게 한
애플의 스티브 잡스 회장

중동 사막에 기적의 꽃을 피우는
두바이의 셰이크 모하메드 왕

창조란 낡은 것을 부정하고
새것을 만들어내는 것이다

　　창조란 과거를 부정하는 것이 아니라 재해석하는 것이요, 낡은 것을 부인하고 새로운 것을 만들어내는 것이다. 남과 다르게 생각하는 것, 현상이 아니라 본질을 보는 것, 과거를 보는 것이 아니라 미래를 상상하여 눈앞에 실현되도록 하는 것, 그것이 바로 창조요 예술이다. 창조는 예술과 창작, 스포츠뿐만 아니라 기업이나 국가 경영에 있어 발전의 원동력이기도 하다. 창조가 일어나지 않고서는 개인이든 조직이든 발전할 수 없으며, 무한 경쟁의 시대에 살아남을 수 없다.

　　이는 단순한 업무 효율성이나 생산성의 향상을 의미하지 않는다. 새로운 방향, 새로운 업무 방법, 새로운 기술, 새로운 소재, 새로운 생산 방식, 새로운 프로세스, 새로운 사용 방법과 새로운 용도, 색다른 디자인 등 지금까지와 다르다는 것을 의미한다. 기술의 분화 발전뿐만 아니라 기술의 융합과 퓨전화를 의미하기도 한다. 타 문화를 다양성의 눈으로 바라보고 재해석하고 자신의 것과 융합하여 새로운 것을 만들어내고, 서양 문화에 우리 문화를 접목시켜 새로운 모습이나 형태로 만들려는 노력이 모두 창조요 예술이다. 비록 다른 나라에서 시작되었거나 다른 나라의 문화에 뿌리를 두고 있는 것이라 할지라도 자신들이 훨씬 잘할 수 있는 것을 찾아내고 이를 자신의 것으로 만드는 것 또한 창조다.

우리나라 피아니스트가 세계 대회에 나가 1위에 입상하는 쾌거, 세계 대회를 연속으로 석권하고 있는 비보이의 탄생, 세계적인 가수로 발돋움하고 있는 가수 보아의 활동, 청계천 재개발을 통해 서울이 국제적 벤치마킹 대상이 되도록 만든 것, 쇼트트랙을 집중 육성하여 세계적인 동계 스포츠 강국으로 태어난 것, 세계 최고의 반도체와 조선산업, 와이브로 차세대 이동통신 기술의 개발, 세계인의 입맛을 사로잡아 해외시장으로 진출하는 BBQ 치킨, KBS-TV 프로그램 〈신화 창조〉에서 소개되고 있는 기업들 하나하나가 수많은 실패와 도전 끝에 그들만의 독창적인 기술과 콘셉트 그리고 콘텐츠를 보여주고 있지 않은가? 이런 것들이 바로 진정한 의미의 창조다.

이와 반대로 김치, 불고기, 두부를 이용한 한국의 맛과 웰빙 식품 문화를 세계인의 입맛에 맞추는 것, 한류 문화, 한지, 한글을 새로운 패션과 디자인 요소로 재해석하여 세계화시키는 것, 국가 고유의 무술인 태권도를 스포츠화하여 세계로 수출하는 것도 창조라고 할 수 있다. 이러한 창조는 남다른 생각, 남다른 해석, 남다른 표현, 남다른 노력이 수반되지 않고는 결코 이루어질 수 없다. 그 중에서도 누군가 먼저 큰 꿈을 가지고 시도해보지 않는다면 불가능하다. 새로운 가치 창조를 위해서는 사고와 행동의 패러다임이 바뀌어야 한다.

인류 최초의 창조경영자, 예수

고객 섬김을 온몸으로 실천한 예수

인류 역사상 예수만큼 원대한 꿈과 창의력 그리고 인간의 지혜로 생각해낼 수 없는 상상력을 가지고 새로운 희망을 본 사람은 없을 것이다. 예수 사후 2천 년이 지난 오늘날에도 온 인류가 그를 기념하고, 그의 가르침을 배우고 개개인의 삶과 기업 경영에 적용하려고 노력하는 데는 남다른 이유가 있을 것이다. 국내 기업들이 10여 년 전부터 앞 다투어 도입하고 있는 고객 중심의 경영과 마케팅, 고객만족 경영을 온몸으로 실천한 분이 바로 예수다. 그는 이 땅에 섬김을 받으러 온 것이 아니라 섬기기 위해 왔다. 이 말을 역설적으로 바라보면, 섬김을 받고 싶은 마음이 너무나 간절하였기에 먼저 고객 섬김을 실천한 것으로 생각된다. 고객 중심의 정치, 고객 중심의 신앙, 고객 중심의 경영이 예수로부터 시작되었다. '섬김을 받기 위한 섬김의 실천' 이 얼마나 멋진 패러독스인가?

새 술은 새 부대에 담아야 한다. 새 시대는 고객 중심의 새로운 리더십, 가치관, 경영 철학을 요청하는 것이다. 예수께서는 제자들에게 섬김의 리더십을 솔선하여 가르쳤으며, 친히 제자들의 발을 씻어주고, 높은 자리에 앉기보다는 낮은 자리에 앉았다. 그리고 고객이 원하면 고객이 있는 장소와 시간을 가리지 않았다. 나병 환자의 손을 어루만져주었으며 죽은 자의 몸을 안고 그를 위해 기도하고 그들의 고통을 끌어안았다. 사람 섬김을 십자가의 죽음으로까지 보여줌으로써 고객 중심의 경영에 마침표를 찍은 것이라 생각한다.

종교 지도자든 정치 지도자든 아니면 기업 경영자든 누가 이처럼 고객 사랑을 철저하게 실천한 사람이 있는가? 이처럼 완벽한 언행일치와 일관된 사랑의 실천이 이루어질 때 고객으로부터 진정한 사랑과 충성을 얻을 수 있는 것이다. 이것이야말로 진정한 고객만족 경영이라 할 것이다. 만일 예수가 입으로는 고객을 섬기러 왔다고 말하면서 행동은 다르게 했다면 결코 성공하지 못했을 것이다.

"너희 중에 누구든지 으뜸이 되고자 하는 자는 모든 사람의 종이 되어야 하리라. 인자가 온 것은 섬기려 하고 자기 목숨을 많은 사람의 대속물로 주려 함이니라(마태 20:27~28)."는 예수의 말은 미국의 유명한 유통회사의 '고객은 항상 옳다. 고객이 틀렸다고 생각하면 고객은 항상 옳다는 생각을 떠올려라.' 는 고객 중심의 경영 철학과도 통한다.

"좁은 문으로 들어가라. 찾는 자가 적은 길을 가라." 이것이 바로 예수가 우리에게 가르쳐주는 또 하나의 성공 전략이다. 즉 성공하기 위해서는 남과 다른 차별화 전략을 선택해야 한다는 것이다. 단순한 벤치마킹이나 모방은 잠시 잠깐의 손쉬움을 가져다주겠지만, 결코 '남과 다른 나, 남과 다른 제품, 남과 다른 기업, 남과 다른 국가'로서 자신만의 독창성, 독특한 가치를 가져다주지는 않는다. "남들이 어렵다고 하는 길에 성공이 있다."는 말 속에 차별화의 평범한 진리가 숨어 있다. 이것이 바로 예수가 우리에게 가르쳐주는 성공 철학이다. 남들이 쉽게 포기할 구실을 찾을 때 기도하고, 로마 군병들 앞에서 생명의 위협을 느끼고 자신들의 스승이 처형당할 것이라는 절망 앞에서 두려움에 떨고 있는 제자들을 향해 "담대하라. 승리할 것이다."라고 확신에 찬 말을 던지는 예수야말로 이 시대가 진정으로 원하는 리더다. 사람들의 입에 오르내리는 개인이나 기업, 국가의 성공 중에 손쉽게 얻어진 것이 있는가? 그런 요행은 현실 세계에서 존재하지 않는다.

천 년 앞을 내다본 그는 전 세계 복음화를 향하여, 신분과 직업이 다양한 사람들 중에서 기존 종교의 고정관념에 사로잡히지 않은 열두 명을 제자로 선발했다. 그들을 얻기 위해서 수많은 사람들을 만나고, 여러 날 힘든 것도 마다하지 않고 갈릴리 지역을 도보로 여행했다. 유비가 제갈공명을 얻기 위해 삼고초려(三顧草廬)한 것이 이보다 더 힘든 일이었겠는가? 하나님의 기업을 이 땅 위에 건설하고, 세계를 복음화시키겠다는 원대한 꿈을 가졌기에 기쁜 마음으로 제자를 찾아나선 것이다. 또 그들을 후계자로 육성하기 위하여 몸과 마음을 다 바쳐서 믿고 또 믿었으며, 그들을 단순히 제자가 아니라 사업 파트너이자 친구로 받아들였다. 이런 생각을 어떤 리더가 실천할 수 있겠는가? 기업이 세대를 거듭하면서 영속적으로 성장하기 위해서는 창업자의 이념을 계승 발전시킬 수 있는 후계자를 반드시 양성해야 한다. 대부분의 기업들이나 국가도 훌륭한 리더를 육성하거나 선발하는 데 실패하면서 결국 역사의 뒤안길로 사라져갔다. 이처럼 예수는 '새 술은 새 부대에' 담도록 함으로써 성공적으로 하나님 나라 건설의 초석을 굳건히 다질 수 있었다.

예수는 인류를 구원한다는 원대한 꿈을 실현함에 있어서 제자들을 전면에 내세운 채, 자신은 경영자요 리더라는 이유로 뒷전에 머물러 있지 않았다. 먼저 솔선하여 고객의 삶의 현장으로 달려가 그들과 함께 동고동락하며 웃고 울고 그들의 마음을 어루만져주었으며, 항상 기쁘고 즐거운 마음으로 설교하고 전도 활동에 임했다. "항상 기뻐하라. 쉬지 말고 기도하라. 모든 일에 감사하라."는 말을 누구보다도 앞서 실천함으로써, 열두 제자는 물론 수많은 신도들의 믿음을 얻게 된 것이다.

"누구나 예수를 믿으면 구원을 받는다. 섬김을 받기 위해 온 것이 아니라 종을 섬기기 위해 이 땅 위에 왔다. 살아 있는 하나님의 아들이다."라는 예수의 주장은 기존의 고정관념을 깨뜨리는 것을 넘어서 사회제도를 뒤집을 만한 이야기였다. 이처럼 기존 상식과 관념을 부정하는 새로운 가치관, 기존의 종교관과는 근본적으로 다른 예수를 어떻게 기존의 통치자와 경쟁자 및 종교 지도자들이 쉽게 이해하고 받아들일 수 있었겠는가? 당연히 박해와 고난이 따를 수밖에 없었을 것이다. 그럼에도 불구하고 어떻게 승리할 수 있었을까? 그것은 바로 예수의 원대한 꿈과 비전, 그리고 성취하고야 말겠다는 열정이 있었기에 가능했다. 그리고 무엇보다도 종교와 정치 지도자, 사회로부터 소외당하고 핍박받고 무시당하며 차별받고 살아가는 사람들의 가장 근본적인 불만과 죽음의 공포로부터 벗어나고 싶은 인간의 욕구를 충족시켜주었다. 이를 위해 예수는 "예수만 믿으면 신분의 차별 없이 고객으로서 존중받고 신으로부터 위로받으며 현실에서 구원받을 수 있다."는 고객 사랑에 기반을 둔 창조적인 고객가치를 제공하고 이를 일관되게 실천하였기에 성공할 수 있었다. 고객 입장에 서서 고객을 섬김으로써 기존 종교와 정치 집단의 권위와 질서를 무너뜨리고 고객에 대한 기득권을 빼앗을 수 있었다.

예수는 먼저 세계 복음화라는 남다른 비전과 목표, 또한 '하늘나라가 이 땅 위에서 반드시 이루어질 것이다. 반드시 부활함으로써 자신의 역할이 완성될 것이다.' 라는 강한 확신을 갖고 있었기에, 유대교 및 다른 종교와의 불가능한 싸움에서 승리할 수 있었다. 예수가 세운 세계 정복이라는 목표가 일반적인 발상으로 가능했겠는가? 일반 사람들의 눈에 무모하게 비쳐진 것은 당연하며, 예수의 주장은 종종 열두 제자들에게조차 불신의 대상이 되기도 했을 것이다. 왜냐하면 그들은 예수처럼 하나님 나라에 대해 명확한 비전과 확고한 신념을 갖지 못했으며, 새로운 가치관과 패러다임으로 예수를 바라보지 못하고 때때로 기존 종교와 지도자에 대한 고정관념을 가지고 예수를 바라보았기 때문이다. 그러나 예수는 그들에게 "너희 믿음대로 이루어질 것이다."는 신념의 법칙으로 열두 제자를 교육하고, 그들로 하여금 복음화의 선봉에 서도록 이끌었다.

또한 현실 직시 능력이 탁월한 최고의 마케팅 전략가였던 예수는 지구상 끝까지 자신을 전도해야 할 제자들의 믿음과 역량이 어느 수준에 이를 때까지 양육에 전념하고, 자신의 이름이 사람들 사이에서 어느 정도 알려질 때까지 예루살렘 입성을 미루었다. 기존 패러다임을 전면으로 부정하는 자신이 예루살렘에 입성할 경우 강력한 경쟁자들과 일전을 치를 수밖에 없을 것인데, 자신과 열두 제자의 역량으로는 대적할 수 없다고 판단했기 때문이다. 세계 복음화를 위해서 피할 수 없는 전략적 요충지에서의 단 한 번의 실패는 치명적일 수밖에 없었다. "베드로가 나를 세 번 부인할 것이며, 제자들 중 하나가 나를 팔아넘길 것"이라고 말하면서도 죽을 때까지 그들을 믿었고 그들을 위해 기도함으로써 그들로부터 죽을 때까지 충성하는 믿음을 이끌어낸 것을 보면 예수가 얼마나 탁월한 리더였는지 알 수 있다. 또한 제자 양육 과정에서 전도활동을 말로만 가르친 것이 아니라, 직접 몸으로 보여주고 스스로 체험하게 함으로써 전도의 현실적 어려움을 체험하고 대처 능력을 키우도록 하였다.

항상 고객의 삶의 현장에 몸을 던진 예수는 하나님의 독생자라는 신분임에도 특정 회당이나 집에 머무르며 군림하지 않고 고객들이 원하면 그들의 신분을 따지지 않았으며 그곳이 위험한 곳이든 누추한 곳이든 어디든 달려갔다. 특히 소외되고 병든 자들과 함께 호흡하고 기뻐하며 그들의 아픈 곳을 어루만져주었다. 그리하여 불과 3년이라는 짧은 기간에 그들의 마음속에 '자신들과 함께하는 하나님의 아들'이라는 신뢰를 얻을 수 있었고 강력한 정서적 유대관계를 구축할 수 있었다. 또한 열두 제자들이 예수로부터 선택받았다는 마음에 교만해지는 것을 경계하고 고객이 있는 현장으로 자발적으로 들어가도록 이끌었다. 그러면서도 예수는 그들 앞에서 항상 겸손하고 교만하지 않았으며, 심지어 그들을 섬기는 마음으로 한결같이 생활하는 모습을 보여주었다. 이것이 바로 예수가 가르쳐준 고객을 섬기는 기본 사상이자 행동 철학이다.

Question

1. 당신의 열정을 자극하는 원대한 야망은 무엇인가?
2. 몸으로 실천하는 고객 섬김의 철학은 무엇인가?
3. 당신만의 차별화 전략의 핵심은 무엇인가?

세계를 바꾼 창조경영의 실천가들

불가능을 현실로 만든 꿈의 사나이, 고 정주영 현대그룹 회장

　고 정주영 회장을 떠올릴 때 생각나는 말들은 이런 것이다. 발상의 전환, 무한 상상력, 원대한 야망과 열정. 그는 끊임없는 시련을 도전으로 극복하며 대한민국을 세계에 알린 20세기 최고의 기업가이다. 1960년대부터 1990년대 초반까지 국내 경제 발전을 이끌면서 그분만큼 상상력과 창의력, 유연한 사고를 가지고 실패 속에서 배우고 끊임없이 도전한 기업가는 아마 없을 것이다.

　그가 얼마나 창의적인 발상을 지녔는지를 보여주는 일화가 있다. 1953년 6·25전쟁이 끝난 후의 일이다. 참전 16개국 유엔군 사절이 내한하여 부산 유엔 국립묘지를 방문하는 행사가 있었다. 사절단이 방문하기 전, 유엔군 묘역을 새로 단장하려 했지만 추운 겨울이라 잔디를 구할 수 없었다. 미군은 "한겨울에 잔디를 구하는 것 자체가 불가능하다."는 생각을 하면서도 혹시나 하는 마음에 정주영 회장에게 도움을 요청했다. 정주영 회장은 고민 끝에 보리밭을 떠올렸다. 잔디처럼 보이게만 해주면 된다는 승낙을 받은 정 회장은 즉시 낙동강변에 위치한 보리밭을 매입하여 묘지에 보리를 옮겨 심는 기상천외한 발상으로 이 공사를 성공적으로 마칠 수 있었다. 그는 이 프로젝트를 성공적으로 완수한 덕분에 세배의 대금을 받았을 뿐만 아니라 '정주영은 무엇이든 가능하게 하는 사람'이라는 인식을 미군정 당국에 심어주었다.

정주영 회장의 뛰어난 상상력과 발상의 전환은 전후 미군이 발주하는 주요 공사를 현대건설이 맡게 되는 밑거름이 되었다. 그는 창의적 발상과 열정으로 현대를 키우면서 포드와 자동차 합작 생산을 청산하고, 현대 단독으로 국내 최초로 자동차 모델을 개발하는 데 도전하여 성공했다. 이후 불가능할 것이라는 세간의 의혹을 잠재우며 해외 수출의 첫발을 내딛고 국산 자동차 수출이라는 쾌거를 이루었다.

당시 국내에는 주요 자동차 부품을 생산하는 회사조차 없는 상황에서 첨단 기계기술의 총화인 자동차 독자 모델을 개발하겠다는 구상은 누가 봐도 터무니없는 것이었다. 주변의 거센 반대에 부딪혔지만 정 회장은 밀어붙였다. 1973년 9월 이탈리아의 자동차 디자인회사 이탈디자인주지아로에 100만 달러를 지불하고 디자인을 의뢰했다. 스타일링은 주지아로, 엔지니어링은 만토바니가 담당했으며 엔진은 영국의 조지 턴불이 맡았다. 이렇게 해서 국내 최초의 자동차 모델 포니(Pony)가 탄생했다. 이와 동시에 5만 대 자동차 생산공장을 건설하고 주요 자동차 부품의 국산화에 착수함으로써, 국산 자동차 모델 개발 및 대량생산 체제를 완료했다. 이는 엄청난 수입 대체 효과와 함께 수출 자동차의 외화 가득률 제고라는 이중 효과를 가져다주었다. 만일 정 회장이 현대자동차 독자 모델이 전 세계를 누비는 모습을 머릿속에서 상상하지 않았다면, 오늘날 세계 6대 자동차 회사로 성장한 현대자동차는 아마 없었을 것이다.

한편 1973년 중동 전쟁으로 1차 석유 파동을 겪으면서 국내 외화보유고가 바닥을 치고 있을 때였다. 정부는 중동의 건설과 토목 시장에 진출하려는 강력한 의지를 가지고 사우디아라비아에 조사단을 파견했다. 건축과 토목 관련 대학 교수와 전문가, 공무원들로 구성된 조사단은 당시 박정희 대통령에게 "물이 없고, 모래뿐인 데다 이슬람 국가라 술이 없어 우리 노동자들이 일하기 힘들다."는 내용의 보고를 하였다.

하지만 정주영 회장의 발상은 완전히 달랐다. "모래는 공짜로 무제한 쓸 수 있는 건설자재요, 물은 바닷물을 끌어다 담수로 만들면 되고, 술과 여자가 없으면 국내에서 보내면 될 것이다. 그러면 그만큼 외화 획득률도 늘어날 것이다."라는 보고를 한 것이다.

부정적인 측면을 긍정적인 발상으로 바꾸어 가능성을 제시한 것이다. 정 회장의 이러한 창의적 발상은 20세기 최대의 항만 공사라는 '사우디 주베일 항만 공사'를 9억 3천만 달러에 수주케함으로써 대한민국 고도성장의 기틀을 마련했다. 당시로서는 역사상 최대의 공사를 수주하는 데 성공했지만, 수주 경쟁에 뛰어들었을 때 임원들은 여전히 회의적인 시각을 넘어서 불가능한 일로 바라보았다. 그들은 현대건설이 아무리 국내 1위의 건설업체라 할지라도 단독으로 이 공사를 수행하기는 불가능하다고 보고했다. 하지만 정 회장은 그들의 의견을 무시하고 공사 자재의 85%는 국내에서 조달한다는 원칙을 선언하며 공사를 진행하였다. 또한 공사 계약을 하면서 물가 연동조항을 넣음으로써 공사 수행 과정에서 발생할 수 있는 손실을 차단하였고, 36개월 안에 공사를 끝내기 위하여 초대형 철구조물 자켓 89개를 현대조선소에서 제작하여 1만 2천 킬로미터 떨어진 중동의 주베일 항만까지 바지선으로 운반했다. 공사는 성공적이었다. 당시 9억 3천만 달러라는 공사 규모는 지금의 경제 규모에 비추어볼 때 수백억 달러에 달할 만큼 엄청난 규모였다. 이처럼 정 회장은 모두가 부정적으로 바라볼 때도 '뭐든지 가능한 상황'으로 해석했다. 이것이 바로 기업가에게 필요한 발상의 전환이요, 창조경영의 밑거름이다.

이러한 발상의 전환과 상상력은 현대조선소 건설에서 빛을 발했다. 당시 박정희 대통령은 국가의 명운을 걸고 조선산업을 건설하고자 했으나 일본, 미국, 캐나다 등 조선 강국에서는 한국과 같은 후진국에게 차관 제공을 거절했다. 미국 기업들은 차관을 얻기 위해 달려간 정 회장 일행을 아예 만나주지도 않았지만 정 회장은 포기하지 않았다. 대형 조선소를 짓고 말겠다는 남다른 집념으로 그는 런던의 바클레이 은행 문을 두드렸다. 조선소를 건설해야 한다는 신념으로 똘똘 뭉쳐 있던 정 회장은 바클레이 은행장에게 옥스퍼드 대학에서 경제학 박사를 받았다는 거짓말도 태연히 할 수 있었다. 그리고 500원짜리 지폐에 인쇄된 거북선 그림을 보여주며 은행장을 설득했다. 결국 은행장은 극동의 후진국 코리아에서 찾아온 기업가에게 대형 유조선 두 척을 수주한 계약서를 가져오면, 차관을 제공해주겠다고 말했다. 그것은 차관을 제공할 수 없다는 의사표시로서, 조선소도 없고 대형 선박 건조의 경험도 없는 기업으로서는 불가능한 조건이었다. 현지 방문에 동행했던 임원들이 "은행장의 말은 사실상 차관 제공을 거절한 것"이라고 정 회장에게 말했다. 소형 선박도 건조해본 경험이 없는 현대가 대형 유조선 수주는 도무지 불가능한 일이니 이쯤에서 포기하자는 이야기도 했다. 그러나 정 회장의 생각은 달랐다. 그는 "그럼 선박을 수주하면 차관을 얻을 수 있는 것 아니냐?"며 임원들을 독려했다. 그리고 스위스에서 휴가를 보내고 있는 그리스 최대의 해운업자이자 세계 해운왕인 리바노스를 만나러 달려갔다. 사전 약속도 없이 무조건 비행기에 몸을 실은 것이다. 리바노스가 "조선소는 있느냐?"고 물었을 때 정 회장은 백사장 사진을 보여주며, 조선소를 짓고, 그 위에서 대형 선박을 건설하겠다고 대답했다. 그의 대단한 뚝심과 추진력에 리바노스는 결국 설득당했고, 그로부터 30만 톤급 유조선 두 척에 대한 건조 계약서를 받아냈다. 이 계약서를 바탕으로 바클레이 은행으로부터 4,300만 달러 규모의 은행 차관을 들여올 수 있었다.

1천 톤급의 철선도 만들어보지 못한 나라, 대형 선박을 건조할 수 있는 조선소도 없는 회사가 유조선이라는 거대한 선박 수주를 따낼 수 있을 거라고 누가 생각했겠는가. 그것도 세계 선박왕으로부터 말이다. 그러나 정 회장의 발상의 전환과 긍정적이고 도전적인 정신이 모두가 불가능하다고 생각한 일을 가능하게 만들었던 것이다. 그러한 정신이 오늘날 현대중공업을 있게 했을 뿐만 아니라 대한민국을 세계 최고의 조선 강국으로 만들었다.

정 회장의 무모하리만큼 창의적인 발상과 도전정신은 88서울올림픽을 유치하는 데 결정적인 역할을 하기도 했다. 당시 우리나라는 일본 나고야보다 올림픽 유치 경쟁에 뒤늦게 뛰어들었다. 나고야가 개최지로 거의 굳어지는 분위기에서 우리나라는 유치 신청을 했다는 것으로 위안을 삼아야 할 만큼 가능성이 거의 없었다. 대한민국 유치단의 정부부처 장관이나 대한체육회 관계자들도 모두 올림픽 유치에 부정적이었다. 심지어는 왜 무모하게 뛰어들어 괜한 고생시키냐고 비난하는 소리도 있었다.

정 회장은 현대그룹 사장단과 임원들을 이끌고 독일의 바덴바덴으로 날아갔다. 그곳에서 그는 또 한 번 창조적 사고와 도전정신을 발휘하여 서울올림픽을 유치하는 데 결정적 기여를 했다. 이 일화는 세상에 크게 알려지지는 않았지만, 정 회장이 88서울올림픽을 유치하는 데 성공한 최고의 숨은 공로자란 사실을 증명해준다.

정 회장은 현대그룹 임원단을 이끌고 IOC 위원들이 묵고 있는 호텔 근처에서 숙박했다. 새벽 6시, 영어, 프랑스어, 독일어, 스페인어 등 외국어에 능통한 임직원들로 하여금 조깅을 하는 IOC 위원들과 함께 운동을 하면서 한국을 알리도록 하였다. 정 회장은 사마란치 위원장과 나란히 조깅을 했다. IOC 위원 부인들에게는 매일 아침 호텔 숙소로 장미꽃 한 다발이 배달되었다. 정 회장의 감성에 호소하는 전략에 반해 나고야 유치단은 명품 시계 세이코를 선물하려 했으나, IOC 위원들이 뇌물로 인식해 받지 않았다.

허허벌판의 백사장 위에
세운 세계 최고의 조선소

현대중공업 육상 선박
건조 공법

국내 최초의 국산 자동차
모델 '포니'

무려 두 달 동안이나 그곳에 머물면서 아침마다 조깅을 하고 붉은
장미꽃 다발을 선물하는 정주영 회장과 현대 임원단의 노력이 없
었다면 과연 서울올림픽을 유치할 수 있었을까? 당시 현대그룹
직원들은 모두 이러한 정주영 회장과 현대그룹 임원들의 창의적
발상과 노력을 자랑스러워했다.

　현대건설은 1984년 2월 서산만 6,400미터를 가로막아 국토를

넓히려는 대규모 간척 사업에서 마지막 270미터 정도를 남겨놓고 엄청난 조수 간만의 차로 인해 더 이상 공사를 진척할 수 없는 난관에 부딪혔다. 이런 난관 속에서 정 회장은 전문가들조차 깜짝 놀랄 만한 기상천외한 아이디어를 내놓았다. 폐유조선 탱커를 이용하여 물막이를 하자고 제안했던 것이다. 그는 임직원들의 반대에도 불구하고, 선박 해체를 위해 울산에 정박 중이던 23만 톤급 폐유조선을 서산으로 끌고 와 폐유조선에 바닷물을 채워 가라앉히는 공사를 감행했다. 그런데 조수의 힘 때문에 유조선이 떠내려가려 하자 자신이 직접 배 위에 올라가 공사를 진두지휘했다. 그렇게 해서 마침내 물막이 공사가 완료되었다.

폐유조선 탱커를 활용한 물막이 공법은 국내는 물론 토목 역사상 유례를 찾아볼 수 없는 방조제 건설과 간척사업에 신기원을 이룩했다. 이처럼 끊임없는 발상의 전환과 무한한 상상력, 그리고 신념에 찬 도전정신, 실패 속에서도 기회와 성공을 바라보는 열정과 집념이 '정주영식 창조경영'을 가능케 했다.

Question

1. 발상의 전환을 통한 성공 사례가 있는가?

2. 새로운 도전을 격려하는 문화 정착을 위해 무엇을 하고 있는가?

3. 무모하다고 생각하는 사업이나 상품은 무엇인가?

21세기 한국 경제를 이끌고 있는
삼성의 이건희 회장

삼성전자는 이미 세계에서 존경받는 기업으로 자리매김했을 뿐만 아니라, 일본이 자랑하는 간판 기업 소니를 앞지른 전자회사로 우뚝 섰으며, 한국기업으로서는 최초로 글로벌 100대 기업에 진입했다. 뿐만 아니라 2006년 미국 특허 출원 2위의 혁신과 첨단 기술 기업이라는 진정한 초일류 글로벌 기업으로 성장하였다. 삼성전자는 연간 약 500억 달러의 첨단기술 제품을 수출하여, 국가 수출 총액의 3천 억 달러 달성의 핵심 엔진으로서 한국 경제 발전의 선도 역할을 하고 있다. 또한 삼성전자의 브랜드 위상에 힘입어 국가 위상도 올라가고 있으며, 이로 인해 '메이드 인 코리아' 제품에 대한 품질 이미지 또한 덩달아서 크게 향상되는 효과를 누리고 있다. 이처럼 삼성전자는 단순히 수출 증대를 통한 국가 경제 발전에 기여하고 있을 뿐만 아니라 국가 이미지 향상의 견인차 역할을 하고 있다.

이 같은 삼성의 성장 원동력은 무엇인가? 그것은 다름 아닌 이건희 회장의 '시대의 흐름을 읽는 선견지명과 상상력, 강력한 리더십, 그리고 실행을 중시하는 철학'에서 기인한다. 물론 탁월한 핵심인력의 땀과 노력에도 힘입은 바 크다. 이 또한 선대 회장 때부터 강조해온 인재 제일의 정신과 개인보다는 조직을 앞세우는 조직문화가 뒷받침을 해주었기 때문에 가능한 결과다.

삼성전자도 오늘날의 일류 기업이 되기까지는 힘든 시절이 있었다. 1970년대와 1980년대 산요, 도시바, 마쓰시타, NEC 등 일본의 유수한 전기전자 업체들에게 기술 이전과 합작을 애원해야만 했고 한물간 기술이라도 비싼 로열티와 수출 금지라는 불리한 조건을 감수해야만 도입할 수 있었다. 그러나 삼성전자가 반도체, 휴대전화, TFT-LCD 패널 등 첨단반도체, 이동통신, 디스플레이 기술 분야에서 일본을 크게 앞지르기 시작하자, 이제는 반대로 일본 업체들이 삼성을 배우기 위해 줄을 서고 있는 상황이다.

최근 애니콜 휴대전화는 노키아와 모토롤라를 제치고 최고의 프리미엄 휴대전화로 평가받고 있으며, 보르도 TV는 소니와 파나소닉 TV보다 20퍼센트가량 비싼 가격으로 미국 등 해외 선진국에서 팔리며 프리미엄 TV의 대명사가 되고 있다. TV 왕국이라는 명성을 자랑해왔던 소니와 파나소닉을 넘어서면서 삼성전자가 명실상부한 세계 1위의 TV 업체로 자리매김했다.

어떻게 이런 삼성전자의 신화가 가능했을까. 그것은 바로 "국내 1위라는 지위에 만족하고 현실에 안주한 채 시대의 흐름을 읽지 못하고 변화의 물결에 앞서가지 못하면 좌초할 것"이라는 이건희 회장의 냉철한 현실 직시에서 비롯되었다고 평가할 수 있다. 그는 해외순방을 할 때마다 세계시장에서 삼성전자의 현실을 직시하고, 빠른 속도로 변화하지 않고는 기업의 미래가 위태롭다는 생각을 하게 되었다고 한다. 그 후 1993년 6월 독일의 프랑크푸르트에서 "나부터 변해야 한다. 마누라와 자식만 빼고 다 바꾸자." 는 화두를 던지며 '질(質) 경영'을 선언했다. 이 선언을 계기로 국내 1위에 안주하고 있던 삼성그룹은 세계를 향해 눈을 돌리기 시작했으며, 변화와 혁신이 기업의 근간 정신으로 자리 잡게 되었다. 이후에도 삼성그룹 1,800여 명의 사장단과 임직원들을 LA, 도쿄, 런던 등지로 차례로 불러들여 변화하는 세계 속에서 삼성의 현주소를 깨닫게 했다.

하지만 이러한 질 경영 선언에도 불구하고, 구조적으로 품질 불량 문제가 지속적으로 발생하여, 판매 후 A/S라는 악순환의 고리가 끊이지 않았다. 국내 1위의 전자회사임에도 불구하고 지속적인 수익 하락과 고객 불만족이 해소되지 않고 있는 실정이었다. 품질 불량 문제가 발생하는 근본 원인이 직원들의 마인드 부족에 있다고 판단한 이 회장은 15만여 대에 이르는 불량 휴대전화와 팩시밀리, 키폰 등을 회수하여 1995년 3월 삼성전자 구미 사업본부 운동장에서 '500억 원대의 애니콜 화형식'이라는 특단의 조치를 취했다. 이 사건을 계기로 삼성전자는 품질 향상을 위해 전사적인 노력을 기울여 마침내 비약적인 품질 향상을 이루게 되었다. 이 같은 이 회장의 품질에 대한 강력한 의지가 없었다면, 세계 이동통신 단말기 시장의 최고 브랜드였던 모토롤라를 넘어선 '애니콜 신화'는 탄생하지 않았을 것이다.

시대의 흐름을 재빨리 읽은 이건희 회장은 IMF 구조조정을 성공적으로 마무리한 후 2003년 6월 서울 신라호텔 영빈관에서 삼성 신경영 10주년을 기념하는 사장단 회의에서 '제2의 신경영'을 선포하였다. 핵심 내용은 "2010년까지 브랜드 가치를 700억 달러로 높이고 세계 1위 제품을 50개 확보하고, 세계에서 가장 존경받는 기업으로 성장한다."는 것이다. 이건희 회장과 경영진들은 뛰어난 성과에 만족하여 현실에 안주하려는 분위기를 없애기 위해 끊임없이 위기의식을 불러일으키고 중단 없는 혁신을 독려하고 있다. 이 같은 삼성의 도전정신과 위기경영은 사상 최고의 매출 증가와 세계 최고 수준의 수익률로 나타나고 있으며, 세계 최초로 와이브로 차세대 이동통신 원천기술의 개발 등으로 이어지고 있다.

삼성의 제2 도약을 진두지휘해온 이건희 회장은 최근 창조경영에 박차를 가하기 위해 상상력의 중요성을 강조하고 있다. '지식과 상상력'이 결합할 때 창의력이 생기고, 이런 창의력이 기업을 바꾸고 사회를 바꾸어간다. 창조력이 21세기 생존과 성장의 키워드가 되면서 국내외 많은 CEO들이 '가치 창조를 위한 상상력의 힘'을 강조하고 있다.

최근 이건희 회장이 도쿄를 방문하던 중, 수행 비서에게 "도쿄에 까마귀가 몇 마리 사느냐?"는 질문을 했다는 이야기가 한 신문에 실리면서 화제가 된 적이 있다. 도쿄에 사는 사람도 모를 텐데 수행 비서가 알 턱이 없다. 그런데도 이 회장은 왜 이런 질문을 한

소니 왕국을 침몰시킨 신개념의
'보르도 TV'

GE 냉장고를 몰아낸 국내 최초
양문형 대형 냉장고 '지펠'

것일까? 까마귀가 몇 마리인지 정말 궁금했던 것일까? 그렇지 않을 것이다. 그는 이 질문을 통해 까마귀가 광섬유 케이블을 쪼아대 파손하는 사례를 지적하면서 이런 문제를 어떻게 해결해야 할지를 우회적으로 물었던 것이다. 기상천외한 발상이 아닐 수 없다. 또 이 회장은 의문점이 생기면, 밤낮을 가리지 않고 임직원을 불러 물어보고, 그 해결 방법을 찾아내고자 하는 탐구정신이 뛰어난 사람으로 알려져 있다.

세계적인 히트작인 블루투스폰은 이건희 회장의 탐구정신과 상상력의 산물이라는 얘기가 언론에 보도된 적이 있었다. 휴대전화와 디지털카메라, MP3, PDA를 한꺼번에 들고 다니는 것이 너무 번거롭다고 느낀 이 회장은 이를 하나로 통합하면 어떨까 하고 생각했던 것이다. 이 회장의 호기심과 상상력에 의해 탄생한 블루투스폰은 세계적으로 공전의 히트작이 되었다.

기업을 경영하고 국가를 경영하는 리더라면 이건희 회장처럼 의문이 생기면 본질을 파악할 때까지 꾸준히 탐구하는 자세를 지녀야 한다. 또 아이디어를 구체화하기 위해 끊임없이 상상하는 모습도 배워야 할 것이다. 한 가지 안타까운 현실은 일본이나 미국 등 선진국에서조차 그의 탁월한 능력과 업적을 인정하고 존경하는데 국내 일부 몰지각한 사람들은 이를 격려하기는커녕 오히려 매도하고 있다는 사실이다.

Question

1. 5년 후, 10년 후를 대비한 수종 상품이나 수종 사업은 무엇인가?

2. 조직 내 상상력을 어떻게 활성화시키고 있는가?

3. 천재형 인재의 중요성을 알고 있는가?

세상을 두 번 놀라게 한
애플의 스티브 잡스 회장

1975년 컴퓨터 회로기판을 개발한 워즈니악과 함께 애플컴퓨터를 창업하여 새로운 퍼스널컴퓨터 시대를 연 스티브 잡스는 탁월한 성능을 자랑하는 매킨토시를 개발했지만 실적 부진과 독선적이라는 이유로 자신이 설립한 회사에서 쫓겨났다. 그러나 그는 300여 명의 엔지니어들과 함께 회사에서 쫓겨난 지 12년 만에 고문이라는 직책으로 애플에 복귀하여 1997년 7월에 애플의 임시 CEO에 취임했다. 창업자로서 자신이 세운 회사에서 쫓겨났다는 사실도 놀랍지만 그런 그가 다시 복귀하여 쓰러져가는 회사를 화려하게 부활시킨 대역전 드라마의 주인공이 되었다는 점에서 더욱 주목받는다.

그는 최고경영자로 취임하자마자 '다르게 생각하라(Think Different)'는 슬로건을 내세웠고, 고객보다 한발 앞서가는 창조 정신과 외형 디자인의 중요성을 강조했다. 모든 혁신의 가치 초점은 '디자인'이었다. 매킨토시 컴퓨터를 개발할 때만 해도 기술 중심에서 벗어나지 못했던 그가 사용자를 고려한 소프트웨어와 사용의 편리성, 독창적인 디자인 개발에 모든 역량을 집중한 것은 커다란 변화였다. 그는 또 "디자인은 디자이너에게 맡기고, 엔지니어는 그 디자인에 맞게 제품을 만들어야 한다."는 감성 경영의 새로운 철학을 제시했다. 기술 설계를 마친 다음에 디자인을 하는 것이 아니라 먼저 고객의 시선을 강하게 끌어들이고 고객의 공감을 창조할 수 있는 독특한 제품 디자인을 개발한 다음에 기술 설계를 하는 방식을 택한 것이다.

이런 신제품 개발 시스템을 정착시키기 위하여 영국 디자인 회사 출신의 조너선 아이브를 CDO(Chief Design Officer)로 영입했으며, 전문가들에게 디자인 개발의 재량권을 부여했다. 그렇게 해서 탄생한 작품이 누드 컴퓨터라는 애칭을 얻은 '아이맥'과 신개념의 휴대용 디지털 뮤직 시스템 '아이팟'이다.

단순하면서도 깜찍한 디자인, 손쉬운 사용 방법, 유저 인터페이스를 핵심요인으로 내세운 아이팟은 곧 고객의 감성을 사로잡으면서 발매한 지 5년 만에 5천만 대 이상을 넘는 경이로운 판매 실적을 보였다. 이처럼 애플은 스티브 잡스의 주도하에 디자인 중심의 개발로 새로운 창조와 감성 시장을 주도하는 기업으로 떠올랐다. 그러나 국내외 수많은 대기업들은 '디자인과 감성 요소, 사용자의 편리성과 사용가치'의 중요성을 무시한 채 여전히 기술 중심의 제품 개발에 몰두하고 있어 안타까울 뿐이다.

스티브 잡스가 디자인 중심과 사용자 중심의 상품 개발로 방향

애플의 부활을 세상에 알린
디지털 뮤직 시스템 '아이팟'

2007년 1월에 애플이 발표한
신개념의 휴대전화 '아이폰'

을 전환하게 된 것은 기술의 발달로 제품의 기능과 품질이 비슷해
지면서 더 이상 제품 간의 차별화가 어려워졌다는 사실을 인식했
기 때문이다. 즉 고객은 제품을 선택할 때 디자인 및 사용가치와
경험을 중시한다는 사실을 간파한 것이다.

2007년 1월에는 아이팟에 디지털 휴대전화를 결합한 신개념의
디지털 기기 '아이폰'을 발표하여 노키아, 삼성전자, 모토롤라 등
기존 휴대전화 업계를 긴장시키고 있다. 기존의 휴대전화와 전혀
다른 디자인의 아이폰은 '뮤직폰'이라는 화두를 휴대전화 업계에
강력하게 던짐으로써 삼성전자의 울트라 뮤직, 소니의 워크맨폰
과 강력한 경쟁을 할 것으로 예상되는데, 고객들의 반응이 어떠할

지 궁금하다.

앞에서 설명한 바와 같이 새로운 혁신의 역사를 만들어냄으로써 재기에 성공한 애플을 살펴보면, 단순한 비용절감을 위한 구조조정, GE의 식스시그마 운동과 도요타의 간판 생산시스템과 카이젠 운동으로 상징되는 품질 경영·고객만족 경영 등과 같은 방식으로는 기업의 회생이 어렵다는 사실을 깨달은 것으로 생각된다. 스티브 잡스의 성공 방법이 모든 기업에 적용될 수는 없다. 그러나 그의 성공을 보면, 고객을 위한 가치 혁신과 창조만이 기업 생존의 유일한 길임을 알 수 있다.

Question

1. 자신이 창업한 회사에서 쫓겨난다면 당신은 어떻게 하겠는가?

2. 당신의 핵심 파트너는 어떤 사람인가?

3. 당신의 패러다임을 스스로 부정할 수 있겠는가?

중동 사막에 기적의 꽃을 피우는
두바이의 셰이크 모하메드 왕

　　최근 중동의 홍콩, 중동의 싱가포르라는 찬사를 받으며 세계경제의 주역으로 부상하고 있는 두바이를 보면 리더의 야망과 상상력 그리고 도전정신과 실행력이 얼마나 큰 가치를 창출할 수 있는지 확연히 깨닫게 된다. 두바이는 이미 중동지역 내 국제 금융 및 무역의 허브로 자리 잡고 있지만, 석유자원이 완전히 고갈되는 시대를 대비하기 위해 세계 최고의 관광·금융·물류의 메카 건설이라는 야심찬 프로젝트를 준비하고 있다. 이를 통해 2020년부터 매년 1억 명의 관광객을 유치한다는 엄청난 시나리오를 만든 사람은 두바이의 최고경영자 셰이크 모하메드 왕이다. 그의 상상력과 창조적 사고는 일반인의 상상을 뛰어넘는다.

　　'팜 아일랜드 프로젝트', 사막 위에 세워진 실내 스키장 '스키 두바이' 외에도 삼성물산이 수주하여 시공하고 있는 세계 최고층의 '버즈 두바이 타워' 공사는 그 규모와 독창성으로 세계 언론으로부터 집중적인 조명을 받고 있다. 이런 개발 붐을 기회로 삼아 한국 건설업체들도 대규모 공사 프로젝트를 수주하여 성공적으로 시공하고 있다.

그런데 중동의 작은 사막 국가인 두바이에서도 향후 100년간의 경제 효과를 발휘할 수 있는 아이디어가 나오는데, 왜 우리나라는 스스로를 뛰어난 정치 지도자라고 주장하는 리더들은 많은 데 이런 아이디어가 나오지 않는 것일까? 새만금 간척 사업만 해도 공사 규모나 노동력, 자본기술 측면에서 세계적인 규모를 자랑한다.

그러나 두 프로젝트가 가져다주는 결과는 천양지차다. 그 차이는 어디에서 비롯된 것일까? 바로 상상력이다. 두바이는 국왕인 리더가 앞장서서 100년 앞을 내다보고는 야망과 꿈, 상상력을 결합하여 두바이의 미래를 디자인한 다음 꿈을 현실로 만들어가고 있다. 반면에 대한민국은 미래의 그림을 그리지 못한 채 과거의 사고와 행동을 반복하고 있는 실정이다. 이는 리더가 세계 속에 독창적인 모습으로 부상할 국가를 만들겠다는 야망과 이를 실현하려는 열정과 강한 의지가 없고, 벤치마킹 이외에는 생각할 줄 모르기 때문이 아닐까 생각한다. 리더의 사고력과 상상력이 1%만 부족해도 새로운 가치 혁신은 요원한 일이다. 리더가 독창적인 상상력을 가지고 있고, 그 꿈을 실현시키려는 열정이 있을 때 세상을 바꾸고 국가를 바꾸며 기업의 운명을 바꿀 수 있게 된다. 상상에 의한 창조가 세상을 바꾸는 혁신 가치를 만들어낸다. 상상력과 창의력이 풍부한 기업가와 핵심인재를 육성하는 것이 결국 국가와 기업의 미래를 결정하는 것이다.

상식을 넘어선 상식을 만들어내겠다는 셰이크 모하메드 왕의 강한 의지가 두바이를 중동의 두바이가 아니라 세계의 두바이로 바꾸고 있다. 조그만 사막의 소국에서 연간 1억 명의 관광객을 유치하겠다는 무모한 꿈을 꾸고, 국토 해안선의 길이를 네 배로 늘리겠다는 황당한 발상, 두바이에 투자하고 싶은 외국기업은 현지에서 100퍼센트 융자를 알선해주면서도 세금 한 푼 내지 않아도 되는(No Payment, 100% Financing) 정책. 두바이로 통하는 길목에 세워진 해외 투자가들을 겨냥한 투자 유치 슬로건이 모두 역발상이요, 기존의 상식을 뒤집는 발상의 전환인 것이다. 얼핏 상식적으로 가능하지 않은 이 말이 지금 두바이에서는 상식이 되고 있음을 주목하라. 창조란 리더가 기존 상식을 뛰어넘는 발상을 할 때 비로소 현실로 이루어지기 시작하는 것이다. 그래서 두바이는 세계 기업가들이 달려가고 싶은 매력적인 도시로 거듭나고 있다. 중동의 불모지로 버려졌던 사막의 조그만 소도시 두바이가 신천지로 변하고 있다. 끝없이 펼쳐져 있던 모래밭이 초고층 빌딩으로 덮이고 있는 것이다. "전 세계 타워크레인의 3분의 1이 두바이에 몰려 있다."는 과장된 표현이 두바이 창조를 대변하는 상식이 되었다. 하루하루 변하는 모습이 그야말로 상전벽해다.

어제와 다른 오늘의 두바이를 만드는 힘, 미래를 읽고 새로운 그림을 상상하며 그 길로 국민을 이끌고 가는 힘, 그것이 모두 창의적인 리더 셰이크 모하메드 왕의 상상력에서 나왔다.

하지만 국내의 시각으로 본다면, 엄청난 비난을 살지 모른다. 전국적으로 엄청난 건축 공사가 벌어지는 상황에 대해 1970년대

사막의 꿈을 재창조한 '두바이 팜 아일랜드'

의 우리나라를 떠올리며 개
발 독재시대의 밀어붙이기
라고 주장할 지도 모른다.
조그만 국토가 세계 규모의
공항, 항만, 대규모 해저 호
텔과 리조트 섬, '사막 속의
스키장' 등의 건설현장으로
변했지만 각국의 지도자들
과 세계적인 기업의 CEO들
은 이를 보고 비난하기는커
녕 엄청난 찬사를 보내고 있
다. 그리고 어떻게 하면 두
바이처럼 창의적 발전을 성

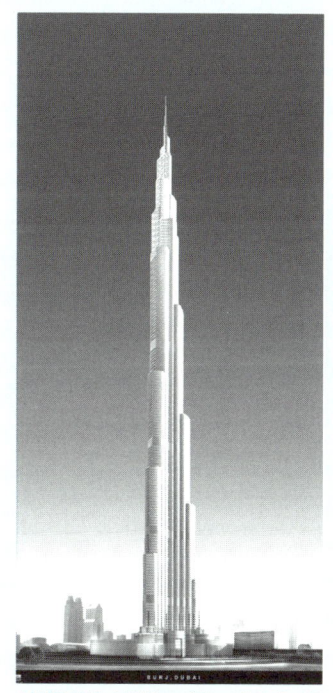

삼성물산이 시공하고 있는 세계 초고층
빌딩 '버즈 두바이' 조감도

취할 수 있는지 아이디어 발굴에 심혈을 쏟고 있는 실정이다. 그런데 왜 우리나라에서는 정반대의 현상이 일어나는 것인가?

최근 〈조선일보〉에 '역발상 두바이, 역주행 한국'이라는 기사가 실렸는데 창의적인 리더를 국가 지도자로 둔 부러움을 역설하고 있었다. 그 내용의 일부를 소개해보겠다.

두바이의 지도자 셰이크 모하메드는 새 장기 계획을 발표하면서 '두바이, 미래가 시작되는 곳'이라는 제목의 연설을 통해 "우리는 과거에도 성공했기에 미래에도 성공할 것이다."라는 대국민 메시지를 전했다. 그는 연설에서 "우리는 시간과 경주를 벌였고, 이겼다."며 "이제는 새로운 경주를 준비해야 한다."고 말했다.

우리나라에도 원대한 꿈을 꾸고 이를 현실화시켜갈 창조적 사고력과 실행력을 갖춘 국가 지도자가 많이 나오기를 바란다.

Question

1. 역발상으로 당신의 사업을 본다면 어떻게 하겠는가?
2. 당신의 상상력은 미래를 향하고 있는가?
3. 당신은 미래형 리더인가 아니면 과거형 리더인가?

3장

창조경영은 창조적 열정과 상상력으로 실현된다

창조경영의 출발은 리더의 야망과 상상력이다

창조적인 혁신 사고가 중요하다

미래 변화를 예측하라

속도를 높이고 시간을 경영하라

신상품 개발과 신사업은 새로운 패러다임으로 접근하라

창조경영의 출발은
리더의 야망과 상상력이다

리더는 원대한 꿈을 가져야 한다

유능한 리더는 마음속에 간직하고 있는 꿈의 크기가 다르고 꿈의 선명함이 다르다. 따라서 세상을 바라보는 시각과 해석이 다르며, 야망이 있기 때문에 말과 행동이 긍정적이고 미래 지향적이며 새로운 도전을 두려워하지 않는다.

원대한 꿈과 위대한 비전이란 무엇인가? 그것은 자신만을 위한 것이 아니라 함께하는 사람과 사회에 가치 있고 자랑스러운 것이라 생각한다. 한 걸음 더 나아가 설명하면, 다른 사람들에게 소명의식과 사명감을 심어주고, 그 꿈을 이루기 위해 끊임없이 피나는 노력을 밤낮으로 할 수 있도록 이끌어주는 것을 말한다. 물론 리더는 때로는 고통스럽고 힘든 일도 이겨내야 할 것이다. 자신만을 채우기 위한 것이 아니라 다른 사람들을 더 크게 채워주고 소망을 나눠 가지고 미래를 향해 바라보고 이끌어가야 한다. 개인이나 조직을 현 상태에 머물게 하지 않고 미래를 향해 나아가도록 하는 것, 이것이 리더의 야망이요 위대한 비전이다. 당신도 삼성전자의 이건희 회장, 애플의 스티브 잡스 회장과 같은 창조형 리더가 되기를 원한다면, 먼저 원대한 꿈을 품어라. 이것이 창조, 발전, 성장, 또 다른 혁신으로 나아가는 출발점이다. 중요한 것은 국가나 기업은 리더의 꿈과 역량만큼 성장한다는 점이다. 따라서 리더는 끊임없이 미래를 생각하고 새로운 눈으로 세상을 바라보고 상상할 수 있어야 한다. 꿈의 구체적인 이미지를 그리고, 그 꿈이 반드시 이루어질 것이라고 믿어야 한다.

국내 유수의 기업들 중에는 회사의 비전을 수립하고 미래 사업을 설계하는 일을 컨설팅 업체에게 맡기는 경우가 많다. 몇 명의 컨설턴트가 기업의 운명을 결정하는 것이다. 하지만 적어도 기업의 운명을 좌우하는 꿈의 설계만큼은 기업 스스로 해야 하지 않겠는가? 그들의 도움을 받는 것은 좋지만, 전적으로 맡기지는 마라.

당신이 원하는 꿈이 불분명하거든 몇날 며칠을 밤새워 고민하라. 그렇지 않고는 당신이 꿈꾸는 인생의 좌표를 찾을 수 없다. 다시 한 번 강조하지만, 기업의 비전과 미래 사업의 큰 그림 그리기를 남에게 맡기지 마라. 어떤 경영자들은 부하 직원들에게 회사 비전을 수립하라고 지시하기도 한다. 기업의 미래 방향 설정은 최고경영자의 최우선 책무인데, 그 일을 임직원들에게 맡기는 것은 그야말로 후안무치(厚顏無恥)한 직무유기가 아닐 수 없다. 자신의 꿈이 아닌데, 성취하고자 하는 강한 열망이 생기겠는가? 무엇보다도 스스로에게 부끄럽지 않은가? 자신과 기업의 운명을 남의 손에 맡긴다는 생각을 어떻게 할 수 있는가? 상식적으로 도저히 이해가 되지 않지만, 수많은 기업에서 이런 일이 일어나고 있다는 사실에 놀라지 않을 수 없다. 남의 꿈을 갖고 자신의 꿈인 양 사는 사람에게 어떤 창의적인 발상이 일어나겠으며, 남에게 운명을 맡긴 사람이 어떻게 자신의 생명을 걸고 위험을 무릅써가며 새로운 일에 도전할 수 있겠는가? 그것은 자기 자신은 물론이거니와 임직원과 주주, 그리고 고객에 대한 기만행위라고 할 수 있다. 심지어는 경영 방침조차 부하 직원들에게 작성하도록 지시하는 한심한 경영자들이 많다. 부하 직원이 작성한 경영 지침이 어떻게 임직원들의 공감을 불러일으킬 수 있겠는가? 그러한 경영 방침은 생명력 없는 구호에 지나지 않는다. 이런 회사는 최고경영자가 아무리 창조와 혁신을 강조한다고 할지라도, 모방과 벤치마킹 말고는 아무것도 할 수 없다.

창조에 대한 고정관념을 바꾸자

진정한 창조를 위해서는 리더가 먼저 '창조'에 대한 고정관념을 버려야 한다. 창조란 화려하고 우아한 것, 획기적이고 혁신적인 것, 상상을 초월한 기상천외한 것이어야 한다는 생각은 어디까지나 편견이요 버려야 할 선입견이다. 차세대 반도체 기술, 와이브로 차세대 이동통신 기술, 생명의 신비를 밝히고 질병의 원인을 규명하는 생명공학의 DNA 기술개발 등이 모두 창조적인 활동이라고 할 수 있다. 또 불모의 네바다 사막 위에 엔터테인먼트 도시 라스베이거스를 세운 것도 창조적인 생각에서 나온 것이며, 과거 수천 년 동안 가난과 외침에 핍박받던 사람들이 살던 아라비아 반도의 작은 사막 왕국 두바이가 세계인들이 부러워하는 관광·레저·쇼핑·스포츠·이벤트 개최 도시, 물류와 금융 허브로 탈바꿈하는 것도 분명히 창조다.

그러나 정주영 회장이 한겨울 눈 덮인 들에서 자라고 있는 보리로 유엔군 묘역을 멋지게 장식하고, 초대형 폐유조선을 가라앉혀 서산 간척지 물막이 수단으로 활용한 창의력이야말로 진정한 창조적 발상이라고 할 수 있다. 첨단기술은 복잡할 것이라는 선입견을 깨고 기능과 사용법의 단순화, 디자인의 단순화를 통해 세계를 놀라게 하고 있는 애플의 아이팟처럼, 새로운 창조란 작은 것에 숨어 있고, 기존의 고정관념을 깨는 발상에서 출발한다.

리더의 상상력이 중요하다

상상력은 단지 과학과 예술의 영역에 속하지 않는다. 최근에는 국내 기업들도 경쟁력 강화를 위한 혁신적 고객가치 창조의 원동력인 상상력에 주목하고 있다. 이에 대한 화두를 던진 사람으로는 삼성전자의 이건희 회장과 이노디자인의 김영세 대표를 꼽을 수 있을 것이다. 미래 사회에 대한 화두를 던졌던 앨빈 토플러 박사는 최근의 저서 〈부의 미래〉에서 기술적 발전이 한계에 직면할 미래 사회에서 "새로운 가치는 상상력에 의해 창출될 것"이라고 예언했다. 차가운 머리로 생각하는 것이 아니라, 따뜻한 감성이 숨쉬는 가슴에서 나오는 '상상력'이 꿈을 현실로 만들고 새로운 감동과 즐거움을 창조한다.

리더는 꿈을 디자인하는 능력이 있어야 한다

아무리 탁월하고 기발한 아이디어를 떠올렸다 할지라도, 미래에 특정한 의미와 가치로 표현할 수 있는 디자인 능력이 없으면 아무 소용이 없다. 결국 종합적인 마스터플랜을 가지고 구체적인 청사진으로 그려낼 수 없다면 방향을 잃고 헤맬 수밖에 없는 것이다. 이 점에서 애플의 아이팟, 삼성전자의 보르도 TV, 마이크로소프트의 윈도 OS, 최초의 국산 차 모델인 현대자동차 포니, 두바이의 2020 플랜에 입각한 팜 아일랜드와 버즈 두바이의 조감도는 좋은 사례가 될 것이다.

진정한 미래형 리더가 되기 위해서는 다음 세 가지 질문에 답할 수 있어야 한다. 첫째, 어떤 장소, 어떤 상황에서 어떤 모습으로 어떤 고객들이 즐겁게 사용할 것인가? 둘째, 상품 · 서비스 · 건축물 · 인테리어 · 도시 · 거리의 완성된 콘셉트는 어떤 디자인이어야 하는가? 셋째, 어떤 의미와 사용가치 그리고 스토리를 담아내고, 어떤 시각적 · 언어적 메시지를 전달할 것인가? 직접 하지는 않는다 할지라도 자신들만의 그림과 답을 찾아내도록 만들어야 한다.

이 세상에서 새롭게 빛을 발한 모든 창조적 사례 중에서 멋진 모습으로 디자인되지 않은 것이 있는가? 패션, 가구, 건축물, 자동차, 도시 등은 모두 원대한 미래의 꿈, 열정적인 꿈을 꾸는 사람들의 상상력과 이를 현실화시키려는 디자인 능력이 결합되어 만들어진 것이다.

상상력은 발상의 전환을 통해서 이루어진다

필자는 외국 손님이 업무차 한국을 방문할 때마다 사업 상담을 시작하기 전에 가능한 한 제일 먼저 안내하는 곳이 있다. 조선 500년 역사를 간직하고 있는 경복궁과 한민족 5천 년의 얼과 발자취가 서려 있는 국립중앙박물관, 우리 조상들의 삶과 문화를 눈으로 보고 가슴으로 느낄 수 있는 국립민속박물관 등이다. 그들에게 한국 문화는 중국이나 일본의 아류쯤으로 인식되고 있는 게 안타까워 시작한 일이었는데, 횟수를 거듭하면서 외국 손님에게 우리나라 역사와 문화를 보여주는 것만큼 좋은 비즈니스도 없다는 것을 깨닫고 나서는 지금까지도 이 방법을 즐겨 쓴다.

그 밖에도 종종 가는 곳이 있는데, 난타 전용극장이다. PMC 프로덕션의 대표이사이자 뮤지컬 〈난타〉를 기획한 송승환 씨는 세계를 '난타' 한 문화계의 창조형 CEO라고 할 수 있다. 나는 꽤 여러 번 관람했지만 그래도 매번 배우들의 신명 나는 연기에 푹 빠져 실컷 웃고 즐기곤 한다. 그곳을 자주 찾는 이유는 한국 전통 타악기의 신명과 리듬을 주방이라는 무대로 옮겨 현대적으로 재해석한 독창성과 재미 때문이기도 하지만, 우리의 창의적이고 수준 높은 예술 감각을 외국 손님에게 은근히 과시하고 싶은 마음에서다.

특히 청계천이 재개발된 뒤에는 외국 손님과 함께 걸으며 대화할 수 있어 얼마나 좋은지 모르겠다. 여기에 새로운 한류문화의 대표로 떠오르고 있는 젊은 비보이들의 전용극장까지 생겼으니 앞으로 기대가 크다. 비보이들과 한국 전통 음악이 만나면 어떤 세계가 펼쳐질까 궁금하다. 아마도 수년 내에 세계인의 눈과 마음을 휘어잡으며 또 하나의 새로운 '꼬레'를 상징하는 문화 아이콘이 될 것이라 믿어 의심치 않는다.

최근 TV에서 이준익 영화감독의 인터뷰 장면을 봤다. 그는 감우성과 정진영, 이준기가 출연한 영화 〈왕의 남자〉, 국민 배우 안성기와 박중훈이 주연을 맡은 영화 〈라디오 스타〉를 연출한 감독으로 2006년 한국 영화계를 석권한 인물이다.

그는 TV 인터뷰에서 "새로운 배우들과 새로운 도구들을 가지고 새로운 영화를 만드는 것이 훌륭하다기보다는, 오랫동안 호흡을 맞춰온 기존의 배우들과 동일한 주제를 새로운 시각과 해석으로 새로운 영화를 만드는 것이 더 창의적이고 훌륭하다."라고 말했는데 상당히 인상적이었다.

만약 5년, 10년을 영화제작에만 몰두하면서 늘 똑같은 사고를 했다면 연산군이란 인물을 새로운 시각으로 재해석하기는 힘들었을 것이고, 그 결과 〈왕의 남자〉도 그저 그런 영화가 되어 1천 만명 이상의 관객을 끌어모으지 못했을 것이다. 그리고 창의적이고 혁신적인 사고는 기업가나 마케터, 예술가에게나 해당하는 이야기라고 생각해왔는데, 영화감독의 입을 통해 그런 말을 들으니 그가 만든 영화가 흥행에 성공한 이유를 이해할 수 있을 것 같았다. 그리고 〈왕의 남자〉와 〈라디오 스타〉 두 편의 영화를 자신만의 독특한 해석과 남다른 영상으로 표현해낸 이준익 감독의 영화 철학을 느낄 수 있었다.

그는 인터뷰에서 이런 말도 했다.

"정말 오랜 세월 동안 실패만 했어요. 그래서 빚을 많이 졌어요. 두 편의 영화가 히트했어도 돈을 많이 벌지는 못했지만……영화 만드는 일이 좋았습니다."

이 말이 가슴에 와닿았다. 경제적으로 어려운 상황인데도 포기하지 않고 〈왕의 남자〉라는 영화에 도전할 수 있었던 힘은 무엇일까? 새로운 영화를 만들겠다는 꿈과 열정이 있었기에 수많은 실패를 겪으면서도 좌절하지 않고 오히려 실패를 통해 자신을 단련하면서 또다시 도전하게 했던 것이다.

21세기는 이들처럼 남다른 시각으로 재해석하여 새로운 상식을 만들어내는 상상력이 경쟁력이 될 것이다. 그 중에서도 문제의 본질을 꿰뚫어보는 통찰력과 새로운 목표를 끝까지 성취하려는 집념과 이를 해결하려는 리더의 상상력과 실행력은 기업과 국가 경쟁력의 핵심이다. 아무쪼록 이준익 감독이나 송승환 씨처럼 다

재다능하고 창의적인 인물이 한국 영화와 문화계에 많이 나오기
를 진심으로 바란다.

창조적인
혁신 사고가 중요하다

상식을 깨고 남과 다른 길을 가라

혁신은 벤치마킹으로는 결코 이룰 수 없다. 창조는 남과 같은 길을 같은 방법으로 가는 것이 아니라, 그들과 다른 나만의 길을 나만의 방법으로 가는 것이다. 창조경영이란 상상력, 창의적 사고와 리더십의 예술이다. 벤치마킹이라는 말을 뇌리 속에서 지워버려라. 그렇지 않고서는 결코 창조를 위한 혁신은 만들어낼 수 없다.

기업이 성장의 동력을 얻기 위한 창조적 혁신을 지속하는 데는 다음 여섯 가지 요소가 중요하다. 첫째, 창조적 파괴를 이끌고 창의적 혁신을 강력하게 이끄는 리더의 혁신적 사고와 리더십이다. 둘째, 조직의 혁신 문화와 도전정신을 들 수 있다. 셋째, 창의력 개발에 초점을 맞춘 학습 시스템이다. 넷째, 창의적 인재를 중시

창조경영은 창조적 열정과 상상력으로 실현된다

하고 창의적 인재 육성·활용·유지에 대한 보상 시스템이다. 다섯째, 다른 문화, 다른 가치관, 다른 사고방식을 수용할 수 있는 개방적 사고와 문화다. 마지막으로 리더의 원대한 꿈과 상상력, 강력한 실행력이 필요하다.

CNN, 델, 이케아, 스와치, G마켓, 이베이, 야후, 구글, 애스크닷컴, 퀄컴, 다음, 네이버, 네이트 싸이월드, 블루클럽, 웅진코웨이, 아이리버, 영화 〈태극기 휘날리며〉, 〈왕의 남자〉, 뮤지컬 〈난타〉 등 분야는 달라도 이들 사이에는 공통점이 있다. 첫째, 업계의 규칙 또는 고정관념을 깨고 새로운 룰을 창출했다는 것이다. 둘째, 기존의 형식에 얽매이지 않고 새로운 길을 개척했다. 즉 이들은 위험을 감수하고 새로운 길을 선택하여 동종업계의 규칙을 새롭게 만들겠다는 용기가 있었다. 셋째, 사업 초반에는 업계 전문가들이나 컨설턴트, 경쟁업체와 고객들로부터 전문지식과 기술, 경험이 없기 때문에 반드시 실패할 것이라는 부정적 평가를 들었으며, 심지어는 내부조직에서조차도 반대에 부딪힌 경우가 대부분이라는 사실이다.

일본의 유통업계를 대표하는 이토요카도 세븐일레븐 재팬에서 'IY뱅크'라는 은행을 설립하여 금융 사업에 진출한다는 계획을 발표했을 때, 금융업계의 전문가들은 모두 금융 산업의 전문지식과 경험이 없기 때문에 실패할 것이라고 말했다. 사내 임직원 및 부서장들조차 경험도 없고 잘 알지도 못하는 은행 사업을 하는 것을 우려하면서 은행 사업의 부실은 모기업인 세븐일레븐까지 위태롭게 할 수 있다며 강력하게 반대했다.

이에 대해 스즈키 도시후미(鈴木敏文) 세븐일레븐 회장은 이렇게 말했다고 한다.

"수많은 사람들이 은행 경험이 없기 때문에 절대로 잘될 리 없다며 그만두라고 했습니다. 금융전문가도 고개를 젓는데 초보자가 왜 손을 대느냐는 말이었지요. 물론 일리 있는 지적입니다. 나는 그들에게 은행을 이용하는 것은 고객이고, 그들은 결코 금융전문가가 아니라고 말했습니다."

그의 말 속에 고객과 사업을 바라보고 해석하는 사업 철학과 뛰어난 혜안이 느껴진다. 그의 말처럼 사업의 본질은 '고객의 입장에 서서 고객이 인정하는 가치를 제공할 수 있느냐'는 것이다. "고객에게 가치를 제공한다는 관점에서 본다면 금융서비스는 삼각 김밥을 제공하는 것과 별반 다를 것이 없습니다."라고 말하는 그의 주장이 훨씬 설득력 있다. 그는 내부 임직원들의 반대와 금융전문가들의 비판 속에서도 성공적으로 은행 사업에 진출했다. 이것이야말로 발상의 전환이요, 진정한 혁신이라고 말할 수 있다.

결국 사업의 본질이란 목표 고객이 원하는 가치를 창출하여 효율적으로 제공하고 지속적인 수익 창출을 실현하는 것이다. 전문가가 아니기 때문에 성공하지 못하는 것이 아니라, 오히려 전문가이기 때문에 분석을 통한 리스크만 크게 보다가 시작도 해보지 못하는 것 같다. 기술만 믿고 창업해서 크게 성공한 기업을 보았는가? 국내외적으로 그런 사례는 결코 많지 않다. 중요한 것은 고객의 입장에서 보는 것이다.

일반적으로 사람들은 기업은 고객에게 명확하고 차별화된 가치를 제공해야 한다고 생각하면서도, '고객'이라는 사업의 본질에서 출발해야 한다는 사실을 잊는 경우가 많다. 그리고 사업의 성공은 전문지식이 아닌 기업가 정신으로 무장한 경영자의 창의력과 리더십에 달려 있는 것인데도 눈에 보이지 않는다는 이유로 본질을 간과하는 경우가 너무 많다.

테드 터너가 창업한 CNN의 24시간 뉴스 방송 아이디어, 적자 사업이라 누구도 관심을 갖지 않았던 소화물 취급사업에 뛰어들어 택배사업으로 성공한 일본의 야마토 운수, 하루 24시간 안에 조그만 소화물을 특송하는 사업으로는 결코 돈을 벌 수 없다는 주위의 우려를 단번에 날려버린 페덱스 등의 신사업 성공 사례를 보면, 하나의 법칙을 발견할 수 있다. 소위 전문가들이 안 된다는 사업, 내부 임직원들이 크게 반대하는 사업이라고 해서 시작도 해보지 못한다면 크게 성공할 수 없다는 사실이다.

최고의 무기는 창조적 파괴와 혁신이다

삼성전자나 마이크로소프트라 할지라도 한 기업이 모든 분야에서 최고가 될 수는 없다. 하지만 자사가 핵심기술을 보유한 분야에서 남보다 앞서 기술과 상품을 혁신하고 그것으로 고객을 감동시킬 수 있다면 경쟁자를 앞지를 수 있을 것이다. 핵심기술에 대한 깊은 이해와 창의적인 사고, 비즈니스 경영 능력과 고도의 경쟁의식까지 갖춘 기업가와 우수한 핵심인력을 보유한 기업이라면 어떤 환경에서도 성공할 것이다.

그렇다면 세계를 놀라게 하고 있는 삼성전자의 힘은 무엇일까? 성장 비결은 남보다 한발 앞선 기술개발, 지속적 시장 선점을 위한 공격적 경영, 창의력과 상상력, 창의적인 핵심인재와 탁월한 조직력, 디자인 그리고 브랜드 마케팅일 것이다. 그리고 과거의 기업 성과에 절대 만족하지 않고 끊임없이 가치 혁신을 추구하는 창조경영과 세계 초일류 기업으로 만들겠다는 원대한 야망과 열정, 천재형 인재를 중시하는 이건희 회장의 탁월한 리더십이 결합되면서 시너지 효과를 창출하고 있다고 할 수 있다. 그리고 다른 기업이 부러워할 만큼 뛰어난 두뇌 집단과 혁신을 위한 끊임없는 도전을 추구하는 기업문화가 뒷받침한 결과라 볼 수 있다. 이건희 회장은 기업의 생존과 발전을 위한 혁신을 장려하기 위하여 조직 내 위기감을 끊임없이 불러일으키고, 임직원들의 창의력을 자극하기 위하여 상상력의 중요성을 강조하고 있다.

누구에게도 뒤지지 않으려면 항상 남보다 먼저 새로운 것을 내놓아야 한다. 기업의 성공과 실패는 결국 '고객이 원하는 가치를 제공할 수 있는 보다 혁신적인 신상품의 개발'에 달려 있기 때문이다. 그렇다고 한 번의 성공이 지속되는 경우는 결코 없다. 한순간도 멈추지 않고 지속적으로 혁신해야 하는 이유가 여기에 있다. 혁신이란 무엇인가? 결국 고객에게 새롭고 명확한 가치를 제공하는 상품 또는 서비스, 새로운 방법 및 프로세스를 개발하는 것이다. 그렇기 때문에 사고의 유연성과 상상력을 기반으로 한 창의력과 가치 혁신능력이 오늘의 기업에게 가장 강력하고도 중요한 무기가 된 것이다. 결국 오늘날 기업들은 지속적으로 혁신하지 않고서는 강자들과 싸워 승리할 수 없을 뿐만 아니라 급변하는 무한경쟁 속에서 현재의 자리조차 보전할 수 없게 되었다.

평범한 것을 거부하라

고객의 눈과 귀를 사로잡지 않고서는 경쟁에서 승리할 수 없다. 고객의 시선을 끌어당기고 고객의 눈과 마음이 오랫동안 자사 제품에 머물도록 하기 위해서는 먼저 디자인이 달라야 하고, 콘셉트가 독특해야 한다. 이를 위해서는 기본 원칙을 지키되 남과 다르게 생각하고 남과 다르게 표현할 수 있어야 한다. 남다르게 생각하고 철저하게 남과 다르게 실행할 수 있는 개인과 기업만이 미래에도 존속할 수 있을 것이다. 현실에 안주하지 않고 새로운 기회 속으로 뛰어들며, 업계의 전문가들이 이야기하는 기존의 법칙과 방법을 부인하고 새로운 것을 제시할 수 있어야 한다. 성공한다는 것은 남과 달라진다는 것을 의미하며, 성공을 유지하기 위해서는 항상 새롭고 남과 다른 것을 추구해야 한다. 따라서 신사업이나 신제품 또는 새로운 서비스 상품으로 성공하기를 바란다면 먼저 자신의 사고와 태도, 행동을 혁신해야 한다.

세상을 바라보는 당신의 사고(시야, 관점, 깊이, 속도)가 변화하지 않는 한, 새로운 가능성의 기회란 결코 눈에 보이지 않는다. 그러므로 습관화된 사고방식과 행동방식에 의문을 제기하고 기존의 상식화된 개념과 인식을 지속적인 혁신의 대상으로 받아들여야 한다. 또한 새로운 아이디어, 방법, 상품, 서비스를 개발할 각오를 해야 한다. 주변에서는 "왜 사서 고생을 하지? 너무 어렵고 위험한 일이잖아."라고 말할 것이다. 물론 힘이 들 것이다. 그것도 엄청난 노력과 땀이 들어갈 수밖에 없다. 하지만 경쟁에서 이기기 위해서는 당연한 것이 아닌가? 남과 똑같이 생각하면서 생존을 보장받고 남보다 앞설 수 있는 방법은 단연코 없다. 그런데도 우리는 '오래전부터 이렇게 해왔으니까. 누구나 이렇게 행동하니까. 사장도 이렇게 하고 있으니까. 옛날부터 그렇게 해왔으니까. 누구나 그렇게 생각하니까.'라며 따라한다.

이처럼 우리는 회사 생활을 하면서 모든 일과 행동을 습관적으로 당연시하고 있다. '왜 이 일을 해야 하고, 왜 이런 방식으로 해야 하며, 왜 이 사람들에게만 팔아야 하는지' 생각해보지도 않고 일한다. 이런 사고와 행동방식에 변화가 없는데, 갑자기 아이디어가 떠오르고 새로운 기회가 보이겠는가? 하지만 일을 하고 행동을 할 때 '왜?'라는 의문을 먼저 떠올리는 습관을 몸에 익힌다면, 구태의연한 관행에서 벗어나 새로운 기회의 문을 열게 될 것이다.

앞으로는 평범한 것을 가지고서는 아무것도 얻을 수 없을 것이다. 과거에는 남과 비슷해지는 것을 목표로 기업 활동을 하는 경우가 많았고, 어느 정도 성공할 수도 있었지만, 오늘날에는 그런 사고방식이나 경영활동은 통하지 않으며 미래에는 더욱 그러할 것이다. 성공하려면 반드시 남과 달라야 한다. 그것도 크게 달라야 한다. 그러려면 먼저 생각과 행동의 기준을 바꾸어야 한다. 그

동안 당연하게 여겨온 상식과 습관, 전략, 상품에 항상 의문을 가져야 한다. 그리고 다르게 바라보라. 남과 다른 것을 추구할 때 성공이 시작된다.

그렇다고 조급하게 생각하지 마라. 가치 창조를 위한 변화에 실패하는 이유 중 하나가 조급함과 적당한 노력으로 이룰 수 있다는 생각에 무작정 서두르기 때문이다. 과거의 판에 박힌 사고와 행동 습관을 바꾸려면 새로운 사고와 행동 습관을 조금씩 몸에 익혀야 한다. 새로운 방식을 익히고 오랜 관행에서 벗어나기 위해서는 오랫동안 익숙해진 사고와 행동에서 벗어나 새로운 길을 살피는 휴식 기간과 일정 기간 동안 집중적인 노력이 필요하다.

오늘과 다른 길로 차를 몰고 가기 위해 브레이크를 밟아라. 변화와 혁신이란 일상적이고도 습관적인 사고와 행동에 브레이크를 거는 순간 시작된다. 진정한 변화를 위해서는 오랫동안 익숙해진 현실에 안주하려는 마음부터 버려야 한다. 변화는 창조의 출발이다. 이러한 창조는 저절로 주어지는 것이 아니라 스스로 알을 깨고 나오는 새처럼 남들 눈에 보이지 않는 땀과 노력을 통해 이루어진다.

변화란 도전과 실패, 도전과 성공의 반복으로 이루어지는 것처럼, 창조 또한 거듭되는 도전과 실패의 결과로 찾아오는 것이다. 창조를 할 수 있느냐 없느냐는 외부 환경이 어떠냐에 달려 있는 것이 아니라, 조직의 리더와 임직원 그리고 도전을 격려하는 조직문화, 무엇보다도 나 자신이라는 내부 요인에 달려 있음을 명심하라. 창조는 결코 쉽게 이루어지지 않는다. 수많은 실패 끝에 얻어진다. 세상은 뿌린 대로 거두는 법이다.

크게 성공한 사람이나 성공한 기업에 대해 말할 때, 사람들은 운이 좋아서 히트를 쳤다며 그들의 숨은 노력을 폄하하는 것을 자주 보아왔다. 시대의 흐름에 잘 맞았기 때문에 성공한 것은 분명한 사실이다. 하지만 그들이 그런 방향을 선택할 때는 엄청난 리스크를 감수하고 과감한 결정을 했다는 사실을 간과해서는 안 된다. 또한 그들이 새로운 아이디어를 생각해내고 이를 성공적인 제품으로 출시하기 위해 밤낮없이 엄청난 땀을 흘릴 때, 당신은 어디에 있었는가? 세상에는 공짜로 얻을 수 있는 성과란 결코 존재하지 않는다는 사실을 명심해야 한다. 기업 스스로 기회를 잡지 못했다면 누구를 탓하겠는가? 행운이란 것도 오랜 준비와 노력으로 붙잡을 수 있는 것이다.

새로운 기회를 발견하고 그 기회를 잡기 위해 최선을 다하라. 기회를 잡게 되면 개인의 인생과 기업의 운명이 달라진다. 우리 주변에 있는 모든 성공 스토리가 이에 해당된다. 세상의 변화 속에서 기회를 발견할 수 있는 눈을 키워라. 그리고 그 기회가 자신의 운명을 바꿀 것이라고 믿어라. 다른 사람이 당연한 현상으로 생각하고 간과한 기회, 다른 사람이 잘못된 해석으로 놓친 기회를 잡아 자신의 것으로 만들어라.

사업의 성패는 새로운 기회를 얼마나 많이 남보다 먼저 발견하고 그것을 자신의 것으로 만드느냐에 달려 있다. 따라서 기업가라면 기회의 가능성이 100분의 1이든 1,000분의 1이든, 기회를 경쟁자에게 빼앗겨서는 안 된다. 효율이라는 말보다는 '효과'라는 말의 중요성을 인식하고 멀리 내다보는 사람만이 변화 속에서 기회를 발견할 수 있다.

기회는 어떤 방향에서 어떤 모습으로 찾아오는가? 동일한 업계에서 경쟁사들의 성공 전략과 상품이나 서비스에서 새로운 기회를 찾으려 해서는 안 된다. 오히려 그들이 실패하고 간과한 아이디어와 상품에 기회가 있으며, 그들 고객의 불만 사항 속에 기회가 숨어 있다. 또한 기회는 부하 직원의 아이디어로, 협력업체의 제안으로, 친구의 충고로, 때로는 고객의 불평으로, 때로는 타 산업에서 채택된 새로운 아이디어로 찾아오는 경우가 많다. 특히 성공한 사업가들을 보면, 그들 스스로 혁신적인 가치를 개발해낸 사람이라기보다는 혁신적인 기술이나 상품의 시장 잠재력과 사업성을 파악해낼 줄 아는 안목을 지녔다는 것을 알 수 있다. 그리고 그 안목을 바탕으로 어떤 모습의 사업이 될 것이라고 상상하고 사업의 마스터플랜을 그릴 줄 아는 사람들이다.

세계적으로 성공한 기업들을 보아도 그렇다. 전문가가 새로운 기술이나 제품을 개발한 경우보다는 그 기술의 시장 잠재력을 발견한 사업가들에 의해 꽃을 피운 경우가 훨씬 많은 것이다.

코가콜라 원액의 제조 비법을 사들인 사람, 맥도날드 햄버거 1호점을 본 후 패스트푸드의 미래를 예견하고 사업권을 사들인 사람, 일본 기업들이 미국을 제치고 반도체 사업을 석권하는 모습을 보면서 전자산업의 미래를 상상하며 반도체 사업에 뛰어든 이건희 회장, 울산 방어진 백사장에서 근면한 민족성과 탁월한 손재주를 믿고 세계 최고의 배 건조 조선소를 건설한 정주영 회장, 애플컴퓨터와 IBM PC의 등장을 보고 소프트웨어의 중요성을, 애플이 개발한 윈도 기능을 보고 미래의 잠재력을 간파한 빌 게이츠, 냅스터의 MP3 음악 무료 다운로드가 불법이라는 판결이 내려지자 거기에서 새로운 사업 기회를 착안하고 아이튠즈 프로그램과 아이팟을 개발한 스티브 잡스 등이 여기에 해당된다.

이들 사이에는 공통점이 있다. 남들이 보지 못하는 미래의 시장 잠재력을 읽는 능력, 과감한 결단력, 그리고 강력한 실행력이다. 그 중에서도 사업의 본질을 정확히 파악하고, 이를 현실화시키는 풍부한 상상력과 실행력이야말로 오늘날 경영자가 꼭 갖추어야 할 자질로 꼽을 수 있다.

사람은 어떤 것을 선택할 때, 그 선택의 결과를 정확히 예측하기는 어렵다. 그렇다고 할지라도, 새로운 기회를 남보다 먼저 잡고, 실행하기 위해 노력해야 한다. 성공하기 위해 스스로 적극적인 노력을 하지 않는 것은 경쟁자에게 자신의 운명을 맡기는 것과 같다. 남들이 비웃을지라도 100분의 1의 성공 가능성이라도 포기하지 마라. 그들이 기회를 가져다주는 것은 아니다. 비록 성공 가능성이 낮다고 할지라도 기회는 소중한 것이다.

소중한 기회를 잡으려면, 첫째, '지금 당장 어떤 과일이 돈이 되는가?'보다는 '10년 후에 어떤 과일나무를 선택하는 것이 돈이 될 수 있을까?'를 생각해야 한다. 눈앞의 이익에 급급하기보다는 멀리 내다보라. 숲 속의 나무를 자세히 보는 것도 중요하지만, 더 중요한 것은 숲 전체를 보는 눈이다. 둘째, 중도에서 포기하지 마라. 성공이란 수많은 실패 가운데서도 100분의 1이라는 가능성을 포기하지 않는 데서 찾아오는 것이다. 셋째, 과감하게 실행하라. 그러면 반드시 성공의 문에 도달하게 될 것이다.

인생을 살아가면서 항상 새로운 일만 하기는 어렵다. 하지만 마음먹기에 따라서 새로운 마음으로 새로운 일에 도전하며 살 수 있다. 또한 남들이 가지 않는 길을 간다고 해서 남들이 가는 길을 완전히 외면할 수는 없는 노릇이다. 중요한 것은 남이 먼저 간 길을 선택했다 하더라도, 남다른 시각을 가지고 걷는다면 자신만의 길을 개척할 수 있을 것이다. 비즈니스 컨설턴트이자 가치 창조 디자이너인 이노디자인의 김영세 대표처럼, 세상일을 늘 새로운 시각으로 새롭게 바라본다면, 남들이 걸어간 길에서도 자신의 길이 보이고 옛 길에서도 새로운 길을 발견하게 된다. 이처럼 창조와 혁신은 거창한 것이 아니라 새롭게 보는 시각에서 출발한다.

기업가 스스로 사고를 혁신하라

21세기 기업가는 유연한 사고, 새로운 꿈을 꾸는 상상력 그리고 창의적인 생각을 할 줄 아는 사람이어야 한다. 창조의 길을 가기 위해서는 먼저 자신과 조직이 오랫동안 익숙해진 나머지 지극히 당연하게만 여겨왔던 모든 것들이 절대적인 것이 아니라, 상대적이고 가변적이라는 사실을 받아들여야 한다. 인간과 사물을 둘러싼 모든 것은 언제든지 변하게 마련이고, 이런 변화 속에서 단순한 현상이 아니라 눈에 보이지 않는 본질을 파악할 수 있어야 한다. 또한 지금 이 순간보다 발전된 모습으로 살아가기 위해서는 현재의 자신을 버려야 한다. 현재의 자신을 부정하고 파괴하지 않고는 새로운 가치 창조의 세계로 나아갈 수 없다.

최근 LS전선 구자열 부회장은 자신의 명함에 "혁신 없이는 미래도 없다(No Innovation No Future)."라는 글을 인쇄해 갖고 다닐 정도로 혁신을 강조하고 있다고 한다. 임직원들이 경쟁사의 실패 사례를 예로 들면서 중국 시장은 '리스크가 크다.'며 반대하는데도 구자열 부회장은 중국 진출을 결정했다. 그리고 50대 부장을 임원으로 발탁하여 "열심히 일하면 늦게라도 임원이 될 수 있다."는 인식을 사내에 전파하는 등 경영 혁신에 앞장서고 있다고 한다. 이것이 기업가의 본분이다. 이와 같이 고정관념을 타파하는 사고와 실천으로 기업에 활력을 불어넣는 것, 새로운 발상으로 도전과 혁신 문화를 만들어내는 것, 이것이 바로 창조경영의 기초이며, 기업가의 책무이자 숙명이다.

기업가의 역할은 시대의 다변화 및 급변화에 따라 더욱 다양해지고 있다. 먼저 기업을 창의적으로 경영하기 위한 사고와 실행력으로 무장해야 한다. 기업을 오로지 과거의 지식과 경험으로 경영하겠다는 생각으로는 하루가 다르게 발전하고 있는 기술과 변화의 물결에 효과적으로 대처할 수가 없다. 경영자는 고객과 경쟁자, 기술, 사회의 변화에 따라서 기업이 나아갈 방향과 목표를 명확히 제시해야 하며, 기업이 새로운 출구(기술, 제품)를 찾을 수 있도록 이끌어야 한다. 그러므로 시대가 바뀌고 시장이 급변할수록 리더에게는 다양한 관점으로 변화를 바라보는 유연한 사고와 끊임없는 상상력이 요구되는 것이다.

또한 리더는 창조적 파괴를 통한 새로운 시장 창출 기회를 만들어내야 한다. 기업의 장기적 성장을 위한 밑거름은 창조적 파괴를 통한 가치 혁신에 있다. 급변하는 기업 환경 속에서 스스로를 부정하며 자기 혁신을 할 것인가, 아니면 앉아서 경쟁자의 공격을 기다릴 것인가? 새로운 상품이나 서비스, 새로운 개념이나 방법을 개발하여 시장을 재정의할 것인가, 아니면 현재 시장의 게임 법칙을 인정하고 순응할 것인가? 경쟁자와 치열하게 싸울 것인가, 아니면 니치마켓을 찾을 것인가? 새로운 시장을 창출하여 선점할 것인가, 아니면 마켓 추종자에 만족할 것인가? 이처럼 중요하고도 근본적인 경영 방향을 결정하는 것이 모두 기업가의 생각과 선택에 달려 있다. 그렇다고 현실에 안주하려는 생각으로는 결코 생존을 보장받을 수 없다.

리더의 사고 전환으로 시작된 창조적 파괴가 기업 성장에 가장 중요하다. 가속, 급변, 무한, 글로벌화, 디지털화, 네트워크화라는 단어들로 대변되는 경쟁 속에서 '과거의 낡은 것은 오늘의 새로운 것에 의해, 속도가 원만한 것은 빠른 속도에 의해, 일반적 가치는 차별화된 가치에 의해' 사라질 수밖에 없다. 이런 변화 속에서 기업가가 과거의 개념과 방법만을 고집하고 목전의 이익에 눈이 멀어 현재 상황에 안주한다면, 그것은 스스로 무덤을 파는 것과 같다.

시장 환경이 급변함에 따라서 시장을 바라보는 기업가의 시각도 끊임없이 변화하고 발전해야 한다. 이를 위해서 기업가는 새로운 지식, 새로운 개념, 새로운 현실, 새로운 방법에 대해 끊임없이 학습하고, 이를 바탕으로 다양한 사고의 폭과 참신한 사고를 할 수 있도록 노력하는 한편 깊이 생각하고 멀리 내다보는 심모원려(深謀遠慮)의 지혜를 실천해야 한다.

기업가는 생각 자체가 생명력과 경쟁력을 갖도록 해야 한다

기업가의 정신이 살아 있어야 시장의 변화에 맞춰 스스로를 변화시키고, 새로운 기술, 제품, 방법, 새로운 시장을 찾기 위해 고심하게 되는 법이다. 기업은 시장보다 한발 앞서가고, 경쟁사보다 한발 앞선 생각을 해야 시장의 주도권을 잡을 수 있다. 그럼에도 불구하고 과거 노력의 결과로 얻어진 현재의 지위와 성과에 만족한 채, 변화와 혁신을 거부한다면 시장에서 도태될 수밖에 없다. 급변하는 시장 환경에서 기업가가 새로운 시장 기회를 선점하기 위해서는 사고의 유연성이 필수적이다.

국내 최초로 컴퓨터 분야에서 성공한 벤처기업 삼보컴퓨터가 왜 어려운 상황에 빠졌고, 큐닉스 컴퓨터가 왜 망했는가? 1990년 중반까지 매년 수백억 원의 수익을 올리며 황금알을 낳는 사업으로 알려졌던 '삐삐' 회사 서울이동통신이나 나래이동통신도 이동통신서비스 시장에서 경쟁력을 잃은 지 오래다.

그 기업들은 자본도 막대하고 해당 분야의 기술력도 뛰어났지만 결국 도태되고 말았다. 그 이유는 무엇일까? 근본적인 원인은 대체 경쟁자인 휴대전화 분야의 기술 발전 속도와 고객의 욕구 변화를 정확하게 예측하지 못했기 때문이며, CT-2라는 그릇된 방향을 선택함으로써 막대한 투자 손실을 입었기 때문이다.

앞에서 예를 든 회사들을 보면, 가격 경쟁력을 높이기 위해 아무리 원가를 절감하고 생산성을 향상시킨다 할지라도, 새로운 변화를 받아들이고 새로운 변화를 주도할 수 있는 혁신 능력을 갖추고 변화를 주도해가지 못한다면 생존 자체도 불가능하다는 것을 알 수 있다.

환율 변동과 같은 외부 환경 변화는 모든 기업에게 동일한 조건으로 작용한다. 하지만 이를 해석하고 받아들이는 것은 기업마다 크게 차이가 나는 법이다.

이와 마찬가지로 동일한 기술 수준으로 만들어낼 수 있는 제품의 기능과 성능에는 큰 차이가 없을 것이다. 그러나 동일한 기술을 가지고 어떻게 표현하느냐에 따라서 제품 디자인과 이미지가 크게 차이 날 수 있으며, 이는 고객의 선택 또는 외면이라는 결과를 가져온다. 즉 동일한 환경과 동일한 기술 수준을 갖고 경쟁에서 승리하기 위해서는 이를 남과 다르게 표현하기 위한 기업가의 생각이 나날이 새로워져야 하고, 새로운 기술개발과 새로운 변화에 도전하는 문화가 새롭게 정착되어야 한다. 경영자가 유연한 생각을 갖지 못하고 구태의연한 습성에 젖어 있다면 어떻게 급변하는 환경에서 살아남을 수 있겠는가?

경영자는 항상 깨어 있어야 한다

바둑에서 '단 한 번의 패착으로 게임을 잃는다.'는 말이 있다. 기업 역시 경영 전략의 선택, 투자 결정, 핵심인력의 선발, 신상품의 개발과 출시 등의 과정에서 한 번만 선택을 잘못해도 치명적인 타격을 받게 되는 경우가 많다. 경영자가 항상 깨어 있어야 하는 까닭이 바로 여기 있다. 단 한 번의 판단 착오로 매출을 떨어뜨리고 최악의 경우에는 뼈를 깎는 구조조정이나 기업의 파산으로 이어질 수도 있기 때문이다.

기업 간의 생존 경쟁이란 바둑처럼 정해진 규칙에 따라 게임을 하고, 먼저 시작했다고 해서 6호 반 공제와 같은 페널티를 물리지 않는다. 그런 경쟁 방식은 현실에서 존재하지 않는다. 누구라도 먼저 선수 쳐서 승리하는 것을 결코 비난하지 않는다. 오히려 새로운 도전 정신과 위협을 무릅쓴 성공에 박수갈채를 보내고 환호한다. 또한 바둑은 게임이기 때문에 다시 둘 수 있지만, 기업 경쟁에서 패배는 영원한 죽음을 의미하는 경우가 많다.

한 가지 흥미로운 사실은 '바둑이든 기업 경영이든 이미 밝혀진 이론이나 정석대로 실행해서는 결코 승리할 수 없다.'는 점이다. 기존의 방식대로 기업 경영을 하면서 상대를 이길 수 있는 유일한 방법은 상대보다 내가 먼저 움직이는 것이다. 그리고 경쟁 상대는 우리와 동일한 방식으로 기업을 경영하고 동일한 마케팅 전략을 구사하기만을 바라야 한다. 하지만 현실에서 그런 일은 일어나지 않는다.

창조경영은 창조적 열정과 상상력으로 실현된다

상대방도 우리와 똑같은 방식으로 따라하기를 바라거나 상대방이 실수하기를 기대하며 게임을 할 수는 없지 않은가? 그런 요행을 바란다면 실패는 뻔한 일이다. 국내 프로바둑 기사 중에는 이세돌처럼 정석을 무시하고 상대의 허를 찌르는 창의적인 생각과 지속적인 공격으로 이기는 기사가 있는가 하면, 이창호처럼 끊임없이 인내하며 수비 위주의 안전 운행을 하다가 상대의 허점을 노리는 게임 운영으로 승리를 이끄는 기사도 있다.

프로바둑 기사라면 어느 쪽에 더 두려움을 느끼겠는가? 아마도 창의적인 수를 가지고 지속적으로 공격하는 이세돌 기사를 더 두려워하지 않을까 싶다. 그를 뛰어넘는 공격 바둑은 결코 쉽지 않다. 대개의 경우 이세돌 기사보다 창의적이고 혁신적인 착점을 생각하기보다는, 예측하기 어려운 공격에 대비하여 수세적인 전략을 취할 것이다. 이럴 경우 자신만의 바둑을 두지도 못한 채, 자신도 모르게 상대의 페이스에 끌려가다 패하기 쉬울 것이다.

우리가 살아가는 현실에서는 누구에게나 동일한 기회가 주어지지는 않는다. 그러므로 현재 자신이 하고 있는 일에 최선을 다해 기회를 만들어가는 것이 중요하다. 기회란 기회를 포착하고 활용할 줄 아는 사람에게만 주어진다. 기회는 누구에게나 주어질 수 있지만, 그 기회를 포착하여 성공하는 사람은 극소수에 지나지 않는다.

벤치마킹 또는 일반화를 지향하는 균형 발전이라는 환상에서 깨어나라. 지금 이 순간 결단을 내리지 않으면, 역사를 바꿀 수 있는 기회조차 잡지 못할 것이다. 무엇보다 중요한 것은 기업과 자신이 해야 할 역할이 무엇인지 정확히 판단하고, 남과 다른 생각으로 시대의 변화가 가져다준 기회를 포착하여 활용하는 것이다. 이를 위해 경영자는 항상 깨어 있어야 한다.

역발상 속에 기회가 있다

경기 불황의 여파로 매출과 수익이 떨어지면, 대부분의 기업들은 손쉬운 방법으로 비용을 절감하고자 한다. 그렇다고 설비, 사무실, 생산공장, 임금 등과 같은 비용은 쉽게 삭감되지도 않는다. 그럼에도 불구하고 구조조정을 단행해야 할 경우, 기업들의 비용절감 내용과 폭 그리고 속도는 기업가의 경영 전략에 따라 달라지겠지만, 당신이라면 어떤 관점과 목표를 갖고 실행하겠는가?

삼성전자, 인텔과 같은 최우수 기업들의 경우에는 경제 침체와 불황일 때도 신상품 및 신기술 개발을 위한 연구개발에 대한 투자를 확대하거나 평년 수준을 유지하려고 노력하는 반면에, 실패한 기업들은 연구개발 및 프로젝트, 광고 예산 등을 쉽게 삭감하려 한다.

그러나 경영자라면 경기가 침체되고 있다고 해서 기술 발전 속도까지 느려지는 것은 아니라는 사실을 잊지 말아야 한다. 불황기가 도래하면 경쟁사도 어려운 상황에 놓이는 것은 마찬가지다. 모두가 어려움에 처해 성장 속도가 더딜 때, 공격적 투자를 하는 기업에게 더 많은 기회와 승자가 될 가능성이 주어지는 것이다.

창조경영은 창조적 열정과 상상력으로 실현된다

연구개발과 설비 투자를 늘리는 공격적 투자는 호황 때보다 불황 때가 훨씬 효과가 높다. 왜냐하면 나는 늘리고 경쟁자는 줄인다면, 그 효과는 배가 되기 때문이다. 이와 같은 역발상이 경쟁자와의 차별화된 역량을 만들어준다.

경쟁사들이 가격 경쟁력에 매달릴 때 가치 향상에 초점을 맞추어라. 경쟁사들이 보이지 않는 기능과 성능을 중심으로 한 품질 향상에 집중할 때 디자인의 차별화에 초점을 맞추어라. 경쟁사들이 포장 재료의 원가 절감에 골몰할 때 당신은 색다른 포장 디자인 개발에 초점을 맞추어라. 경쟁사들이 매출 부진의 원인을 외부 환경 요인에서 찾을 때 당신은 내부 요인에 초점을 맞추고, 남들이 논리적이고 이성적인 가치를 중시할 때 감성적 가치에 초점을 맞추어라. 또 남들이 현상을 바라볼 때 문제의 본질에 초점을 맞추고, 남들이 단기적 관점에서 바라볼 때 장기적 관점으로 바라보아라. 역발상 속에 시장의 기회가 있다.

기업의 창조적 혁신은 경영자의 강한 집념에 달려 있다

사업을 성공으로 이끄는 것은 무엇보다도 비전을 성취하려는 리더의 강한 집념과 용기다. 즉 누가 뭐라고 하든 '반드시 성공시키겠다.'는 리더의 강한 의지 없이 창조는 이루어지지 않는다. 새로운 길을 가려면 먼저 조직 내부에서부터 엄청난 저항에 직면할 것이다. 기득권을 침해당하고, 또 다른 노력과 힘든 땀을 요구할 것인데 사내 임직원들이 순순히 받아들이겠는가? 공개적으로 비난하거나 반대하지 않을 뿐, 저항하는 것이 당연하다.

경쟁사의 신기술과 신제품, 그리고 신사업이란 결국 자신의 기득권을 침해하거나 생존을 위협하는 것이다. 그러니 경쟁사는 강하게 반발하고 역공해오지 않겠는가? 신사업이나 신상품은 시장에서 어느 정도 수용되고 가시적인 성과가 나타나기 전까지는 고객이나 기업 내에서조차 환영받기 어렵다. 따라서 리더는 어떻게 해서든지 목적을 달성하겠다는 강한 신념과 사명감이 있어야 한다. 주위 사람들이 부정적으로 말하고 반대하더라도 개의치 마라. 주변의 입방아에 신경 쓰며 시간과 에너지를 소모하는 대신 더 좋은 방법을 연구하라. 무슨 일이 있어도 해내야 한다는 신념으로 일하는 것이 창조경영의 기본자세다.

기업의 흥망성쇠는 환경 변화라는 객관적인 요인과 경영 능력이라는 주관적 요인에 크게 영향을 받는다. 여기서 주목해야 할 점은 환경 변화라는 객관적인 변수는 어느 기업에나 똑같이 작용하는 반면에, 경영 능력이라는 주관적 요인은 기업마다 엄청난 격차가 있을 뿐만 아니라 겉으로 쉽게 드러나지 않는다는 것이다. 그 중에서도 환경 변화를 바라보고 활용하는 리더의 인식과 혁신 능력이 어떤 경영자원보다도 중요하다. 그렇기 때문에 동일한 경쟁 환경에서도 어떤 기업은 능동적이고 주도적으로 변화에 대응하여 놀라운 성과를 보이는 반면에, 어떤 기업은 지속적인 변화와 혁신을 이루지 못하고 경쟁의 파도에 휩쓸려 흔적도 없이 사라지는 것이다.

창조경영은 창조적 열정과 상상력으로 실현된다

이런 무한 경쟁 속에서 불패의 신화를 쓰고 있는 GE, 마이크로소프트, 도요타 자동차, 삼성전자를 보라. 그들의 경영 방식에는 차이가 있지만 몇 가지 공통점이 있다. 각 기업이 기록적인 매출과 수익 향상을 이루고 있음에도 불구하고 그들은 현실에 안주하지 않고 조직 내부에 끊임없이 위기감을 불어넣는 동시에 미래를 향한 혁신에 혁신을 거듭하고, 변신에 변신을 거듭한다는 점이다. 즉 지속적인 자기 부정과 자발적 변화에 대한 리더의 강한 집념이 숨어 있다.

　　한편 창조경영에서 승리하기 위해서는 남과 다른 자신만의 탁월한 능력을 가져야 한다. 만일 경쟁자도 나와 동일한 기술 능력을 가졌다면, 더 빠른 속도, 더 높은 가격 경쟁력, 강력한 브랜드 또는 탁월한 디자인 개발력을 확보해야 한다. 또한 폐쇄적인 사고에서 탈피하라. 성공하기 위해서라면 경쟁자와도 협력할 수 있어야 하며, 필요하다면 자사가 개발한 기술이 아니더라도 과감하고 신속하게 수용할 수 있어야 한다. 이처럼 성공에 대한 강한 집념과 개방적 사고 없이 혁신과 창의는 결코 이루어지지 않는다.

　　어느 누구도 어느 기업도 변화를 거스를 수는 없다. 예를 들면, 유기농 친환경 농법의 시대, 천연 조미료의 시대, 일회용 식품이 대세가 되는 날, 노트북 컴퓨터가 모든 사람들에게 보급되는 날, 초소형 USB가 노트북의 이동성을 대체하는 날, 고농축 액체 세제의 시대, 고속 이동 중에도 TV 시청에서 쇼핑과 오락 등이 가능한 휴대전화 서비스 시대, 색다른 문화 체험과 엔터테인먼트를 즐기는 수요가 폭발적으로 성장하는 시대, 감성 중심의 시대가 이미 도래했다. 이런 시대를 선도하여 이끌 것인가, 아니면 조용히 세상의 변화에 순응하며 따라갈 것인가? 그것은 경영자의 생각과 결정에 달려 있다.

지금 행동하지 않으면 늦다. 천재일우의 기회를 놓치고 나서 평생 후회할 수도 있다. 기회를 잡을 때 가장 중요한 것 중의 하나는 창의적이고 열린 생각이요, 또 하나는 타이밍이다. 마지막으로 중요한 것은 누구도 예상치 못했던 기회를 현실로 만들려는 열정과 노력이다. 무엇보다 강한 집념이 없이는 창조든 혁신이든 결코 현실로 만들 수 없다.

Question

1. 조직원들에게 혁신적 사고를 심어주기 위해 어떤 노력을 하고 있는가?

2. 모범 답안의 존재를 믿는가?

3. 고정관념과 기존 상식을 어떻게 타파할 것인가?

미래 변화를 예측하라

장강의 뒷물결이 앞물결을 밀어낸다

미래는 다양한 경험과 다양한 지식을 갖춘 사람, 유연하고 창의적인 사고를 할 수 있는 사람이 각광을 받는 사회가 될 것이다.

20세기는 논리적이고 선형적 변화에 익숙하고 특정 분야에 깊은 전문지식을 갖춘 사람이 중요한 역할을 수행해왔다. 그러나 풍요 속에서 새로운 콘셉트와 스토리를 창조하고 시스템적 사고를 바탕으로 큰 그림을 그려낼 수 있는 사람, 이를 바탕으로 공감을 창출하고 새로운 인간관계를 만들어내는 사람, 즐거움과 재미(entertainment & fun)를 제공하고 스토리에 의미를 부여하며 색다른 색깔로 표현하고 전달하는 사람이 각광을 받는 시대가 이미 도래했다.

이러한 미래를 예측하는 것은 결코 쉽지 않다. 그렇다 할지라도 미래의 흐름을 파악하고 대처하고 준비해야 하는 것은 피할 수 없는 리더의 과제이자 숙명이다. 마이크로소프트를 세계 최고의 정보 기업으로 발전시켜온 빌 게이츠 회장 또한 수많은 기술적 예측과 기술개발에 실패했으면서도 "경영에서 가장 어려운 것은 내일 어떤 변화가 일어날지를 예측해 준비하는 것이다. 이 어려운 과제를 해결할 수 있는 사람이 미래의 리더다."라고 말하면서 미래 변화 예측의 중요성을 강조하고 있다.

인류의 역사가 말해주듯이 장강(長江)의 뒷물결이 앞물결을 밀어내는 법이다. 과거의 성공이 미래의 성공을 보장해주는 것은 아니라는 얘기다. 100년의 세월을 주기로 변화하던 과거에도 그랬지만 하루가 다르게 변화하는 오늘날에는 더더욱 그렇다. 너무도 많은 변화가 순식간에 일어나고 있기 때문에 변화를 미리 예측하지 못할 경우에는 아무리 강력한 기업이라고 할지라도 하루아침에 변화의 물결에 휩쓸려 침몰할 수 있다.

기업이 성공하기 위해서는 외부 환경을 남다르게 바라보는 시각이 매우 중요하다. 고객 기반이 흔들리는 이유는 주로 경쟁자와 차별성이 없기 때문이다. 그렇다면 차별성을 잃는 원인은 무엇인가? 첫 번째 원인은 고객과 사회가 변화하고 있다는 사실을 간과하여 미래 변화에 대비하지 못했기 때문이고, 두 번째는 경쟁자의 전략 변화에 효과적으로 대응하지 못했기 때문이다. 그리고 마지막으로 자신의 역량을 정확히 파악하지 못했거나 외면했기 때문이다. 따라서 경영자는 미래를 읽는 능력을 갖추어야 한다.

빌 게이츠는 "성공한 대기업은 다른 기업이 바짝 추격해와 자사의 기술과 제품을 도태시키기 전에 경쟁자를 도태시킨다."는 말을 하면서 미래를 향한 지속적인 혁신을 강조했다. 또 "성공할수록 나 자신이 더욱 무기력해지는 것을 느꼈다. 그 누구도 내일 어떤 일이 일어날지 알 수 없기 때문이다. 하지만 경영자라면 반드시 미래의 일들을 생각해야 한다. 미래의 흐름을 예측하지 못하는 기업은 영원히 시장 경쟁에서 승자가 될 수 없으며, 강자의 희생물이 될 수밖에 없다."고 말하면서 미래의 흐름에 대한 정확한 예측의 중요성을 강조했다.

경영자에게는 남들이 보지 못하는 새로운 가능성을 보는 눈, 보통 사람들의 눈에 보이지 않는 미래를 직관하는 능력이 요구된다. 물론 리더에게는 사업의 합리성과 시대의 흐름을 고려하여 판단하는 능력도 중요하지만, 기업이 처한 현실을 정확하게 직시함과 동시에 변화 속에 감추어진 시대의 트렌드를 전체 흐름 속에서 냉정하게 관찰하고 해석할 수 있는 능력이 필요하다. 과거와 단절하지 못하는 기업은 반드시 파멸한다. 그러나 과거를 냉정한 눈으로 돌아보는 기업은 성장 발전하는 법이다. 과거에 집착하다 보면 변화의 물결에 휩쓸려 구차한 목숨을 연명하기 위해 발버둥치는 순간을 맞게 될 것이다.

기업은 첫째, 현재를 중심으로 과거의 원인과 이유 분석에 몰두하기보다는 현재와 미래 환경을 올바르게 이해하고 예측하는 일에 집중해야 한다. 둘째, 어떤 행동을 하기에 앞서 최종 고객이 추구하는 가치 변화를 중심으로 고객 기반과 경쟁 상황을 정확히 이해해야 한다. 셋째, 자신의 조직 역량을 철저히 파악해야 한다.

바꾸어 말하면 변화를 주도할 만한 핵심인재와 기업문화를 갖고 있는가, 그렇지 않다면 어떻게 적합한 인물을 선발하고 적재적소에 배치할 것인가를 생각해야 한다. 넷째, 전략을 실행할 때는 예기치 못한 장애물 또는 위기 상황을 극복하면서 변화를 지속해가야 한다. 다섯째, 변화와 위기 상황에 맞서되 고정관념 또는 통념의 틀에서 벗어나야 한다. 즉 미래의 관점, 사용자 중심의 관점, 경쟁 대응의 관점, 기회 선점의 관점에서 바라보아야 한다. 미래를 경영하는 것은 마치 길이 없는 숲 속에 뛰어들어 스스로 길을 만드는 것과 같다. 미지의 숲 속은 모든 것이 불확실성으로 가득 차 있기 때문에 상상력을 발휘하고 어떤 환경에서도 대응할 수 있는 유연한 사고를 가지는 것이 필요하다. 어느 방향으로 길을 만들어가는 것이 가장 효과적이고, 어느 방향이 자신의 역량으로 가장 빠르게 갈 수 있는 길인지 예측하는 노력이 필요하다. 수많은 가상 시나리오를 머릿속에서 훈련해본 사람은 예상치 못한 상황이 닥쳤을 때, 새로운 아이디어나 방법을 구상하는 창의적이고 유연한 사고로 대처할 수 있는 법이다.

리더가 자신이 꿈꾸고 있는 미래를 자신이 원하는 방향으로 창조하고 이끌어가기 위해서는 불확실성의 가능성을 미리 예측하고 유연한 자세를 갖는 것이 중요하다. 미리 예측하고 있으면, 예기치 못한 상황에 부딪혔을 때 남보다 훨씬 빠른 속도로 그 상황을 슬기롭게 헤쳐나갈 아이디어나 방법을 생각해낼 수 있을 뿐만 아니라 상황 변화에 당황하지 않고 유연하게 대처할 수 있다. 현재의 방식이 아니라 상황 변화에 따라 대처할 수 있는 여러 가지

창조경영은 창조적 열정과 상상력으로 실현된다

아이디어나 해결 방안을 준비해둔다면 누구보다 효과적으로 새로운 시장 기회를 잡을 수 있고 선점의 효과를 톡톡히 누리게 될 것이다.

기술 경쟁에서 반드시 이겨야 한다

미래학자 레스터 서로(Lester C. Thurow) 교수는 "신기술이 미래 사회를 변화시킬 것이고, 그 주역은 바로 기술로 무장한 최고 기술경영자(CTO : Chief Technology Officer)들이 될 것이다."라고 주장했다. 그의 주장에 동조하기라도 하듯 반도체, 정보통신, 로봇, 나노, 생명공학, 위성, 네트워크 등의 분야에서 빠른 기술 변화가 일어나면서 하루 사이에 기업의 흥망성쇠가 바뀌고 있는 실정이다. 이런 현실 속에서 기술 변화의 흐름을 예측하고 선도하는 기업은 생존할 것이고, 그렇지 못한 기업은 도태될 것이다. 이런 시대에는 이공계 출신의 테크노 CEO들이 부상할 것이며, 삼성과 LG 등 세계적인 다국적 기업들에서 이러한 현상이 벌써 현실화되고 있다. 즉 기술 경쟁에서 뒤처져 살아남을 방법이 없기 때문에 기술의 흐름을 이해할 수 있는 최고경영자들이 중용될 수밖에 없는 것이다.

그러나 기술에 대한 사고의 전환이 요구된다. 기술은 반드시 자사의 힘으로 개발해야 하는 것은 아니다. 중요한 것은 어떤 기술이 세상의 변화를 주도할지 흐름을 파악하는 것이며, 그런 기술을 어떻게 확보하고 활용할 것이냐가 중요하다. 그리고 기술 획득에는 독자적인 개발 방법도 있지만 기술 도입, 공동기술 개발, 타기업과 기술 공유를 하기 위한 투자, 대학과의 연계 개발 등 다양한 방법이 있다.

삼성전자가 처음부터 메모리 반도체 및 TFT-LCD, 휴대전화와 관련된 독자기술을 자체적으로 개발하여 세계시장을 석권하였는가? 삼성전자의 도약은 시장 선점에 맞춘 기술 도입과 활용, 그리고 피나는 노력에 의한 기술개발 축적으로 이루어진 것이다. 휴대전화는 퀄컴의 CDMA 기술을 도입한 것이고, 메모리 반도체는 도시바, NEC 등 일본 기업에서 도입한 기술을 바탕으로 이루어낸 것이다. 물론 지속적으로 기업을 성장시키고 시장을 선점하기 위해서는 끊임없는 기술개발이 중요하다. 하지만 그렇다 할지라도 시장에서 누가 먼저 고객이 원하는 제품을 내놓느냐는 관점에서 기술을 바라보는 것이 필요하다.

여기서 주의 깊게 살펴보아야 할 것이 있다. 기술 흐름의 방향을 예측하는 것이 얼마나 중요한가다. 21세기 고도 정보화 사회가 심화되어감에 따라 기업 환경이 급변화, 다변화, 네트워크화, 글로벌화되고 있다. 그리고 고객 주도형이라는 변화의 물결 속에서 변화의 방향과 속도, 규모에 대한 올바른 판단과 이를 바탕으로 기업이 나아가야 할 방향을 선택하는 것이 기업의 운명을 좌우할 것이다. 그리고 기업이 나아갈 방향을 선택하는 순간, 기업의 미래가 70~80% 결정된다는 점을 고려하여 방향 선택에 신중을 기해야 할 것이다.

창조경영은 창조적 열정과 상상력으로 실현된다

만일 삼성전자가 휴대전화 기술을 CDMA 방식이 아니라 GSM 이나 TDMA 방식을 선택했다면 오늘의 애니콜 신화는 없었을 것이며, 도시바의 저장형 NAND 방식이 아니라 인텔의 코드 저장형 노어 방식을 선택했다면 오늘처럼 세계 1위의 플래시 메모리 반도체 사업과 '황의 법칙'은 만들어내지 못했을 것이다.

이처럼 기업의 사활을 쥐고 있는 방향 선택을 결정할 때는 기술 흐름을 읽을 수 있는 최고경영자의 역할이 더욱 중요하다. 따라서 경영자는 기술의 흐름을 이해하고 기술자는 시장의 흐름을 정확히 이해해야 하는 것이다.

하루가 멀다 하고 세상이 변하는 것처럼 어떤 기업이나 국가도 살아남기 위해서는 빠르게 변해야 한다. 따라서 기업은 사회가 원하는 것, 특히 "고객이 원하는 것이 무엇인가?"를 미리 감지하고 대처하지 않고는 결코 성공할 수 없다. 인구 동태적 변화, 경제 환경의 변화, 사회문화, 라이프스타일, 기술, 제도 등의 변화 속에서 시대의 큰 흐름을 읽는 것이 매우 중요하다. 미래를 읽는 리더의 능력이 장기적 성패를 결정하는 중요한 요인이며, 시대의 흐름을 예측하는 능력이 있으면 주위 사람들이 보기에는 무모하고 어리석게만 보이는 사업인데도 결국 성공이라는 결실을 안겨주게 된다. 성공한 기업이 모두 그러했다. 둘러보라. 성공한 사업 중에 리스크 없는 아이디어로 시작한 것이 있는가? 웅진 코웨이의 정수기 렌털 비즈니스, KBS-TV에 소개된 여러 신화 창조 기업들이 모두 여기에 해당된다.

디지털 네트워크 시대가 열렸다

정보통신 기술의 발전에 의하여 개막된 인터넷 문화는 발전에 발전을 거듭하면서 세계를 실시간으로 하나로 묶는 거대한 네트워크를 형성했다. 정보통신 기술의 발달이 가져온 기술의 융합은 사람들의 커뮤니케이션, 쇼핑ㆍ레저ㆍ교육 및 학습ㆍ금융ㆍ서비스ㆍ비즈니스 등 다방면에 걸쳐서 삶의 방식과 사업 방식을 바꾸어놓았으며 무엇보다도 사고방식과 생활방식을 근본적으로 바꾸었다. 이런 디지털 인터넷의 발달은 지식과 정보ㆍ자본의 실시간 이동을 가능하게 했다. 방송과 통신 간의 융합을 가져오고, 산업 분야의 구분이 없어지면서 기업의 형태가 완전히 바뀌고 있다. 예를 들면 편의점 업체였던 세븐일레븐이 자사의 고객 정보를 바탕으로 금융업에 뛰어들었다.

이런 현상들은 전통적인 경쟁에 대한 개념을 근본적으로 뒤바꾸고 있다. 심지어는 고객의 삶의 방식이 바뀌면서 소니의 플레이스테이션이 나이키나 아디다스의 경쟁자가 되는가 하면, 온라인 게임의 확산으로 각종 레저 스포츠 산업이 위축되고 있는 실정이다. 따라서 마케터라면 네트워크 기술이 삶에 어떤 영향을 미치고 있는지를 정확히 이해해야 한다. 이것은 경영자가 기술 흐름을 파악하는 것만큼이나 중요한 사항이다.

디지털 시대의 특징 중 하나는 모든 기술이 분화 발전하면서 기술 융합에 의한 상품 개발뿐만 아니라 빌 게이츠의 말처럼 미래 사회에는 컴퓨터 아닌 것이 없으며, 컴퓨터가 따로 존재하지도 않

창조경영은 창조적 열정과 상상력으로 실현된다

을 것이라는 사실이다. 이는 '세상의 모든 것이 하나로 연결된다는 말이고, 그것도 실시간으로 네트워킹된다.'는 의미다. 즉 디지털 네트워크 시대가 열렸다는 것은 진정한 의미에서 세계가 하나의 시장으로 통합되고 각각의 문화가 서로 실시간으로 영향을 주고받으며, 각 지역 고객의 특성에 맞는 시장으로 변해가는 진정한 글로벌 시대를 여는 것이라 생각한다.

따라서 개방적 사고와 함께 세상을 다양한 각도로 바라보고 새로운 기회를 읽어내는 사고능력을 갖춘 인재가 더욱더 요구될 것이다. 특히 21세기 삶과 사업 방식을 바꾸는 데 가장 핵심적인 도구이자 수단이 될 모바일 휴대전화에 대해서는 더 관심을 가지고 접근해야 할 것이다.

유비쿼터스 사회에서 개인은 유비쿼터스 라이프스타일을 창출하게 되고, 기업은 유비쿼터스 워킹 문화를 창출하기 위한 효과적인 업무 방식과 업무 도구의 도입이 중요한 도전과제가 될 것이다. 하루 종일 아무것도 먹지 않고 자동차 없이는 살아도 휴대전화 없이는 살 수 없는 세상이 되었기 때문이다. 휴대전화는 동영상 정보통신 수단을 넘어서 시간과 공간의 제약 없이 인간의 기본적인 의식주까지 해결해주는 수단으로 자리매김하고 있다. 휴대전화에 쇼핑과 결제, 정보 검색, 음악 감상, TV 시청, 스포츠 · 영화 관람, 학습, GPS, 가정 자동화, 안전 보호, 건강 상담, 혈압 측정 등의 다양한 기능이 결합되면서 기존의 여러 가지 단품 시장과 서비스 시장에 충격적인 영향을 끼칠 것으로 보인다.

미래를 창조하려면 벤치마킹을 잊어버려라

경쟁사 벤치마킹이나 모방을 통해서도 미래 사회에 고객이 원하는 가치 창조를 이룰 수 있다고 생각하는가? 근본적으로 불가능하다. 미래는 오늘과 다르고 정확히 예측할 수도 없다. 그렇기 때문에 미래를 직관하고 통찰하는 힘이 있다면 새로운 고객가치를 창출함으로써 예측할 수 없는 변화를 이끌어갈 수 있다. 즉 창조와 혁신을 통해 미래를 만들어갈 수 있다. 정확한 미래 예측은 불가능하다. 하지만 통찰력만 있다면 미래의 주요한 변화 방향과 트렌드는 충분히 파악할 수 있다. 따라서 창조적인 리더라면 불확실한 환경 변화 속에서 기업이 어떤 방향으로 나아가야 할지, 무엇을 해야 할지에 대한 명확한 의사결정을 내리기 위해 미래를 예측해야 한다.

신개념의 사업이란 미지의 분야에 새롭게 진출하는 것이니만큼 모범답안이나 참고할 사례가 존재하지 않는 게 당연하다. 미지의 상황 속에서 '새로운 방향 선택과 목표 달성을 위한 실행'은 기존의 이론이나 방법으로는 해결할 수 없다. 설사 정답이 있다 할지라도 정해진 답이 있는 문제를 풀 때 요구되는 논리적이고 분석적인 사고 수준과는 근본적으로 다르다. 그렇기 때문에 리더의 상상력과 통찰력에 의한 의사결정과 선택이 매우 중요해지는 것이다. 미래와 연결된 신개념의 상품과 신사업이란 벤치마킹으로 창조되지 않는다.

한편 국내외 경제연구소에서 발표하는 미래의 트렌드 변화에 대한 내용을 주의 깊게 살펴볼 필요가 있다. 그 중 자사의 비전과 전략 방향이 같은 것은 무엇인지, 새로운 사업 기회를 포착할 수 있는 변화의 방향은 어떤 것인지 주기적으로 연구 검토하여 경영에 반영해야 한다. 이를 위해서 깊이 고려해야 할 점은 '현실 속에서 특정 주제나 현상에 대해 완전하고 충분한 정보는 존재하지 않는다.'는 사실이다. 따라서 완벽하고 충분한 자료를 수집하고 검토해야 한다는 이유로 의사결정을 미룰 것이 아니라, 정보가 충분하지 않다고 하더라도 경쟁사에게 선수 칠 시기를 빼앗기지 않도록 신속하고도 과감한 의사결정을 내려야 한다.

이 정도면 정보를 완벽하게 수집했다고 생각했을 때는 이미 그 시장에 경쟁자가 진입한 상황이 대부분일 것이다. 따라서 경영자는 불완전하고 불충분한 정보 속에서도 옳은 판단과 선택을 해야 한다. 중요한 것은 현상 속에 숨어 있는 변화의 본질을 정확하게 파악하는 리더의 통찰력이다.

블루오션의 새로운 시장을 창출하고 기존의 경쟁 법칙을 바꾸는 획기적인 신상품이나 사업 모델을 개발하기 위해서는 어제까지와는 다른 전략적 사고가 요구된다. 동종 업계에서 앞서가는 기업이나 조직의 성공 사례를 모방하거나 벤치마킹하는 것으로는 블루오션을 창출할 수 없다. 반복해서 설명하지만 벤치마킹은 학습의 방법이지 창조 전략이 될 수 없으며, 벤치마킹으로는 결코 경쟁사를 앞지를 수 없다.

그럼에도 수많은 기업들과 지방자치단체들이 벤치마킹에 매달리고 있는 이유는 무엇인가? 또 성공 전략이라는 이름으로 채택한 벤치마킹이나 경쟁사 모방전략이 대부분 실패로 끝나는 이유는 무엇인가? 회사마다 출발의 전제 조건(기업 보유재원, 인력, 기업문화, 리더십 등)이 다른데도 동종 업계의 선도기업 전략을 모방하는 데 급급하여 후발주자로서 차별화된 고객가치를 만들어내지 못했기 때문이다. 벤치마킹이란 상대를 알았으니 그들과 똑같이 하자는 게 아니라 상대를 앞서기 위해서 배운 것을 바탕으로 자신의 장점을 살려 다르게 하자는 것이다. 즉 '모방이 아니라 변형과 혁신을 통해 자신의 고유한 색깔을 내고 자신을 특화하자.'는 것이다. 벤치마킹은 '남과 다른 아이디어, 남과 다른 실행 방법을 어떻게 만들어냈는가?', '어떻게 하면 기존의 형식, 기존의 사고에 얽매이지 않는 길을 갈 수 있는가?'에 대한 연구를 할 때 필요한 것이다.

남의 떡이 커 보인다고 무턱대고 모방하거나 벤치마킹하지 마라. 대부분의 경우 실패할 게 뻔하다. 최근 두바이를 벤치마킹하려는 나라와 기업이 줄을 잇고 있다. 확신하건대 정작 배워야 할 본질은 깨우치지 못하고 눈앞에 드러난 그들의 업무 방식이나 마케팅 방법만을 흉내 내게 될 것이다. 물론 배우지도 않는 것보다는 유익하겠지만, 그들을 벤치마킹한다고 해서 국가나 도시 그리고 기업의 경쟁력을 획기적으로 높일 수 있는 것은 아니다. 오히려 성공보다는 실패로 끝날 가능성이 더욱 크다고 할 수 있다. 두바이 국왕처럼 창조적이고 미래 지향적이며 강력한 열정과 열망 그리고 실행력을 갖춘 리더가 있어야 한다는 기본 전제가 더 중요하기 때문이다. 대한민국 대통령을 비롯하여 수많은 국가 지도자

121
창조경영은 창조적 열정과 상상력으로 실현된다

들이 두바이를 방문했고, 수많은 기업가들도 그곳을 찾았다. 몇몇 지도자들을 제외하고는 "굉장하다, 놀랍다, 기적이다!"라는 말만 연발하다 돌아갔을 뿐, 두바이를 본 후 생각이 획기적으로 바뀌었다는 이야기는 들어보지 못했다.

지금 두바이가 만들어가고 있는 것이 사막의 기적은 결코 아니다. 창조적인 꿈과 야망 그리고 상상력을 가진 셰이크 모하메드라는 지도자가 있어서 현실로 만들고 있는 것이다. 그런 국가 지도자를 가지지 못한 것이 안타까울 뿐이다. 전쟁의 폐허 속에서 유례가 없을 만큼 빠른 속도로 경제 성장을 이룬 대한민국을 보고 사람들은 한강의 기적이라고 말했지만, 이것 또한 결코 기적이 아니었다. 박정희 대통령이라는 뚜렷한 통치철학을 지닌 리더가 있었기 때문에 가능했던 것이다. 삼성전자가 소니를 누르고 세계 최고의 전자회사로 성장할 것이라고 생각한 대한민국 국민이 있었는가? 그러나 항상 10년 후를 내다보며 끊임없는 상상력으로 회사를 이끈 이건희 회장이 있었기에 현실로 가능했다. 세계 최고의 조선소가 가능할 것이라고 생각한 대학교수와 조선 관련 전문가들이 있었는가? 하지만 정주영 회장이 있었기에 가능했다.

앞으로는 경쟁 중심적 사고에서 새로운 가치 창조를 통한 고객 중심의 사고로 바뀌어야 한다. 기업의 생사여탈권을 쥐고 있는 사람은 고객과 협력사라는 것을 기억하라. 따라서 경영과 마케팅 전략은 경쟁자를 의식하기보다는 고객에게 초점을 맞추어야 한다. 물론 경쟁 기업이 어떻게 하고 있는지 정확히 파악하는 것도 중요하다. 하지만 경쟁에 앞서기 위해서는 경쟁자와 똑같은 생각을 해서는 안 되며, '경쟁자가 하지 못하고 있는 것은 무엇이며, 특히 알면서도 하지 않고 있는 것은 무엇인가? 경쟁자가 실패한 것은 무엇인가?'를 파악하는 것이 더 중요하다. 왜냐하면 선도기업이 아닌 한 경쟁사와 동일한 전략, 동일한 상품과 동일한 방법으로는 결코 승리할 수 없기 때문이다. 따라서 승리하기 위해서는 혁신적이고 차별화된 아이디어나 차별화된 방법을 남보다 먼저 도입, 실행해야 한다.

그런데 많은 사람들이 식스시그마를 도입하여 원가를 절감하고 품질을 향상시키며 고객만족 경영을 도입함으로써 경쟁에서 이기고자 한다. 경쟁력 강화와 고객만족 경영이 기업에 도움이 되는 것은 사실이지만, 시장의 법칙을 바꿀 수 있는 혁신이나 경쟁사와 차별화되는 고객가치를 만들어내지는 못한다.

〈삼성 CEO 경영어록〉이라는 책에 수록된 이건희 회장의 말을 소개하고자 한다.

기업의 미래는 의지에 달려 있다. 보통 '현재의 기업구조'와 '현재의 경영 방법'은 과거의 활동이 누적되어온 결과로 인식된다. 사람들은 과거가 현재를 만든다고 생각한다. 그러나 다음 시기의 현재는 미래에 의해 결정될 것이다. 이 경우 현재란 지금 일어나고 있는 순간이 아니라 가능성과 잠재력에 접근할 수 있는 무엇을 말한다. 이런 의미에서 현재는 궁극적인 변화의 원천이며 무한한 가능성의 모태이다. 이제 우리는 과거보다 미래에 더 많은 의미를 두게될 것이다. 그러므로 오늘날에는 기업이 이미 무엇을 가지고 있느나보다는 무엇을 더 이룰 수 있는지, 그리고 무엇을 더 달성해야 하는지가 중요하다.

이제까지 기업의 활동은 과거의 업적을 토대로 지난 일을 반추하는 데 그치는 경우가 태반이었다. 미래를 위해 어떤 일을 계획할 때도 항상 과거를 되돌아보았다. 그러나 불연속성의 시대에는 기업은 미래의 가능성을 우선 생각해야 한다.

반도체 분야에서 삼성이 거둔 엄청난 성공은 리더와 기업의 개척정신과 미래에 관한 관심에서 출발했다. 삼성은 70년대부터 산업사회의 미래에 대해 연구해왔다. 그래서 반도체에 착안하게 되었다. 반도체 분야에서 우리는 수많은 장애를 극복해야 했고, 또 헤아릴 수 없이 많은 실패를 감내해야 했다.

오늘의 성공에 이르기까지 멀고도 힘든 길이었다. 그러나 우리는 포기하지 않았다. 아니 오히려 반대로 우리는 이 분야에 매년 투자를 증대했다. 얼마 전에 256메가 D램 반도체를 세계 최초로 개발했다. 이로써 삼성은 반도체 산업에서 선두 위치를 확고히 다졌다.

미래의 기업은 약한 곳을 보강하여 평균을 유지하기보다는 강한 곳을 집중 육성하여 세계 수준으로 발전시켜야 성공한다고 생각한다. 평균적인 기업은 살아남을 수 없다. 남이 모방할 수 없는 특별한 능력을 갖춘 기업만이 경쟁력이 있다.

국내 시장의 경우 그간 삼성은 불패의 신화를 닦아왔다. 독특한 개성과 능력으로 이제까지 제1의 자리를 지킬 수 있었다. 그러나 세계시장에서도 이 같은 성과를 기대할 수는 없다. 향후 삼성의 역사에서 숱한 패배의 기록이 등재될 것이다. 그러나 우리는 이러한 패배를 통하여 보다 강인하고 시세에 밝은 기업으로 거듭날 것이다.

삼성은 1970년대부터 미래에 대해 연구해왔다는 말이다. 또한 이건희 회장이 삼성전자와 삼성그룹의 임직원들에게 끊임없이 "10년 후, 20년 후 무엇을 먹고 살 것인가?"라는 질문을 던지고, 미래 수종 사업개발에 역량을 집중하도록 한 이유가 무엇이겠는가? 미래의 흐름을 정확하게 파악하고 미래를 대비할 수 있어야 자사가 의도한 방향으로 시장을 이끌고 갈 수 있다는 생각이리라. 오늘의 삼성이 있게 된 것은 이건희 회장과 각 계열사의 최고경영자들이 시대의 흐름을 누구보다 빨리 읽었기에 가능했으며, 시대를 선도할 수 있었던 것이라 생각한다.

빌 게이츠는 1990년대 중반 〈미래의 길〉을 저술하면서 미래에 대한 관심과 중요성을 강조하며 이를 기업 경영에 도입하기 위해 지속적으로 노력해왔다.

리더가 미래에 대한 폭넓은 식견과 통찰력, 정확한 판단력을 갖지 못할 경우 그 기업은 미래의 혁신 경쟁에서 뒤처질 수밖에 없다. 새로운 변화의 목소리에 귀를 기울이기 위해서는 다양한 생각과 다양한 전공과 경력을 가진 사람이 함께 일할 수 있어야 하며 개방적인 사고와 변화를 수용하는 문화를 만들어야 한다. 미래는 미래를 내다보고 미래의 변화를 준비하고, 미래를 자신의 의도대로 만들어가려고 노력하는 사람과 기업, 국가에 의해서 만들어질 것이다. 예를 들면, 인터넷이 지속적으로 발전하여 삶 속에 깊

창조경영은 창조적 열정과 상상력으로 실현된다

이 자리 잡게 될 것이라고 생각한 기업들에 의해 인터넷 세계가 발전하고 있지 않은가? 야후, 이베이, 아마존, 구글 등이 새롭게 인터넷 포털의 개념과 쇼핑 사업을 개척한 이후, 국내에서도 다음 카페, 지식 검색 창 네이버, 싸이월드, G마켓 등이 등장·발전한 것을 보면 이런 현상을 알 수 있다. 또한 스티브 잡스는 MP3를 단순한 하드웨어로 보지 않고 디지털 뮤직 시스템의 개념으로 발전시켜 아이팟을 개발함으로써 MP3 시장을 완전히 재편하고 엄청난 부와 명예를 거머쥐었다.

미래를 내다보지 못하는 사람이나 기업은 눈앞에 보이는 것밖에 손에 넣지 못한다. 그러나 미래를 통찰하는 사람은 모든 것을 가질 수 있다. 현재 아무리 시장에서 좋은 평판을 얻고 높은 실적을 거둔다 할지라도 미래에 대한 통찰력이 없다면, 모든 것을 순식간에 잃게 될지도 모른다. 레인콤이 세계 최초로 MP3 플레이어 아이리버를 개발해 성공했지만 곧 애플의 아이포드에 밀린 것처럼 말이다.

이런 사례들이 우리 주위에는 예상외로 많다. 휴대전화 서비스 시장의 성장 잠재력을 제대로 읽지 못하고 이동통신 서비스 업체의 급성장으로 고통받고 있는 한국통신, 고객 변화와 기술 발전 속도를 제대로 읽지 못한 삼보컴퓨터, 가스 오븐렌지 시장의 성장 가능성을 읽지 못한 린나이, 인터넷의 변화 방향을 정확히 파악하지 못한 야후, 유통업의 변화 방향과 고객 욕구 변화를 제대로 읽지 못한 채 흔적도 없이 사라진 수많은 백화점들이 바로 그런 예다.

미래를 내다보는 통찰력이 기업의 미래를 결정하고, 미래의 성장 산업 선정과 투자 전략이 국가의 미래를 결정한다. 이처럼 중요한 미래 예측에 대하여 우리가 주목해야 할 점은 '미래의 가능성은 모든 사람과 모든 기업에게 열려 있다.'는 사실이다. 눈에 보이지 않는 변화 방향과 내용을 읽어내는 통찰력이 필요한 시대다. 예를 들면, 글로벌 기업으로서 인도와 러시아, 브라질의 정책 변화와 사회의 발전 방향을 경쟁 기업보다 먼저 파악할 경우 엄청난 성장 기회를 얻게 되는 것처럼, 기술과 문화의 변화 방향을 미리 파악하는 기업에게는 무한한 기회가 주어질 것이다

Question

1. 미래의 변화 흐름을 예측하기 위해 어떤 노력을 하고 있는가?

2. 미래 기술 경쟁에 대비하여 어떤 기술을 개발하고 있는가?

3. 디지털 네트워크 기술이 미칠 영향에 대해 어떤 대비를 하고 있는가?

창조경영은 창조적 열정과 상상력으로 실현된다

속도를 높이고 시간을 경영하라

창조적 파괴의 속도를 높여라

어떤 기업이든지 성장하기 위해서는 자사의 제품 혁신과 업그레이드 속도를 가속화시켜야만 한다. 이를 위해 기업가들은 먼저 자신의 생각에 변화와 혁신 속도를 높여야 할 뿐 아니라, 전 직원이 이런 방향으로 변화하도록 이끌어야 한다. 지속적인 혁신만이 살 길인 경쟁 세계에서 제아무리 삼성전자라 할지라도 잠시 잠깐 방심한다면, 강력한 경쟁자들에 의해 한순간에 퇴출당할 수밖에 없다. 어떤 기업이든 절대적인 우세를 영원히 유지할 수 없음을 기억하라.

삼성전자와 마이크로소프트의 공통점 중의 하나가 신상품 개발, 도입 속도를 가속화시켜 스스로를 진보시켜간다는 점이다. 이와 같은 삼성전자의 기술개발과 혁신 속도는 일본의 반도체 업체들과 지멘스, 인텔을 차례차례로 DRAM과 플래시 메모리 분야에서 따돌렸을 뿐만 아니라 휴대전화와 TFT-LCD 디스플레이 그리고 TV 분야에서 모토롤라, 소니와 파나소닉을 앞서게 만들었다. 이런 삼성전자의 행보는 경쟁사들로 하여금 삼성과 직접적으로 경쟁하기보다는 소니처럼 협력적 경쟁관계로 나아가도록 만들었다. 엄청난 변화다.

이러한 삼성전자의 창조적 파괴를 통한 혁신 속도는 1년마다 반도체 메모리의 집적도가 배가된다는 '황의 법칙'을 만들며 세계 반도체 시장을 선도하고 있다. 황의 법칙은 2002년 국제반도체회로 학술회의에서 반도체 총괄 겸 메모리 사업부의 황창규 사장이 '메모리 신성장론'을 발표하면서 나온 것으로, 반도체 메모리의 용량이 1년마다 두 배 증가한다는 것을 말한다. 삼성은 창조 경영을 통해 TFT-LCD 디스플레이 부문에서 7, 8세대로 진화를 이끌어오는 동안, 경쟁자보다 한발 앞선 세대별 업계의 표준을 만들어내는 속도 경영으로 시장 선점과 시장점유율 경쟁에서 승리하는 쾌거를 거두었다. 바꾸어 말하면 혁신의 중단은 단순한 경쟁력 약화가 아니라 죽음을 의미한다는 것을 알 수 있다.

휴대전화 시장에서 2위로 밀려난 모토롤라, 메모리 반도체 분야에서 경쟁력을 상실한 일본 반도체 업체, TFT-LCD 디스플레이 분야와 프리미엄 TV 시장에서 2위로 밀려난 소니, 샤프, 파나소닉 등을 보라. 한 번 추월당하면 다시 선두자리를 재탈환하는 것이 얼마나 어려운지 이해할 수 있을 것이다. 하루가 다르게 혁신이 일어나고 게임의 법칙이 바뀌는 디지털 지식 정보화 시대에서 속도 경쟁에 뒤진다는 것은 자신의 생존을 남의 손에 내맡기는 것과 같다.

　이제 삼성전자는 명실공히 국내외에서 박수갈채를 받는 동시에 엄청난 견제와 경쟁의 대상으로서 질시와 시기를 받는 기업으로 부상하였다. 그럼에도 불구하고, 이건희 회장이나 최고경영자들은 자만하기보다는 혁신을 위한 긴장의 끈을 늦추지 않고 있다. 아마도 삼성전자는 반도체, 휴대전화, 디스플레이, 컴퓨터 및 정보통신 등의 분야에서 앞서가던 기업들이 순식간에 벼랑에서 추락하는 것을 목격하고 크게 깨우쳤기 때문일 것이다. 그래서 이제는 남이 가지 않은 길을 스스로의 노력으로 개척해야 하며, 이런 지속적 혁신의 길을 빠른 속도로 달려가는 것이 얼마나 위험한가도 잘 알고 있을 것이다. 특히 첨단기술 분야에서는 여러 가지 위험이 도사리고 있다. 단순히 최고 수준의 기술을 개발하고 보유하는 것보다 올바른 길을 판단하고 선택하는 것이 중요하다. 길을 잘못 들 경우 기업은 치명적인 실패를 겪을 수도 있다.

　삼성전자, 애플컴퓨터, 마이크로소프트, GE 등은 지난 10여 년간 세계 어떤 기업의 성장 속도보다 빠르게 발전해왔다. 이들 기업의 최고경영자로서 이건희 회장이나 잭 웰치 회장, 빌 게이츠 회장은 기업의 발전 속도를 지속적으로 유지하기 위해 오늘의 지위에 만족하지 않고 5년이나 10년 앞을 향해 달려가도록 이끌었다. 그들은 혁신 속도를 높이지 않으면 도태된다는 것을 잘 알고 있었던 것이다. 그래서 이미 세계 최고의 경쟁력, 부와 명예를 지녔음에도 결코 멈추려고 하지 않는 것이다.

많은 기업들이 새로운 고객가치를 창출하기 위한 기업 내 창조적 파괴와 혁신 속도 지연으로 인해 3~5년 간격으로 경쟁력이 약화되는 위기를 맞는 것 같다. 이러한 구조적이고 주기적인 문제를 해결하기 위해서 경영자는 회사 내 다른 생각을 가진 사람들의 의견에 귀를 기울이고, 그들의 의견을 정확히 식별하여 경영에 반영해야 한다.

기업이나 개인의 혁신 속도는 성장이냐 퇴보냐를 결정한다. 어제보다 나은 오늘을 만들어라. 이것이 바로 기업이 영원히 승리하는 비결이다. 기업이 나아가야 할 방향을 결정했다면, 속도가 빠른 기업이 앞서가게 마련이다. 경쟁자가 빠른 속도로 공격해오는데 한가롭게 여유를 부릴 수는 없다. 따라서 경영자는 회사 조직 전체에 위기감을 지속적으로 불어넣어 임원들과 관리자들이 최대한 자신의 업무 혁신에 매진하고 처리 속도를 높이도록 만들어야 한다.

누가 먼저 결정하고 민첩하게 행동하느냐에 따라서 시장 선점의 주인이 결정되고, 시장의 지배자 또한 속도 경쟁으로 인해 지속적으로 바뀌게 된다. 이런 속도 경쟁에서 경쟁자보다 앞설 수 있는 방법은 첫째, 남과 다른 길을 가는 것이고 둘째, 남보다 빨리 뛰는 것이다. 사업은 마라톤처럼 경쟁자들과 똑같은 길을 달려가는 것이 아님을 명심하라. 반드시 성공해야 한다는 목적지만 정해져 있을 뿐, 어떤 길을 선택할지, 어떤 방법을 이용할지, 어떻게 행동할지는 각자의 생각과 결정에 달려 있다. 또 하나 명심해야 할 것은 영원한 승자는 결코 없다는 사실이다. 바꾸어 말하면

42.195킬로미터를 경쟁자들보다 빨리 달려 결승선을 통과해 한 번 우승하는 것으로 끝나는 것이 아니라, 지속적으로 42.195킬로미터를 반복해서 달리지 않으면 승리의 월계관을 새로운 강자에게 양보하고 조용히 사라져야 한다.

속도를 높여야 살 수 있다

기업이 업무 수행과 관련된 모든 부분에서 속도를 높여야 하는 이유는 첫째, 기업 경쟁은 축구나 농구 경기처럼 누구나 볼 수 있는 무대 위에서 이루어지지 않기 때문이다. 보이지 않는 곳에서 경쟁이 시작되어 보이지 않는 고객의 마음속에서 결론이 나는 싸움이다. 이런 경쟁에서 이기기 위해서는 새로운 변화를 주도하는 기술과 방법을 남보다 먼저 개발하는 것이 필수적이다. 먼저 시작했다고 비난하는 사람은 아무도 없다. 오히려 남보다 먼저 위험을 무릅쓰고 도전하여 성공한 기업과 리더에게 박수갈채를 보내고, 그 대가로 엄청난 부와 명예를 가져다준다.

두바이, 아니 중동의 영웅으로 떠오르고 있는 창조적 리더인 셰이크 모하메드 왕은 2006년 초 두바이와 레바논에서 동시 출간된 〈나의 비전(*My Vision, Challenges in the Race for Excellence*)〉이라는 저서에서 속도의 중요성을 이렇게 말하고 있다.

아프리카 초원에 사는 가젤은 매일 아침마다 사자에게 잡아먹히지 않으려면 가젤보다 빨라야 한다는 사실을 머릿속에 새긴다. 이와 반대로 사자는 눈을 뜰 때마다 굶어 죽지 않기 위해서는 약한 가젤보다 빨리 달릴 수 있어야 한다고 생각을 가다듬는다. 당신이 사자이든 가젤이든 중요하지 않다. 그러나 남보다 빨라야 성공할 수 있다.

경쟁자와의 싸움에서 속도를 높여야 하는 이유는 또 있다. 차세대 제품을 누가 먼저 시장에 내놓느냐에 따라 기업의 생존과 수익 규모가 결정되기 때문이다. 예를 들어, 메모리 반도체의 경우는 256메가, 526메가, 1기가, 2기가, 4기가 D램을 누가 먼저 개발하느냐가 수익성은 물론 기업의 사활을 결정한다.

이러한 속도 경쟁은 디지털카메라, 플래시 메모리, LCD, PDP 디스플레이 패널, 선박 등의 수많은 분야에서 생존을 위한 게임의 법칙으로 뿌리 깊게 자리 잡고 있다. 특히 이런 산업은 속도 경쟁에 따른 시장 선점이 엄청난 수익을 보장해준다는 특징이 있다. 또 속도를 높이는 경우 방향 선택의 실패를 어느 정도 상쇄해주는 이점도 있다.

속도 경영에 관해서라면 정주영 회장의 속도 중시 철학을 빼놓을 수 없다. 그는 항상 뛰면서 생각하기를 강조했다. 그의 속도 중시의 철학은 선박 기술 도입 협상을 하고 선박 설계를 맡긴 채 백사장 위에 도크 건설을 위한 토목사업을 벌이고, 한편에서는 대형 벌크선과 유조선을 건조하는 방식으로 실현되었다. 당시 현대중공업은 선박 건조 경험이 충분하지 않은 상황인데도 대형 선박 건조에서 중요한 스크루와 크랭크샤프트 개발에 착수했고, 동시에 기술 자립을 위한 본격적인 발걸음으로 선박엔진 제조 기술을 유럽에서 도입하여 생산에 들어갔다. 이런 속도 경영의 결과 현대중공업은 국내 최초로 독자 모델의 선박엔진을 성공적으로 개발했고, 쿠바 등 중남미 국가로 수출하기에 이르렀다. 특히 현대자동차는 정 회장의 속도 경영이 제대로 발휘되어 탄생한 기업이라고 할 수 있다. 그는 최초의 국산 자동차를 개발하기 위해 디자인을 이탈디자인에, 엔진 모델 개발을 영국 기업에 의뢰하는 한편 연간 생산량 5만 대 규모의 자동차 생산공장 건설에 착수하였다. 이와 동시에 자동차 부품의 국산화를 대대적으로 진행하였고, 국산 모델 디자인이 완성되자마자 국내 시판과 함께 해외진출을 서둘렀다. 상상을 뛰어넘는 그의 속도 경영이라는 발상에 경의를 표한다.

이러한 정주영 회장의 속도 경영이 없었다면 자동차의 기본 기술과 값싼 부품조차 독자적으로 생산하지 못했던 우리나라가 어떻게 전 세계 유례없는 자동차 산업의 토대를 쌓을 수 있었을까? 이런 속도 경영의 노력이 현대자동차의 기초 경쟁력을 갖추게 했다면, 최근 정몽구 회장의 품질 경영과 브랜드 중심 경영이 현대자동차를 한 단계 성장시킬 것으로 보인다.

신속한 의사결정과 시장 선점에 초점을 맞춰라

창의적 아이디어를 위해서는 다양한 시각으로 바라보고 깊이 생각해야 한다. 그렇다고 생각만 하고 막연히 앉아서 결정을 미루어서는 속도 경쟁의 시대에서 뒤질 수밖에 없다. 단순히 의사결정을 신속히 하라는 것이 아니라, 어느 방향이어야 하는지 냉철하게 판단한 후에 신속하게 결정하라는 것이다. 즉 전략적인 방향을 결정한 후에는 누구보다 과감한 결정을 내려야 한다는 의미다. 이를 위해서는 먼저 속도와 타이밍에 대한 생각을 바꾸어야 한다.

시간이라는 유한 자원은 자사가 원하는 방향으로만 작용하는 것이 아니므로 기업가는 목표 시간 내에 반드시 과제를 완수하고 목표를 성취해야 한다. 예를 들면, 어떻게 목표 기간 내에 개발을 완료할 수 있을까? 어떻게 목표 기간 내에 기업에 필요한 우수인력을 선발할 수 있을까? 어떻게 목표 기간 내에 회사에서 요구하는 인재를 육성할 것인가? 언제까지 새로운 교육 프로그램을 개발할 것인가? 어떻게 목표 시점에 원하는 신상품을 효과적으로 론칭할 것인가?

이처럼 모든 일에는 목표 시점이 있고, 목표 시점 안에 처리할 때 경쟁력이 생긴다. 아무리 탁월한 아이디어나 방법이라 할지라도 목표 기한 안에 실행하지 못한다면 아무런 소용이 없다. 그렇다면 목표 시간 내에 어떻게 하면 효과적으로 과제를 해결할 수 있는가? 이 명제에 대한 해답이 속도 경쟁에서 앞설 수 있도록 해줄 뿐만 아니라 조직 내 업무 집중도를 높여 생산성을 향상시켜준다.

속도는 고객이 원하는 시점에 고객이 원하는 기술과 제품을 경쟁사보다 한발 앞서 출시하는 데 가장 중요한 요인이다. 시장 출시의 타이밍은 기업의 생존을 결정하고, 수익의 크기를 결정한다. 고객의 삶이 하루가 다르게 변하듯이, 시장에는 항상 변화에 따른 생(生)과 사(死)가 공존한다. 이러한 시장 경쟁에서 승리하려면 경쟁자보다 한발 앞서 고객에게 새로운 가치를 제공할 수 있어야 한다. 특히 시장에서 고객이 원하는 타이밍, 경쟁자보다 선점할 수 있는 타이밍이 중요하다.

한편 기업이 혁신적 고객가치를 창조했다 할지라도 빠른 속도로 고객이 수용하도록 만들지 못하면 아무런 소용이 없다. 왜냐하면 경쟁자가 재빠르게 선수 칠 수 있기 때문이다. 시장을 선점하는 데 '속도'는 강력한 무기다.

이건희 회장은 "1년 남보다 빠르면 2등에 비해 플러스알파가 나온다. 따라서 타이밍이 생명이다. 모든 것을 선점해 들어가면 열 배 열다섯 배의 이익이 나게 되어 있다."고 말하며 시장 선점을 위한 타이밍과 기술개발 속도를 높일 것을 강조하고 있다.

1등 자리를 선점하기 위한 타이밍에 초점을 맞춰라. 2등은 아무도 기억해주지 않으며, 승자가 모든 것을 독식하는 시대다. 시장 선점 효과는 상상을 초월한다. 아무리 1등이라 할지라도 지속적으로 창조적 파괴의 속도를 높여 더 좋은 제품을 계속 출시하지 못하면 경쟁자들에게 언제든지 추월당할 수 있다. 삼성전자는 반도체 집적도 향상과 데이터 처리 속도의 향상을 위한 신기술 개발과 고용량 메모리 신제품의 조기 개발을 통해 시장을 선점함으로써 도시바와 NEC, 마쓰시타, 소니, 모토롤라를 추월하여 시장 선도자의 지위에 오를 수 있었다.

한편 현대중공업과 대우조선, 삼성중공업 등 국내 선박회사들은 지속적인 기술 혁신과 새로운 건조 공법의 개발 등을 통해 선박 건조 기간의 단축과 품질 경쟁력 강화로 일본의 조선업체를 누르고 정상의 자리에 등극하였다. 세계 최강을 자랑하던 일본의 반도체와 조선업체들이 한순간에 몰락한 것은 순간의 방심과 의사결정 지연이 얼마나 커다란 영향을 미치는지 알려준다. 결국 속도의 중요성을 일깨워주는 사례다.

이처럼 수익성뿐만 아니라 기업의 사활을 결정하는 시장 출시 시점을 앞당기기 위한 기업 간의 경쟁이 치열해지고 있다. 이를 실천하는 기업만이 지속적으로 성장, 발전할 수 있다. 이건희 회장의 신년사를 들어보면 특히 시장 선점에 대한 집념이 얼마나 강했는지를 알 수 있다. 2001년 신년사를 들어보자. "세계시장에서 리더십을 발휘할 수 있는 1등 제품을 대폭 확대해 나가야 하겠습니다. 세계 1등 제품에는 결코 불황이나 적자가 있을 수 없으며, 1등 제품이 많으면 많을수록 우리가 얻는 수익도 그만큼 늘어나게 될 것입니다." 2002년 신년사에서는 이렇게 말했다. "오늘날 세계는 글로벌, 디지털, 소프트웨어의 시대를 향해 눈부신 변화를 거듭하고 있으며, 이러한 변화는 누가 먼저 얼마나 정확히 대응하느냐에 따라 승자와 패자가 결정될 것입니다. 또한 10년, 100년 앞을 내다보고 준비하는 기회 선점형 기업이 되지 않고서는 존재는 하되 이익을 내지 못하는 삼류 기업으로 전락하게 될 것입니다." 이어서 2003년에는 "우리 모두 불가능을 가능으로, 위기를 기회로 반전시켰던 것처럼 올해 예상되는 위협과 불안을 말끔히 걷어내고 삼성을 일류 기업으로 키워나갑시다. 이를 위해 올해 그룹의 경영 방침을 글로벌 경쟁력 확보로 정하고 경영력을 집중하고자 합니다. 우선 미래에 대비하고 기회를 선점하는 핵심 역량을 더욱 확충해야겠습니다."라며 시장 선점을 위한 지속적인 노력을 강조하고 있다.

앞에서 설명한 대로 시장 선점과 경쟁력 강화를 위한 신상품 개발 방법이 발전되고 있는바, 첫 번째가 동시 공학(Concurrent Engineering) 또는 디자인 공학(Design Engineering)에 의한 신제품 개발과 생산이다. 상품 기획 부서에서 상품 콘셉트를 설정할 때부터 R&D(연구 · 개발), 생산 부서, 자재 구매, 디자인, 마케팅 부서 또는 외부 협력업체가 서로 긴밀하게 협력함으로써 제품 개발 주기를 획기적으로 단축하는 것이다. 이런 방법은 국내 기업에서도 최근 자동차와 휴대전화 등 다양한 제품 개발에 적용되고 있다. 특히 애플은 아이팟을 개발할 때 디자인을 먼저 결정한 후 핵심 콘셉트를 유지하면서 제품 개발에 필요한 기술과 부품 그리고 소프트웨어 개발까지도 외부 전문 기업을 활용함으로써 제품 개발 기간을 8개월로 단축했다. 그렇게 해서 나온 아이팟은 세계 최고의 히트 상품으로 기록되었다.

이러한 디자인 공학을 도입하는 것은, 상품 개발 및 생산 기간을 단축하여 고객이 원하는 타이밍 또는 마케팅 부서에서 경쟁 상황을 고려한 목표 시점(target timing)에 맞추어 신제품을 출시하기 위한 것이다. 신상품 개발 시 목표한 제품을 목표 시점까지 개발하지 못했을 경우에는 막대한 시간 손실과 비용 손실이 발생할 뿐만 아니라, 출시의 타이밍을 놓쳐 경쟁사에게 시장 선점의 기회를 쉽게 빼앗기게 된다.

둘째, 제품의 신속한 생산과 판매 체제를 갖추는 것이다. 고객의 주문 제품과 주문량 변화에 실시간으로 대응할 수 있는 유연한 생산 시스템을 구축하고, 고객의 상품 구매 시 시간과 장소의 제약을 줄이고 신속하게 고객이 원하는 장소와 시간에 제공할 수 있도록 물류 시스템을 갖추어야 한다. 특히 세일즈맨에서 거래업체까지, 주문에서 생산까지 컴퓨터 시스템으로 연결하는 것이 필요하다. 실시간으로 생산량과 판매량, 재고량, 생산 스케줄을 알 수 있다면 경쟁사보다 즉각적으로 대응할 수 있다.

셋째, 시장 선점을 위해 총력을 다해 속도를 높이는 것이다.

최고의 군사 전략가로 칭송받고 있는 손무는 〈손자병법〉에서 "신속한 행동으로 상황 변화에 대응하고, 싸울 때는 바람처럼 빨라야 한다.", "속전속결을 하지 못하면, 엄청난 자원이 낭비될 뿐만 아니라 힘이 빠져 이기기 어려우니, 적의 허점을 기다려야 한다."며 속도의 중요성을 강조했다. 속도와 타이밍 중에서 더 중요한 것은 경쟁자보다 먼저 시장에서 선수를 치는 타이밍이다. 왜냐하면 시장을 선점하는 것이 시장 1위가 되는 데 결정적인 영향을 미치기 때문이며, 시장 선점의 효과는 장기간에 걸쳐서 엄청난 규모로 나타나기 때문이다.

넷째, 기회를 선점했다고 할지라도 시장에서 주도권을 잡기 위해서는 다수의 고객을 조기에 점유해야 한다. 이를 위해서는 빠른 속도가 요구된다. 신제품은 타이밍을 통한 기회 선점과 속도를 통한 세의 확산(일명 표준 경쟁)을 만들어야 한다. VHS VTR이 베타 방식의 소니 진영의 VTR을 물리친 것이나 소니를 중심으로 한 블루레이 DVD 진영이 도시바와 인텔 연합 진영을 일본 시장에서 이긴 것이나, 삼성과 도시바의 낸드 플래시 메모리 방식이 인텔과 IBM의 노어 방식의 플래시 메모리 시장을 이긴 것은 이처럼 세를 불리는 경쟁에서 상대 진영을 앞질렀기 때문에 가능했다.

마지막으로 시장 선점을 위한 속도 경쟁에서 이기기 위해서는 우수한 핵심인재를 누가 더 빨리 그리고 더 많이 확보하는가가 중요하다. 이건희 회장은 "과거에는 10만 명, 20만 명이 군주와 왕족을 먹여 살렸지만 앞으로는 천재 한 사람이 10만 명, 20만 명을 살리는 시대가 될 것이다. 사람의 두뇌로 경쟁하는 시대에는 결국 뛰어난 인재, 창의적인 인재가 국가의 경쟁력을 좌우하게 된다."고 말했다. 세계 최고급 인재의 확보를 최고경영자에 대한 주요 평가 기준으로 적용할 만큼 인재 선점의 중요성을 강조한 것이다.

세계 최고, 세계 최초의 제품을 개발하는 것은 시스템에 의해서 개발 속도를 단축하고 개발 시 부딪히는 어려움을 해결하는 데 다소 도움을 받을 수는 있겠지만, 혁신적이고 창의적인 기술과 방법을 개발하는 것은 결국 사람에게 달려 있다. 따라서 우수 인재를 확보하고 육성하지 못하면 속도 경쟁에서 뒤떨어질 수밖에 없다.

마이크로소프트의 빌 게이츠 회장이 필요한 인재를 얻기 위해 그가 근무하고 있는 회사를 통째로 매입한 것도 천재형 우수 인재의 확보가 미래 경쟁력의 핵심이라고 판단했기 때문이다. 톰 피터스는 〈미래를 경영하라〉는 저서에서 강력한 브랜드와 뛰어난 디자인, 우수한 인재를 가진 기업만이 살아남을 것이라고 강조했다. 이처럼 기업들이 핵심기술 인재를 확보하고 탁월한 경영 능력을 갖춘 리더를 선점하고자 하는 것은 뛰어난 리더 한 명의 힘이 평범한 사원 수백 명의 능력을 합한 것보다 엄청난 위력을 갖기 때문이다.

시간을 효과적으로 경영하라

경영자라면 경쟁자를 앞서기 위해 유한 자원인 시간을 효과적으로 활용할 수 있어야 한다. 시간은 가장 중요한 자원이다. 경쟁에서 이기기 위해 목표 시점을 앞당기는 것은 괜찮지만, 결코 늦추어서는 안 된다. 고객은 우리를 위해 마냥 기다려주지 않으며, 경쟁사 또한 우리가 고객을 빼앗아가도록 방치하지 않기 때문이다.

기업이 무한 경쟁에서 이기기 위해서는 시간에 대한 인식의 전환과 함께 타이밍과 속도를 중시하는 시간 경영을 해야 한다. 뿐만 아니라 시간 자원의 활용 측면에서도 발상의 전환이 요구된다. 리더는 목표 시간의 중요성을 재인식해야 하고, 시간 배분을 효과적으로 해야 한다. 즉 기업의 부가가치와 경쟁력 강화에 기여하는 R&D, 인재 선발과 육성, 고객과의 커뮤니케이션과 같은 핵심 업무 파악과 해결에 시간을 집중하고, 대표이사나 임원들이 특별한 이유 없이 외부 강의에 나가거나 업무 시간에 접대를 핑계로 골프 치러 다니는 시간은 가능한 한 줄여야 한다.

기업은 규모도 중요하지만 속도와 타이밍 그리고 시간에 대한 유연한 사고도 필요하다. 특히 기업이나 개인이 시간을 효과적으로 경영하기 위해서는 모든 일에 목표 시간을 설정하고, 반드시 지키도록 해야 한다. 수차례 강조했지만, 신상품이든 신사업이든 성공에서 타이밍만큼 중요한 요소가 없기 때문이다. 그러나 창의적인 사고를 강조하다 보면 시간을 무한대로 생각하는 것이라고 여기기 쉬운데, 결코 그렇지 않다. 만물에는 때가 있다는 말이 있듯이 생각해야 할 때와 행동해야 할 때가 있다. 치열한 경쟁에서 이기기 위해서는 시작해야 할 때와 완료해야 할 때를 정해 반드시 목표 시점을 지켜야 한다.

Question

1. 속도 경쟁에서 이기기 위해 어떤 노력을 하고 있는가?
2. 시장 선점을 위한 목표 타이밍을 어떻게 확보하고 있는가?
3. 경쟁의 핵심자원인 시간 활용 전략은 무엇인가?

신상품 개발과 신사업은
새로운 패러다임으로 접근하라

고객의 감성을 자극하는 상상력이 중요하다

　우수한 품질, 혁신적인 기술의 신상품이라고 해서 꼭 성공하는 것은 아니다. 고객을 즐겁게 해주고 색다른 사용 경험과 색다른 느낌, 새로운 사용가치를 제공하며 콘셉트가 독특하고 디자인이 우수한 상품들이 성공한다. 그럼에도 불구하고 많은 기업들이 품질이 우수하면 잘 팔리고 성공한다는 생각을 버리지 못하고 있다. 실제로 품질만 좋으면 잘 팔리는가? 결코 그렇지 않다.

　요즘과 같은 물질 풍요의 시대에 고객은 '품질이 좋고 가격이 저렴하다.'는 이유만으로 상품이나 서비스를 구입하지 않는다. 신상품이 성공하기 위해서는 먼저 고객이 원하는 제품이 무엇인지를 정확히 알아야 한다. 고객이 생각하는 좋은 제품이란 어떤 것인지 정확한 재인식이 필요하다. 또한 고객에게 많이 알려진 상품, 즉 인지도가 높은 상품이면 잘 팔리는 것인가? 아이리버, TG 컴퓨터, 모토롤라 휴대전화를 보라. 한때는 국내외 시장을 석권했던 제품들이다. 하지만 현재는 상황이 전혀 다르다. 브랜드나 회사 인지도는 고객이 상품을 구매하고자 할 때 고려하는 기본 사항일 뿐이다.

인스턴트커피의 예를 들어보자. 제조업자는 원두의 종류와 질(산지), 제조 공법(FD, SDA, SA), 원두를 볶는 기술과 노하우, 커피 종류(에스프레소, 비엔나, 헤이즐럿 등), 커피 향, 블렌딩 노하우, 브랜드, 제조회사 등의 요인이 커피의 맛을 결정한다고 생각하지만, 고객의 생각은 크게 다르다.

그렇다면 고객이 느끼는 커피의 진정한 맛은 무엇에 영향을 받는가? 고객은 "어떤 장소, 어떤 분위기, 어떤 용기, 어떤 방법, 어떤 시간, 누구와 함께 어떤 브랜드의 커피를 얼마의 돈을 내고 마시는가?"에 따라서 커피의 맛과 경험 가치가 달라진다고 생각한다. 이처럼 고객이 생각하는 기준과 기업이 생각하는 기준은 근본적으로 다르다.

그러나 무엇보다 중요한 것은 고객의 눈과 평가 기준에 의해서 모든 것이 결정된다는 사실이다. 따라서 고객의 관점으로 접근해야 한다. 그렇다고 맛과 품질이 가장 우수해야 1위가 되는가? 반드시 그렇지는 않다. 경기도 이천 쌀의 밥맛과 품질이 가장 좋기 때문에 다른 제품보다 15~20퍼센트 비싼 가격으로 팔리는가? 브랜드와 포장 디자인을 제거한 후 맛을 보면 웬만해서는 이천미와 다른 쌀의 맛과 품질의 차이를 구분하지 못한다. 그러나 고객은 브랜드와 디자인이 결합된 상태에서 제품을 사용하고 평가한다는 사실을 잊어선 안 된다. 결국 신상품이 성공하기 위해서는 객관적인 품질 기준이나 기능, 성능도 중요하지만, 고객의 마음을 사로잡을 수 있는 감성적 요소가 훨씬 더 중요하다는 것이다.

삼성전자의 지펠 냉장고와 보르도 TV는 출시하자마자 공전의 히트를 치며 성공한 제품이다. 그런데 똑같이 삼성전자가 만든 MP3 플레이어 '옙(Yepp)'은 왜 실패했을까? 그 차이점은 무엇일까? '옙'의 기능이나 성능이 경쟁사 제품보다 떨어져서 고객들로부터 외면당했던 것일까? 그런 기술적인 이유는 아닐 것이다. 아마 고객들이 삼성전자 제품에 대해 가지는 기대치에 못 미쳤기 때문이 아닐까 싶다. 즉 "삼성전자가 만들었는데도 중소기업 제품과 별다른 점이 없다."는 것이다. 디자인도 평범하고 사용자를 고려한 특별한 기능이나 소프트웨어, 콘텐츠가 없는데도 삼성 제품이라는 이유로 고가를 지불해야 한다는 것을 고객은 받아들이기 어려웠을 것이다.

최근 삼성전자는 애플의 아이팟이 평정한 MP3 플레이어 시장에 애플 타도라는 캐치프레이즈를 내세우며 재도전하고 있다. 그렇다면 옙이 새롭게 내세우는 특징 중에 아이팟과 강력하게 차별화되는 점이 있어야 할 것이다. 아이팟을 갖고 싶어하는 고객의 시선을 돌리게 할 만큼 탁월한 디자인과 고객의 공감을 불러일으킬 만큼 강력한 차별화된 콘셉트, 사용자 관점의 차별화된 기능이 있는지가 관건이 될 것이다.

그 결과가 어떨지 궁금하다. 세계 TV 시장의 새로운 역사를 쓰고 있는 보르도 TV처럼 되기를 바랄 뿐이다. 디자인이라는 감성 요소에 초점을 맞춘 눈에 보이지 않는 작은 변화에서 보르도 TV의 성공이 시작되었고, 고객의 눈과 마음을 사로잡는 힘이 생기기 시작했다는 사실이 중요하다.

LG전자의 경우를 보자. '휘센'이라는 에어컨을 개발하여 시장에 출시한 지 5~6년 만에 세계 1위의 에어컨 메이커로 부상했고, '트롬' 세탁기를 론칭하면서 세탁기 시장에서 공전의 히트를 기록했다. 그런데 LG 디오스 냉장고는 왜 고객들로부터 더 많은 사랑을 받지 못하는 것일까? 품질이 경쟁사 제품보다 뒤떨어지는가? 단지 그런 이유는 아닐 것이다.

한편 휴대전화 시장에서 서서히 쇠퇴하고 있던 모토롤라에 재도약의 힘을 불어넣어준 '레이저폰'이 삼성이나 LG, 노키아를 능가하는 혁신적인 기능이나 성능을 갖고 있는가? 그렇지 않다. 심플하면서도 얇고 세련된 디자인이 고객을 감동시킨 것이다.

앞에서 설명한 상품들에는 몇 가지 공통점이 있다. 상상력이 뒷받침된 독특한 상품 콘셉트, 고객을 감동시키는 디자인, 차별화된 기술을 바탕으로 개발된 제품, 시장 선점 등이다. 따라서 21세기 마케팅의 방향은 앞선 기술, 혁신적 기능을 전면에 내세우는 기술 중심이 아니라, 고객의 감성과 고객의 사용 편익을 강조한 독특한 콘셉트와 디자인 그리고 하이터치에 있다.

기술이나 품질보다 중요한 것은 사용자 가치다

기술과 품질만으로 승부를 걸 수 없다는 것은 요식업계에도 통한다. 꼭 맛이 모든 것을 결정하지는 않는다는 얘기다. 버거킹의 와퍼는 맛과 품질 면에서 우수하다는 평가를 받고 있음에도 불구하고 햄버거의 대명사로 통하는 맥도날드의 빅맥에 뒤지고 있다. 그 이유는 무엇일까? 젊은 여성들의 입과 눈, 귀까지 사로잡고 있는 스타벅스 커피 맛이 다른 커피 체인점보다 더 뛰어나다고 평가받고 있는 이유는 무엇일까? 1980년대 VTR 전쟁에서 기술적으로 우수하다는 평가를 받았던 소니의 베타막스 방식의 VTR이 파나소닉, 빅터를 주축으로 한 VHS 방식의 VTR에 왜 패했는가? 애플의 매킨토시가 기능 측면에서 IBM PC 제품군보다 훨씬 우수했음에도 불구하고 왜 경쟁에서 패했는가? 매킨토시는 빌 게이츠 회장도 탐낼 만큼 세계 최고의 그래픽 유저 인터페이스(GUI) 기능과 윈도 기능 그리고 아름다운 폰트 기능을 가진 세계 최고의 PC라고 할 만큼 혁신적인 컴퓨터였다.

한편 레인콤의 아이리버는 한때 세계시장을 주름잡았고, 기능과 성능 면에서 아이팟보다 우수한데도 불구하고 왜 하루아침에 시장을 잃고 말았는가? 신상품과 신사업의 성공 조건이 기술과 품질, 가격 우선에서 색다른 사용가치와 디자인으로 바뀌었기 때문이다. 즉 고객이 바뀐 것이다. 하루 빨리 이 사실을 깨닫고 대비하지 않는 한, 기업은 순식간에 어려움에 처할 수 있다. 특히 기술을 중시하는 기업일수록 혁신적인 제품이라고 해서 모두 성공하

창조경영은 창조적 열정과 상상력으로 실현된다

는 것이 아니라는 사실을 명심해야 할 것이다.

예를 들면, 인기 있는 가수가 되기 위해서는 노래만 잘하는 것으로는 부족하다. 고객들은 가수들에게 가창력만 요구하는 게 아니라 즐거움을 주고 시대의 아이콘이 되어주기를 바란다. 세계적인 가수로 부상하고 있는 '비'나 일본을 비롯해 아시아 무대를 휩쓸고 있는 '보아'를 보면 쉽게 알 수 있다. 이제 가수에게 가창력은 기본 조건일 뿐이다. 기본을 잘한다고 해서 훌륭한 가수가 되는 것은 아니다. "역시 춤에도 일가견이 있는데, 유머감각도 탁월해.", "말을 잘해.", "감정 표현이 압권이야."라는 말이 고객의 입에서 절로 나와야 한다. 자신만의 독특한 콘셉트와 개성이 있어야 하며, 자신을 선호하는 팬들이 공감할 수 있는 스토리를 만들어내고 고객으로 하여금 '자신'의 의상이나 액세서리, 춤이나 독특한 창법, 몸짓을 따라하게 만들어야 한다.

TV 방송국마다 시청률을 높이기 위해 MC로 발탁된 유명 개그맨들을 보라. 그들이 탁월한 지적 역량이나 대단한 유머감각을 가졌기 때문에 비싼 몸값을 받는다고 생각하는가? 그들이 우수한 콘텐츠를 창출하기 때문에 몸값이 천정부지로 솟고 있는 것인가? 훌륭한 지적 역량을 갖춘 아나운서도 많고 말솜씨가 뛰어난 연기자도 많다. 그런데도 그들 중에 뛰어난 MC가 적은 이유는 무엇인가? 마케팅 측면에서 다시 한 번 생각해볼 가치가 있다.

아무리 혁신적인 기술 또는 상품이라 할지라도 고객의 욕구를 충족시키지 못하는 상품은 고객의 마음을 사로잡을 수 없다. 중요한 것은 혁신 기술과 기능이 아니라 얼마나 사용자의 마음을 사로잡고, 사용가치와 편리성 그리고 재미를 느끼게 하느냐는 점이다. 고객은 혁신적인 상품이나 혁신적인 기술 그 자체를 원하는 것이 아니다. 고객이 진정으로 원하는 것은 획기적인 사용 편익이나 가치, 즐거움과 색다른 구매·사용·소유 경험이다. 가격 경쟁력도 더 이상 성공 요인이 아니다. 그런데도 여전히 가격 경쟁력 향상을 목표로 내세운 기업이 무척 많다는 사실에 놀라지 않을 수 없다.

고객은 자신의 꿈과 사용 편익을 충족시켜줄 창조성과 기술이 결합된 상품을 원한다. 이러한 고객 욕구를 기술로 표현해내는 시각적 언어가 디자인이다. 고객이 원하는 독창적인 콘셉트와 스토리를 표현해내는 디자인의 중요성을 하루 빨리 깨닫지 못하면, 21세기 감성 경쟁에서 패하게 될 것이다. 특히 어린이와 청소년, 여성을 대상으로 하는 상품과 사업에서는 기술과 품질보다는 감성과 디자인이 훨씬 중요하다는 사실을 명심해야 한다.

디자인이란 최종 결과물(상품이나 쇼핑 공간)이 고객의 시선을 멈추게 하고 공감을 불러일으킬 수 있어야 하며, 어떤 콘텐츠가 들어가 있을 거라고 느낄 수 있도록 만들어야 한다. 한편 이들 고객층에는 구전 효과가 매우 중요한 마케팅 수단으로 부각되고 있는 만큼 독특한 스토리를 만들어내는 것도 매우 중요하다.

국내 기업도 더 이상 고임금 때문에 중국이나 베트남과 가격 경쟁을 할 수 없는 상황이다. 그렇다면 어떻게 경쟁할 것인가? 그 해답은 색다른 고객가치를 창조해내는 상상력과 디자인에 있다. 오랫동안 고관여 구매 상품이라고 생각해온 자동차, 휴대전화, 노트북, MP3 플레이어 등도 이성적인 도구에서 감성의 도구로 바뀌었다. 기능이나 성능을 보고 선택하는 것이 아니라 디자인과 콘셉트 그리고 제품에 담긴 스토리를 보고 구입하는 것이다. 휴대전화와 자동차를 구입해서 자신의 취향에 맞게 많은 비용을 지출하며 장식과 튜닝을 하는 고객이 젊은 세대를 중심으로 급격히 증가하고 있다는 사실이 이를 입증한다. 이러한 현상은 해를 거듭할수록 심화될 것으로 예측된다.

모토롤라가 노키아와 삼성, LG 등의 협공을 받으며 매출과 수익이 급격히 떨어지는 위기 상황에서 디자인이 탁월한 레이저폰을 출시하여 시장의 흐름을 반전시킬 수 있었던 것도 고객 변화의 흐름을 반영하는 것이라 할 수 있다. 이처럼 디자인은 경쟁사와의 차별화를 통해 상품의 생명력과 가치를 높여줄 뿐만 아니라, 레인콤의 아이리버나 애플의 아이팟처럼 새로운 시장을 창출해내기도 한다. 이처럼 탁월한 디자인은 두바이 팜 아일랜드와 버즈 두바이, 애플의 아이팟처럼 세상을 변화시키는 것이다. 그렇다면 이런 디자인을 만들어내는 사고의 출발점은 무엇인가? 그것은 고객을 감동시키는 가치 창출에 초점을 맞춘 상상력과 창의력에서 비롯된다.

전략적으로 선택과 포기를 결정하고, 집중하라

경영에서 가장 중요하고도 어려운 과제 중의 하나가 어떤 사업, 어떤 제품을 선택하여 집중하고, 무엇을 포기할 것인가를 결정하는 것이다. 사업의 승패를 결정하는 타이밍을 맞추는 데 필요한 시간과 인적 자원이 제한되어 있기 때문이다. 따라서 전략적으로 선택과 포기를 결정할 때, 사업의 우선순위, 사업 간의 상호 연관관계, 기업의 강점과 약점, 미래의 성장 가능성과 당면 과제의 긴급성을 고려해야 한다. 이러한 선택과 포기, 집중의 문제는 신상품 개발 전략에서도 무척 중요하다. 어떤 기능을 선택하고 어떤 기능을 버릴 것인가? 그 기준은 고객이 원하는 상품이 어떤 것이냐가 되어야 한다.

한번 생각해보자. 다기능의 복잡한 제품으로 성공한 사례가 있는가? 사용 방법이 어려운 제품이 성공한 경우가 있는가? 한 가지라도 독특한 특징이 없는 상품이 히트한 적이 있는가? 알록달록하고 복잡한 디자인으로 성공한 상품이 있는가? 대답은 '아니요.'일 것이다.

이와 반대로 장기적으로 성공한 상품을 살펴보면, 몇 가지 특징이 있다. 첫째, 디자인이 단순하고, 둘째, 기능이 단순하며, 셋째, 무엇보다도 사용하기가 편리하다는 것이다. 여기에 본질적으로 중요한 점은 그 제품만의 독특한 사용가치와 사용 경험, 차별화된 콘셉트가 담겨 있다는 것이다. 그리고 그 제품의 목표 고객이 명확하다는 특징을 가지고 있다.

신상품 개발 속도를 높여라

　기술 수준이 평준화되고 신상품 개발 속도와 함께 고객의 변화와 혁신의 수용 속도가 빨라지면서 아무리 혁신 제품이라 할지라도, 제품의 진부화 및 일상품화가 급속도로 진행되고 있다. 그 결과 기업들은 고객 욕구 변화에 능동적으로 대처하고, 시장 선점을 위한 신상품 개발 속도 경쟁을 벌여야 하는 상황이다. 특히 글로벌 경쟁이 치열한 자동차 업계, 반도체, 휴대전화, 컴퓨터, LCD 및 PDP TV 분야에서는 개발 기간을 단축하기 위해 사활을 걸고 있는 실정이다. 선두주자의 시장 독점과 수익 극대화 효과가 엄청날 뿐만 아니라 가격 경쟁력 확보를 통한 시장 지배력 강화에 결정적 역할을 하기 때문이다. 뿐만 아니라 의사결정 시간이 단축되고 상품 기획부터 출하까지 소요되는 시간이 줄어들면 들수록 이익은 두 배 세 배로 급속히 늘어난다.

　또한 시장에서 고객의 혁신(신기술과 신제품)에 대한 수용 속도가 빨라지고 있는 상황에서 신제품 개발 속도를 높이는 것은 기업의 생존을 좌우할 만큼 중요해지고 있다. 최근 자동차, 휴대전화, 컴퓨터, 디지털카메라, MP3 플레이어, 반도체 등 IT 업계에서는 한 달이라는 차이가 시장 선점의 성패를 가르기도 한다.

　신상품 개발 속도를 높이기 위한 치열한 경쟁은 기업의 업무 구조 방식까지 바꾸고 있다. 첫째, 상품 개발에 착수하는 순간부터 R&D, 디자인, 상품 기획, 자재구매, 생산, 마케팅 부서가 한 팀이 되어 상품 콘셉트와 디자인을 개발한 후에 상품의 시제품 개발과 상용화를 동시에 진행하는 동시 공학(Concurrent Engineering, Design Engineering) 기법이 보편화되고 있다. 둘째, 핵심 콘셉트와 제품 디자인만 회사 내부에서 결정하고, 각종 부품과 기술적인 부분, 응용 프로그램, 콘텐츠 개발은 외부의 전문기업에 의뢰하여 아웃소싱을 하기도 한다. 셋째, 독자적인 콘셉트와 핵심기술을 개발하고 기업 외부에서 이미 개발된 플랫폼과 부품을 효과적으로 결합하거나 넷째, 핵심기술을 보유한 경쟁 기업이나 타 분야의 기업과 제휴하여 신제품을 개발하는 방법으로까지 발전하고 있다.

하지만 국내 대부분의 기업들은 아직도 핵심기술은 물론 부품의 개발과 생산까지도 내부에서 해결하려고 하는 경우가 많다. 뿐만 아니라 연구개발 부서 사람들은 경쟁력 있는 신상품에 꼭 필요한 핵심기술이 자사에서 개발한 기술이 아니라는 이유로 채택하지 않는 경우가 허다한 실정이다.

신상품 개발 속도를 높이기 위하여 발상을 전환하라.

철저하게 차별화하자

어설픈 디자인이나 독특한 특징이 없는 제품으로는 고객의 시선을 끌 수 없고 결코 그들을 감동시킬 수 없다. 그럼에도 불구하고 혁신적인 특성이나 색다른 아이디어 및 기술로 이루어진 신제품일수록 고객들로부터 평가를 받아보기도 전에 사내의 연구개발 부서로부터 심한 저항에 부딪히는 경우가 많다. 더군다나 가장 중

창조경영은 창조적 열정과 상상력으로 실현된다

요한 관문인 고객을 창출하는 과정에서 예상치 못한 어려움에 봉착하기 쉽다. 고객들은 기존의 제품이나 서비스와는 다르고 자신들이 잘 모르는 것에 대해서는 처음 일정 기간은 백안시하거나 무시하려는 경향이 있기 때문이다.

회사 내부의 반발이나 부정적 의견을 무마하기 위해 어설프게 차별화하려 해서는 안 된다. 철저한 차별화만이 신상품이나 신사업 성공의 지름길이다. 눈에 보이는 디자인에서부터 철저한 차별화만이 고객의 눈과 마음을 끌 수 있다는 사실을 기억하라. 남과 다른 철저한 차별화를 일관되게 고집하라. 초기에는 내부와 외부의 저항과 반대에 부딪히겠지만 곧 인정을 받고 하나의 현상으로 자리 잡게 될 것이다. 따라서 경영자라면 주위로부터 심한 반대와 저항을 받더라도 철저한 차별화를 위해 끝까지 의지를 관철시킬 수 있는 용기와 열정이 있어야 한다.

처음부터 완벽한 상품을 론칭하려 하지 마라

시장에 존재하지 않는 새로운 개념, 신기술에 대해 아무런 지식이 없는 고객을 대상으로 시장조사를 해본들 무엇을 얻을 수 있겠는가? 특정 기술과 제품에 대한 지식과 사용 경험도, 참고할 만한 사례도 전혀 없는데, 어떻게 그런 기술의 용도와 역할을 제대로 이해할 수 있겠는가? 또한 디자인이나 스타일에 대해 고객의 의견을 반영할 수 있겠는가? 고객이 원하는 디자인과 스타일이라면 이미 고객들이 알고 있고 고객들의 눈에 익은 것, 즉 기존 제품의 범주에서 벗어나지 못할 것이다.

미지의 새로운 분야에 도전하는 신상품이나 신사업이 시장에서 고객을 끌어들이고 새로운 수요를 창출하기 위해서는 시장조사보다는 리더와 마케터의 통찰력과 직관력, 경험이 훨씬 더 중요하다.

신상품 용도는 고객이 결정하기도 하며, 고객의 사용 현장에서 기술과 상품의 새로운 용도가 탄생하기도 한다. 고객을 주의 깊게 관찰해야 하는 이유가 여기에 있다. 예를 들면, J&J 베이비로션은 유아용으로 개발되었으나 청소년들이 바르기에 순한 로션으로 용도를 넓히면서 매출이 크게 증가하였다. 베이킹소다는 고객을 확대하기 위해 탈취제라는 용도를 내세워 크게 성공했고, 베이비오일은 아기뿐만 아니라 젊은 엄마를 위한 보습제로 자리매김했다. 바셀린 핸드 앤 보디 로션은 본래 그리스 윤활유였으나 군인들이 피부가 건조해지는 겨울철에 손에 바르는 것을 보고 개발한 경우다. 듀폰이 의류용으로 개발한 나일론을 타이어 제조 때 사용하는 장면을 목격하고서는 타이어 코드용 나일론을 개발하여 엄청난 시장 확대와 함께 큰 수익을 창출한 것도 같은 사례다.

이런 사례들을 보면, 현재 어떤 용도로 개발한 기술 또는 제품인가보다는 새로운 용도를 개발하여 시장을 창출하는 것이 얼마나 중요한지 알 수 있다. 이것이 바로 새로운 가치 창조요 혁신이다. 즉 새로운 시장에 접근할 수 있는 방법만 개발한다면, 기존 상품으로도 시장 창조로 이어지는 신규 고객 발굴이 가능하다. 이처럼 새로운 시장 창출은 마케팅 이론에서 나오는 것이 아니라, 고객을 주의 깊게 관찰하고 고객가치 창출을 위한 끊임없는 시도와 시행착오를 거쳐 이루어지는 것이다.

한편 신상품을 론칭하거나 신사업을 시작할 때는 제품이나 서비스를 실제로 사용할 고객이 누구인지 파악해야 한다. 그들이 어떻게 사용하는가를 조사해야 하고, 그들을 고객으로 만들기 위해서는 제품이나 서비스를 어떻게 바꾸어야 더 효과적인지 적극적으로 연구해야 한다. 그리고 아무리 혁신적인 기술과 상품이라 할지라도 실패하는 경우가 많다는 사실에 주목해야 한다. 기술과 품질이 우수한 신제품을 출시만 하면 당연히 고객이 수용해줄 것이라는 믿음을 버려라. 고객은 혁신적인 기술이나 제품이기 때문에 구입하는 것이 아니라, 제품이나 서비스가 고객의 구매 욕구를 강하게 자극할 만큼 독특한 사용가치를 가졌다고 느낄 때 구입한다. 또한 신상품에 매우 획기적이고 독특한 사용가치가 없을 때는 이미 유사한 제품을 사용하고 있는 고객의 관심조차 끌지 못한다.

우리가 주목해야 할 점은 '상품의 가치와 제품이 좋다, 나쁘다'를 결정하는 것은 기업이 아니라 고객이라는 사실이다. 앞에서 살펴본 대로, 신기술 개발에 성공했기 때문에 사업이나 상품이 성공하는 것이 아니라, 신기술과 신제품으로 어떻게 사용 고객을 창출했느냐가 성공을 결정한다. 시장 개척은 기술개발보다 어려운 것이 현실이다. 왜냐하면 기술은 기업의 노력으로 가능하지만, 시장 개척에는 늘 강력한 적이 도사리고 있기 때문이다.

처음부터 완벽한 상품을 만들어 출시해야 한다는 생각을 버려

라. 이 세상에 완벽한 사람은 없듯이 완벽한 제품 또한 없다. 제품이나 서비스가 사람의 생명과 안전에 관련된 것이라면 성능이 완벽한 수준에 이를 때까지 출시하지 않는 것이 옳다. 그러나 그런 경우가 아니라면 마이크로소프트가 윈도 OS를 출시할 때처럼 먼저 시장을 선점하고 고객의 사용 경험을 토대로 문제점을 개선해가며 시장을 확대해가야 한다. 그런데도 많은 기업들이 '경쟁에서 이기기 위해서는 가장 완벽한 품질의 상품을 출시해야 한다'는 생각에 사로잡혀 시제품을 완성한 후에도 끝없이 제품 성능 테스트를 거치면서 보완 작업에 매달리곤 한다. 그렇게 한다고 해서 꼭 성공하는 것은 아닌데 말이다.

고객이 직접 사용해보지 않고는 고객이 원하는 용도와 목적에 꼭 들어맞도록 품질 향상을 이루기는 어렵다. 디자인도 마찬가지다. 상품을 개발할 때는 미처 생각하지 못했던 다양한 의견들을 시장에서는 고객의 입을 통해 들을 수 있다. 이러한 고객의 의견이 신속하게 반영되어 개선됨으로써 고객의 신뢰와 사랑을 얻게 되는 경우가 많다. 완벽한 상품은 결코 없다. 더군다나 신사업이나 신개념의 상품이 어떻게 완벽할 수 있겠는가?

따라서 연구소가 아닌 고객과 시장에서 얻은 사실에 근거해 제품의 품질과 성능을 향상시키고, 새로운 용도를 개발하고 고객에게 색다른 느낌을 줄 수 있는 디자인을 개발하려는 노력이 무엇보다도 중요하다.

신사업은 새로운 사고를 하는 사람에게 맡겨라

　리더가 새로운 사업 분야에 진출하기 위한 아이디어를 실행하려고 할 경우, 신개념의 상품이나 신사업을 반대하는 최대의 적은 회사 내부에 있기 쉽다. 그들은 신상품이나 신사업을 바라보고 평가할 때 새로운 관점으로 바라보고 새로운 기준으로 평가하기보다는, 오랫동안 자신들의 사고와 행동을 지배해온 고정관념과 이해득실에 따라 판단하려는 경향이 매우 강하다.

　이런 이유 때문에 특정 기업에서는 신규 사업을 진행할 때, 처음에 그 사업을 제안했던 사람을 책임자로 삼는다고 한다. 그 사업을 제안한 사람이야말로 사업에 대한 열정이 남다를 뿐만 아니라 기존 사업의 경험자들이 당연하게 여기는 것에 대해 의문을 품고 풍부한 발상과 새로운 아이디어를 가지고 사업을 이끌어갈 것이기 때문이다.

　한편 기존 지식이나 경험은 새로운 발상이나 감성을 자극하는 데 방해가 되기 쉽다. 회사 내에서 좋은 자리에 있고, 많은 것을 누리고 있는 사람은 기존 상품이나 서비스, 방법을 버리고 굳이 위험을 무릅쓰고 새로운 길을 택하지 않을 것이다. 또한 그들은 오랫동안 축적해온 지식이나 노하우의 기득권 상실에 대한 두려움, 위험을 무릅쓰고 새롭게 도전하고 땀을 쏟아야 하는 것에 대한 반발로 신상품 또는 신사업 실행을 보이지 않게 방해하기도 한다. 설사 그들 스스로 신사업의 필요성에 동의한다고 할지라도 자신의 일이 아니라, 남의 일이라 생각하기 때문에 드러내놓고 반대하지는 않아도 방관적인 태도를 보이기 십상이다.

새 술은 새 부대에 담아야 하듯이, 새로운 사고방식과 도전의식, 열정을 가진 사람들에게 신사업(상품 또는 서비스)을 맡기는 것이 효과적임을 기억하라.

신사업의 개념이 혁신적이면 혁신적일수록 기존의 조직과는 분리시켜 추진하는 것이 효과적이다. 기존 사업과 신규 사업을 병행하는 경우, 신규 사업에 우선순위를 두기보다는 기존 사업의 일 처리를 먼저 고려하기 때문이다. 신규 사업은 투입되는 인력과 자원, 노력에 비해 당장 눈에 보이는 매출이 미미하고 성장 속도도 더디므로, 조직원으로서는 가시적인 성과가 쉽게 드러나는 기존 사업에 집중하게 마련이다. 더욱이 긴급히 해결해야 할 문제가 지속적으로 발생하지 않는 사업이 어디 있는가? 기존 사업에서 수익과 관련된 긴급한 문제가 발생하는 한, 누구라도 신규 사업을 소홀히 할 수밖에 없다. 또 기존의 조직은 익숙해진 일을 발전시키는 일에 관심이 집중되어 있기 때문에, 아무리 획기적인 신상품이나 신사업이라 할지라도 깊은 관심을 쏟기가 어렵다.

따라서 과거의 사고를 버리지 못하면 새로운 사고를 할 수 없듯이, 신규 사업은 확고한 비전과 확신을 갖고 새로운 패러다임으로 무장한 사람들이 실행해야만 성공시킬 수 있다. 따라서 새로운 사고로 신규 사업을 바라보고 실행할 핵심인력을 확보하지 못했다면 신규 사업에 착수하기 전에 적임자를 구하는 것이 첫 번째 할 일이다. 아니면 기존의 인력 중에서 도전정신이 강하고 실행력이 뛰어난 사람을 선발하여 별도의 조직을 구성하는 것이 바람직하다.

한편 신상품에 대한 지식이 전혀 없는 고객들을 구매하도록 만드는 것은 결코 쉽지 않다. 왜냐하면 고객들로 하여금 자기 스스로 사용한 경험에서 얻은 제품에 대한 상식이나 사용 방식을 버리고, 새로운 것을 받아들이도록 하는 일은 남다른 열정과 노력을 요구하는 어려운 일이기 때문이다. 특히 고객은 쉽게 설득할 수 있는 내부 직원과는 달리 십인십색이기 때문에 더더욱 어렵다. 게다가 경쟁자들의 엄청난 방해 활동이 제품 출시 전부터 시작된다. 그렇다 할지라도 고객 창출을 위해서는 경쟁사의 방해를 극복하고, 고객들에게 상품을 적극적으로 알려야 한다. 따라서 고객들에게 구매 욕구를 불러일으키기 위해서는 남다른 자기 확신과 열정이 있어야 한다.

그런데 기존 사업에 너무 깊숙이 발을 담그고 있고 과거의 경험을 중시하는 사람에게 신사업을 맡긴다면, 그들이 열성적으로 고객을 만나 제품을 알리고 설득하며 치열하게 밀어붙일 수 있겠는가? 고객이 새로운 기술, 새로운 방법, 새로운 제품을 수용하도록 설득하기 위해서는 내부 직원이 먼저 자사의 상품과 서비스에 대한 확신과 강한 집념이 있어야 한다.

한편 신규 사업이 일정 규모의 고객을 창출하고 가시적인 성과를 거두기까지는 어느 정도의 시간과 재원, 노력이 필요하다. 적어도 3년까지는 경영자의 집중적인 관심과 지원이 필요하며, 사업을 평가할 때도 기존 사업과 똑같은 기준을 적용해서는 안 될 것이다. 그렇지 않으면 훌륭한 잠재력을 갖춘 상품인데도 실패로 돌아갈 수 있다.

신개념의 상품을 출시할 때 내부의 반대에 부딪히는 것은 흔한 현상이다. 처음 비락이 식혜를 개발하여 출시한다고 결정하였을 때도 사내에서 심한 반대에 부딪혔다. 우유 방판 사업만 하던 우리가 유통 판매를 제대로 할 수 있겠는가? 식혜는 집에서도 만들 수 있는데, 돈을 주고 사서 마시겠어? 식혜를 마실 거라면 그 돈으로 오렌지 주스나 콜라를 사서 마시지 않을까? 집에서 만드는 식혜 맛을 낼 수 있을까? 음료 사업이 얼마나 어려운데 유통 경험도 없이 우리가 잘할 수 있을까? 음료시장에는 롯데와 코카콜라라는 양대 거인이 있는데, 어떻게 그들을 이길 수 있겠어? 맥콜처럼 처음에는 팔리다가 금세 시장이 죽어버릴 수도 있잖아 등 온갖 부정적이고 비판적인 의견이 넘쳐흘렀다.

사서 마시는 식혜 음료라는 게 낯설고 새로운 개념이라 마케팅을 어떤 식으로 해야 할지 모른다는 두려움과 실패하였을 때 책임을 져야 한다는 생각에서 비판 아닌 비판을 한 것이다.

당시 마케팅 전문가들의 의견도 부정적이기는 마찬가지였다. 식혜와 수정과는 기존의 비락의 상품군인 유제품과 다른 데다 유통채널도 다르고, 음료 산업에 대한 전문지식이나 경험이 부족하기 때문에 결국 실패할 것이라는 이야기가 주를 이루었다.

그러나 당시 마케팅실을 책임지고 있던 서영근 실장의 강력한 리더십과 뜨거운 열정에 힘입어 비락 식혜는 음료시장에 진입하는 데 성공했다. 비락 식혜는 비락이라는 이름을 대한민국 국민들에게 알리며 공전의 히트를 기록했고, 특히 전통 음료시장을 개척하는 선도자 역할을 담당했다. 사내의 심한 반대와 마케팅 전문가들의 부정적인 의견에도 불구하고 당당하게 성공한 것이다. 최고 경영자와 마케터들은 이 점을 주의 깊게 통찰할 필요가 있다.

Question

1. 고객의 관점으로 바라보고 해석하는 문화를 갖고 있는가?

2. 차별화의 핵심인 디자인 역량을 어떻게 향상시킬 것인가?

3. 임직원이 크게 반대하는 신상품이나 신사업이라면 어떻게 추진하겠는가?

4장

창조경영을 실현할 수 있는 시스템을 구축하자

창의적 인재를 영입하고 육성, 활용하자

사고력 향상에 초점을 맞춘 학습 시스템을 개발, 구축하자

팀워크 및 커뮤니케이션 능력을 강화하자

혁신을 장려하여 도전하는 조직문화를 창조하자

실행 중시의 행동 문화를 만들자

개방적인 글로벌 조직을 만들자

창의적 인재를 영입하고
육성, 활용하자

인재를 찾아 삼고초려하자

　창조는 꿈과 상상력에서 시작되며, 창조를 현실로 만드는 것은 사람이다. 그 중에서도 창조경영에 필요한 인재란 단순히 전문지식이 많고 자신의 업무 분야에서 뛰어나거나 일류 대학을 나온 사람이 아니다. 사고가 개방적이고 창의적인 사람, 꿈이 크고 열정적인 사람, 이런 우수한 인재를 다수 확보하는 것이 중요하다. 특히 핵심인재는 기업의 운명을 결정할 만큼 중요하므로 단순히 뽑는다는 생각에서 벗어나 영입해야겠다는 생각으로 임해야 한다. 최고경영자가 삼고초려라도 하겠다는 생각으로 인재를 선발하고 육성하는 일에 공을 들여야 한다.

　삼성전자, 마이크로소프트 등 세계적인 초우량기업과 스티브 잡스가 새로운 창조경영의 신화를 만들며 재기시킨 애플 등의 이면을 자세히 보라. 원대한 야망과 상상력을 가진 혁신적 리더 뒤에는 그들의 상상력과 미래 그림을 실현시키는 데 앞장선 탁월한 인재가 있다는 것을 알 수 있다. 그들은 비록 세상에 널리 알려지지는 않았지만, 그들 없이 과연 성공할 수 있었겠는가?

혁신은 연구개발비를 얼마나 많이 투자하느냐에 따라 영향을 받기도 하지만 더 중요한 것이 있다. 혁신 기술을 개발할 능력을 갖춘 인재를 얼마나 많이 확보하느냐에 달려 있으며, '그들을 어떻게 이끌어갈 것인가, 그들로부터 무엇을 이끌어낼 것인가?'라는 질문에 해답을 찾아내는 리더의 능력에 달려 있다.

사람들은 언론으로부터 화려한 조명을 받는 기업가와 첨단의 핵심 기술, 혁신 상품, 색다른 디자인, 색다른 문화, 스포츠 콘텐츠에는 주목하지만, 연구개발 부문뿐만 아니라 각 부문의 이면에 숨어 있는 새로운 창조에 기여한 핵심인재들에 대해서는 간과하는 경향이 높다. 그러나 현명한 리더라면 성공한 기업을 통해서 배울 때, 겉으로 드러나지는 않지만 성공의 본질적 동인이 무엇인지 정확하게 파악하고 배우는 것이 중요하다.

스티브 잡스가 애플을 다시 부활시키는 데 크게 기여한 공로자를 꼽으라면, 먼저 〈스타워즈〉를 제작한 영화감독 조지 루카스가 운영하는 루카스 필름의 존 레세티를 들 수 있다. 레세티의 제안으로 3D 영화 〈틴 토이〉를 만들면서 스티브 잡스는 애니메이션의 새로운 세계에 접어들었고, 이것을 계기로 세계 최초의 3D 영화 〈토이스토리〉가 탄생하게 되었다.

이 두 편의 영화는 스티브 잡스가 재기에 성공할 수 있도록 도와주는 발판이 되었을 뿐만 아니라, 스티브 잡스로 하여금 디자인과 소프트웨어, 그리고 콘텐츠를 중시하는 감성 경영자로 변신하는 데 결정적인 역할을 했다.

여기서 우리가 주목해야 할 점은 레세티라는 사람의 잠재력을 알아보고 그를 얻은 데서 애플의 성공이 시작되었다는 것이다. 또한 아이팟이 출시되기 전까지 단순한 음악기기에 지나지 않았던 MP3 플레이어를 신개념의 디지털 뮤직 시스템으로 만들겠다는 스티브 잡스의 창조적인 발상이 꽃을 피울 수 있었던 데는 신개념의 MP3 하드웨어 기술 개념을 정립한 필립스 출신의 기술자 토니 파델과 세계적인 디자인 전문회사 탠저린 출신의 최고 수석 디자이너(CDO) 조너선 아이브의 디자인 능력이 한몫했다. 그들의 힘이 없었다면 아이팟은 탄생하지 못했을 것이다.

삼성전자의 화려한 성공 또한 유능한 테크노 CEO들이 강력히 포진해 있었기에 가능했다고 생각한다. 윤종용 부회장, 이기태 정보통신총괄 사장, 진대제, 황창규 반도체 총괄 사장, 이상완 LCD 총괄 사장 등이 그들이다.

최근 삼성전자는 메모리 반도체 분야에 뒤이어 이동통신, 디스플레이 분야에서도 탁월한 기술개발과 혁신에 힘입어 소니와 마쓰시타, 모토롤라 등 세계적인 경쟁자들을 앞서기 시작했다. 뿐만 아니라 세계적인 기업들이 제휴하고 싶은 기업으로서 최고의 자리에 우뚝 선 것이다. 2006년에는 삼성전자 보르도 TV가 디지털 TV 및 LCD TV 시장에서 명실공히 세계 1위의 자리에 올라섰다. 탁월한 디자이너들이 혁신적인 콘셉트를 개발하고 각 분야의 우수한 인재들이 신상품 개발 프로세스를 정립할 수 있었기에 가능한 성공이었다. 결국 삼성전자의 성공에는 이건희 회장의 미래를 예견하는 탁월한 통찰력과 창조경영 그리고 남다른 인재 경영 철학과 실천에 있다고 볼 수 있다.

인재 선발 기준을 바꾸어라

창조경영을 성공적으로 수행하기 위해서는 인재 선발 기준이 바뀌어야 한다. 그 중에서도 가장 중요한 것은 어떤 인재를 선발해야 조직 내부에서 다양한 의견이 샘솟듯 솟아나고 이를 존중하고 수용할 수 있는 개방적 문화를 만들 수 있을까 하는 점이다. 다양한 생각이나 아이디어를 수용하는 기업문화가 뿌리내릴 때 지속적인 혁신과 창조적인 경영이 가능하기 때문이다. 이런 개방적인 조직을 만들기 위해서는 다양한 가치관, 다양한 사고방식, 다양한 지식과 경험, 다양한 행동방식, 다양한 문화, 다양한 라이프 스타일을 가진 사람들이 함께 팀을 이루고 상호 조화를 추구하는 노력을 장기간에 걸쳐 강화해야 한다. 이를 위해서 리더는 인재에 대한 인식을 획기적으로 전환할 필요가 있다.

반면에 조직원의 힘을 모아 일정 기간 내에 목표를 달성하기 위해서는 조직원들의 사고와 행동방식이 동질적인 것이 효과적이다. 그러나 부정적인 측면도 있다. 동질성이 강한 집단에서는 창조와 혁신의 씨앗이 되는 다양한 의견과 아이디어가 나오기 어렵기 때문이다. 어느 쪽이 더 좋다고 단정 지을 수는 없지만 사업에서 창의성이 차지하는 비중이 높아짐에 따라 리더는 현명하게 균형을 추구해야 한다. 창의와 혁신이 더 중시되는 기업에서는 다양한 전공 분야의 사람을 선발하여 다양한 의견을 수용하고 존중하는 개방적인 조직이 되도록 이끌어야 할 것이다.

창의력의 원천인 다양성이 살아 숨 쉬는 조직을 만들기 위해서는 어떻게 해야 하는가?

첫째, MBA 중심의 인재 선발에서 탈피하여 다양한 전공자들을 뽑아야 한다. 철학, 문학, 미술, 디자인, 사진, 역사, 연극 연출, 문예 창작, 윤리 등 다양한 전공자들을 골고루 뽑는 것이 바람직하다. 업무와 관련된 마케팅, 법률, 재무 회계, 인사, 생산관리, 물류 등의 전문지식은 비교적 짧은 기간 안에 집중적인 교육과 학습을 통해 습득할 수 있지만, 창조의 기본이 되는 예술적, 창의적, 감성적 소양과 다양한 사고방식은 하루아침에 그리고 정해진 교육 프로그램으로 습득하기 어렵다.

다양성이 없는 조직은 급변하는 시장 환경에 유연하게 대처할 수 없을 뿐만 아니라, 신상품과 신사업 개발, 해외시장 개척, 경영기획과 마케팅, 인사 및 교육 등 창의적인 사고능력이 요구되는 업무를 효과적으로 수행하기 어렵기 때문이다.

둘째, 지식과 경험, 사고방식과 행동방식이 서로 다른 사람들끼리 선의의 경쟁을 하거나 협력관계를 이룰 때 조직의 창의력이 크게 향상된다. 이런 조직을 만들기 위해서는 교육의 패러다임과 인재 육성에 대한 인식이 크게 바뀌어야 한다. 이 부문에 대해서는 학습 조직과 관련된 부문에서 상세히 설명할 것이다.

경쟁의 양상이 모방에서 창조로 바뀌면서 우수 인재 확보와 적재적소의 배치가 승패를 좌우하는 시대가 되었다. 과거에는 오랜 업무 경력과 논리적 분석능력을 갖춘 단순한 전문지식형 인재를 선호했으나 오늘날의 기업이 필요로 하는 인재는 다양한 지식과 폭넓은 경험을 바탕으로 창조적으로 사고하고 강인한 실행력을 갖춘 사람이다. 치열한 경쟁에서 이기려면 우수 인재를 선발하고 육성하고 적재적소에 배치해야 한다. 그리고 능력주의 인사와 공평한 보상시스템으로 회사에 대한 자부심과 충성심을 갖고 업무에 매진할 수 있도록 하는 것이야말로 기업 성공의 핵심 중의 핵심이 되었다.

따라서 경영자는 다양한 인재를 알아볼 줄 아는 혜안이 있어야 진정한 인재를 얻을 수 있으며, 그들이 지닌 재능과 능력을 최대한 발휘할 수 있도록 이끌 때 그 기업도 성장한다.

한 사람을 영입하기 위해 그 사람이 일하고 있는 회사를 통째로 인수한 마이크로소프트나 우수 인재 선발과 육성에 세계 최고 수준을 자랑하는 GE에 못지않게 삼성전자의 우수 인재 확보에 대한 열망과 집착도 세계적이라고 할 수 있다. LG그룹도 인재의 중요성을 재인식하면서 구본무 회장이 직접 우수 인재를 확보하기 위해 전 세계를 구석구석 누비기 시작했다. 이처럼 능력이 뛰어난 인재를 얼마나 많이 확보하느냐에 기업의 명운을 걸고 있다.

특히 기술이 하루가 다르게 변하는 IT, 반도체, 휴대전화, 생명공학, 로봇, 나노 분야에서는 어느 기업이 우수 인재를 많이 확보

창조경영을 실현할 수 있는 시스템을 구축하자

했느냐에 따라 시장의 주도권이 바뀌는 상황이다. 세계적인 다국적 기업 간의 경쟁의 핵심에는 결국 우수 인재 확보 문제가 자리잡고 있다.

지금은 세계 최고 수준의 반도체 기술을 자랑하고 있지만 삼성전자도 처음에는 기술적 한계로 인해 숱한 어려움을 겪으며 첨단기술의 개발에 필요한 우수 인력의 중요성을 뼈저리게 실감했을 것이다. 이후 세계적인 기술 인력 확보에 사운을 걸었고, 그 결과 진대제 전 삼성전자 디지털 미디어 부문 사장, 황창규 반도체 총괄 사장, 임형규 삼성종합기술원 원장 등을 영입했다. 이처럼 삼성전자가 영입한 S급 인재들은 현재 반도체 부문뿐만 아니라 휴대전화, 디지털 미디어 등 전자 각 부문에 걸쳐서 세계 최고의 기술 기업으로 올려놓았으며, 지금도 차세대 기술개발에 앞장서고 있다. 우수 인재에 대한 남다른 철학을 가진 이건희 회장의 천재 경영을 웅변적으로 설명해주고 있는 〈삼성 CEO 경영어록〉에 적혀 있는 이야기를 소개한다.

외부에서는 신경영이 질 위주 경영이었다면 제2 신경영은 무엇이냐고 궁금해합니다. 그에 대한 답은 바로 나라를 위한 '천재 키우기'라고 할 수 있습니다. 다시 말해 21세기는 경쟁이 극한 수준으로 치달으면서 소수의 창조적 인재가 승패를 좌우하게 되는 거죠. 과거에는 10만 명, 20만 명이 군주와 왕족을 먹여 살렸지만 앞으로는 천재 한 사람이 10만 명, 20만 명을 먹여 살리는 시대가 될 것입니다. 총칼이 아닌 사람의 머리로 싸우는 두뇌 전쟁의 시대에는 결국 뛰어난 인재,

창조적 인재가 국가의 경쟁력을 좌우하게 됩니다. 20세기에는 컨베이어벨트가 제품을 만들었으나 21세기에는 천재급 인력 1명이 제조 공정 전체를 대신할 수 있어요. 예를 들어 반도체 라인 1개를 만들려면 30억 달러 정도가 들어가는데, 누군가 회로선 폭을 반만 줄이면 생산성이 높아져 30억 달러에 버금가는 효과를 거두게 됩니다. 천재들을 키워 5년, 10년 후 미래산업에서 선진국과 경쟁해서 이기는 방법을 말씀드리는 겁니다.

이처럼 기업이 5년과 10년 후의 미래를 담당할 핵심인재를 확보하지 않고는 무한 기술 경쟁에서 살아남을 수 없다. 초일류 기업으로 도약하기 위해서는 반드시 우수한 핵심인재를 조기에 발굴하고 체계적으로 키워내는 노력이 필요하다.

기업에서 원하는 훌륭한 인재란 어떤 사람인가? 반드시 전문가일 필요는 없지만 해당 산업에 깊은 관심을 가지고 있고, 미래를 위해 끊임없이 학습하며 도전정신과 열정이 있는 사람, 그리고 책임감이 강한 사람일 것이다. 특히 훌륭한 인재란 창의적인 혁신정신과 팀워크, 커뮤니케이션 능력과 추진력을 겸비한 사람이다. 이러한 핵심인재를 구하는 것은 천하를 얻는 것과 같다. 유비가 제갈공명을 얻은 것은 큰 전투 하나를 이긴 것보다 귀중하다는 사실이 역사에서도 입증되지 않았는가? 이건희 회장이 직접 창의적인 핵심인재 확보에 엄청난 힘을 쏟고 있고, 삼성 계열사 사장들에게도 최우선 과제로 실천하게 하는 이유가 여기에 있지 않을까 생각한다. 또한 창의적인 인재들이 자신이 속한 부문에서 최대한 능력을 발휘할 수 있도록 업무 환경을 만드는 것이 이건희 회장이 일관되게 실천해온 인재관인 듯하다. 우수한 인재만 있다면 개발하지 못할 기술이 어디 있으며, 또 개척하지 못할 시장이 어디 있겠는가?

리더가 기업의 흥망성쇠를 결정하고, 리더의 그릇 크기만큼 기업은 성장하며, 인재는 리더를 도와 기업 성패의 결과를 만들어낸다. 각 부문에서 업무의 실행을 통해 사업을 창조하고 완성해가는 것은 결국 인재들의 사고방식과 능력이다. 따라서 사업의 성공은 우수한 핵심인재를 얼마나 확보하느냐에 달려 있다고 할 것이다.

국내 기업가와 직장인이라면 누구나 부러워하는 삼성전자는 컴퓨터 및 모바일용 메모리 반도체, TFT-LCD, 이동통신 등의 각 분야에서 세계시장을 선도하는 수많은 특허 기술을 보유하고 있다. 뿐만 아니라 과거 소니가 장악했던 TV 시장에서 보르도 TV라는 밀리언셀러 제품을 개발해낸 디자인 능력도 갖춘 듯하다. 이런 세계적인 기술과 디자인을 만들어낸 것은 다름 아닌 삼성전자에서 일하는 뛰어난 인재들이라는 사실을 기억해야 한다.

창의적인 핵심인재 육성과 활용에 총력을 기울이자

인재를 선발한 뒤에는 창의적이고 도전적인 인재, 일에 몰두하는 인재를 육성하는 데 총력을 기울여야 한다. 그들의 창의적인 재능과 열정을 마음껏 발휘하게 하고, 회사에 대해 자부심을 갖고 일하도록 만들어야 한다. 이것이 최고경영자의 책무다. 이 부문은 창의적인 학습 시스템 구축 편에서 상세히 이야기할 것이므로 간략한 설명으로 줄인다.

창의적이고 공격적인 후계자를 양성하자

잭 웰치는 GE를 세계 최우수 기업으로 성장시키고 수많은 후계자를 육성하여 그 중 현 이멜트 회장에게 CEO 자리를 넘겨주었고, 마이크로소프트를 세계 최고의 정보 기업으로 육성시킨 빌 게이츠 회장은 스티브 발머에게 최고경영자의 자리를 물려주었다. 삼성전자의 이병철 회장은 여러 형제 중 이건희 회장에게 경영권을 인계했다. 기업이 세대를 이어가며 지속적으로 성장하기 위해서는 이처럼 창조적 경영 능력과 리더십을 갖춘 후계자를 양성하고 발탁해야 한다.

인류 최고의 CEO이자 혁신가였던 예수는 열두 제자를 파트너이자 후계자로 양성함으로써 영원불멸의 블루오션을 창조했지만, 국내외를 통틀어 50년, 100년 역사를 지닌 기업을 보기 드물다. 그것은 창의적이고 실행력이 뛰어난 CEO 후계자를 양성하거나 그런 사람들을 외부에서 영입하여 기업을 올바른 방향으로 이끌지 못했기 때문이다. 이처럼 후계자 양성이란 기업뿐만 아니라 국가에도 매우 중요한 문제다. 역대 대통령들을 보라. 리더의 사고능력과 리더십이 국가의 백년대계를 망치기도 하고 흥하게도 하지 않았는가.

GE, 마이크로소프트, 혼다, 마쓰시타, 소니를 보라. 후계자가 기업의 성장에 얼마나 중요한지를 알 수 있다. 기업을 최고의 자리에 올려놓은 사람이 물러날 때 임직원은 물론 주주들과 투자자들 모두 불안해한다. 그만큼 후계자 문제는 임직원의 사기와 향후 회사 성과에 큰 영향을 끼칠 뿐만 아니라 주가에도 크게 영향을 미친다. 이는 단순한 자리 이양이 아니라, 새로운 경영자가 기업의 운명을 결정하기 때문이다. 이제는 국내 기업들도 후계자 양성에 눈을 돌려야 할 시점이다. 이건희 회장이나 LG 구본무 회장이 아무리 세계적인 경영자라 할지라도 경영일선에서 영원히 머물 수는 없지 않은가?

 반드시 전문 경영인 체제여야 한다고는 생각하지 않는다. 창업자의 2, 3세가 경영하는 기업 중에는 전문 경영인보다 훨씬 뛰어난 실적을 내는 경우도 많다. 반면에 전문 경영인에게 회사를 맡겼다가 망한 기업도 무수히 많지 않은가. 결국 중요한 것은 새로운 후계자가 기업을 창조적으로 경영할 수 있는 역량과 열정 그리고 리더십을 갖추었느냐 하는 점이다. 과감한 결단과 신속한 의사결정이 매우 중요한 정보통신 분야와 대규모의 시설 투자를 요하는 사업의 경우에는 기업 오너 후계자가 전문 경영인보다 책임 경영에 훨씬 적합할 수 있다고 생각한다.

 또한 생산성이나 효율성만 따지는 사람은 후계자로 삼지 않는 것이 바람직하다. 이런 성향을 가진 사람은 대개 꿈과 야망이 작을 뿐만 아니라 현상 유지를 하려는 성향이 강하기 때문에, 조직을 변화시키지 못하고 새로운 도전에 거의 나서지 않는다. 진정한 후계자라면 "5년, 10년 후 어떤 회사를 만들겠다"는 야망과 "어떤 일을 하고 싶다"는 의지와 집념이 강한 사람, 창조적 변혁을 지속적으로 이끌 수 있는 강인한 사람이어야 한다. 특히 상상력과 창의력, 추진력 있는 사람을 후계자로 삼아야 기업이 지속적으로 성장할 수 있다. 창업주에게 회사는 자신의 생명이자 분신과도 같은 것이기 때문에 회사가 위기에 빠질 경우 자기만 살려고 배에서 탈출하기보다는 필사적으로 배가 가라앉는 것을 막을 것이다. 이에 반해 전문 경영인이나 창업자의 2, 3세에게 위기에 처한 회사는 포기할 수도 있는 대상인 것이다. 창업주만큼 목숨보다 회사를 더 소중하게 생각하는 사람은 없겠지만, 적어도 그런 마음가짐을 갖고 있고 회사를 더욱 발전시켜야겠다는 열망과 꿈이 큰 사람을 후계자로 삼아야 할 것이다.

고 정주영 현대그룹 회장과 고 이병철 삼성그룹 회장의 인재에 관한 이야기로 이 장을 마감하고자 한다.

1996년 2월 현대고등학교 신년사 발간사에 실린 얘기다.

"나무를 심는 것은 한 나라의 십년지계요, 인재를 양성하는 것은 백년대계라고 했다. 즉 물질적인 자원은 어느 정도 한계가 있지만, 인적 자원은 앞으로 무한한 발전 가능성을 안고 있다."

1985년 9월 사장단 회의에서는 이렇게 말했다. "기업의 성공 요체는 인간관리다. 인사가 성공하면 기업은 당연히 성공한다. 신입사원은 누구나 활기찬 회사, 활기찬 부서에서 일하고 싶어한다. 그런데 선배 직원들이 침체해 있으면 신입사원은 발전도 못할 뿐 아니라 회사까지 싫어하게 된다. 이런 의미에서도 인사의 활성화는 꼭 필요하다. 굳이 연조를 따질 필요가 없다. 능력만 있으면 빨리 승진시키는 게 인사의 활성화다.”

대한민국의 경제 발전을 이끌었던 고 이병철 삼성그룹 회장은 '기업은 사람이다.'라는 철학을 갖고 기업을 경영했다. 〈호암자전〉에 보면 '의인물용 용인물의(疑人勿用 用人勿疑)'라 하여 '의심나는 사람은 쓰지 말고, 쓰는 사람은 의심하지 마라. 그리고 일단 채용했으면 대담하게 일을 맡겨라.'는 말을 했다. 또 인재를 육성하지 못하는 경영자는 부실 경영과 마찬가지로 범죄를 저지르는 행위요, 우수한 인재 양성에 정성을 쏟는 한 기업은 무한한 번영의 길을 걷게 될 것이라고 말했다. 이러한 선대 회장의 인재관이 밑바탕을 이루고 있었기에 오늘의 삼성전자가 굳건히 존재하며, 이건희 회장의 '인재 중심의 천재 경영'이 성공을 거두고 있는 것이라 생각한다.

Question

1. 인재에 대한 당신의 철학은 무엇인가?

2. 인재의 기준은 무엇인가? 핵심인재 육성 프로그램은 있는가?

3. 후계자의 중요성을 알고 있는가? 그리고 어떤 후계자를 육성하고 있는가?

사고력 향상에 초점을 맞춘
학습 시스템을 개발, 구축하자

왜 조직 내 학습을 강화해야 하는가?

오늘이 어제와 다르듯이, 미래 또한 오늘과 다를 것이다. 광속으로 변화하는 미래 환경에 대응해가기 위해서는 개인이나 기업 모두 새로운 지식과 경험 그리고 다양한 시각들을 배워야 한다. 그리고 사고방식, 행동방식, 평가 방식 또한 바꾸어가야 한다. 외형을 바꾸는 일이라면 단기간에 쉽게 시도할 수도 있겠지만, 내적인 운영체제인 소프트웨어를 바꾸는 일이 짧은 기간에 쉽게 이루어지겠는가?

새로운 것을 받아들이고 이를 재창조하는 과정은 반드시 산고의 고통을 수반한다. 새로운 환경에 적응하기 위해서는 유연하고 개방적인 사고가 필수적이며, 이것은 타고나는 것이 아니라 직간접 경험과 학습을 통해 습득할 수 있다. 이를 몸에 익히고 깨우치기 위해서는 자발적인 학습과 경험 그리고 지속적인 실무에 적용하려는 노력이 필요하다. 특히 주도적인 노력으로 미래에 새로운 변화를 일으키기 위해서는 사고의 초점을 바꾸고 사고방식을 바꾸어야 한다. 특히 개인과 기업이 스스로 내적인 변화를 일으키는 과정을 거쳐야만 사고력이 향상된다.

진정한 리더가 되기 위해서는 사원이나 임원 시절의 사고방식과 행동방식을 버리고 새로운 사고방식과 행동방식을 받아들이는 것과 같은 근본적인 변화를 거쳐야 하는 것처럼, 성공적인 창조경영을 위해서는 과거와 같은 학습에 대한 기본 인식과 접근 방식에서 완전히 벗어나야 한다.

왜 조직 내 학습을 강화해야 하는가? 창조와 혁신에 필요한 지식이 하루가 다르게 변화하여 오늘의 기술과 방법이 내일이면 쓸모없는 지식이나 정보로 전락하기 때문이다. 이처럼 시간과 함께 가치를 급격히 상실하는 것이 정보와 지식의 본질이다. 기업이 창조적 파괴를 이끌며 변화와 혁신을 추구하기 위해서는 조직원들의 지적 경쟁력이 향상되어야 하는데, 개개인의 노력과 주기적인 기업 교육만으로는 조직원들의 지식 진부화를 막을 수 없다. 또한 다양한 분야의 새로운 지식을 습득해야 하는 이유는 사회가 다변화, 네트워크화되면서 새로운 가치 창출에 필수적인 다양한 분야의 정보와 지식의 중요성도 그만큼 커지는데 특정 부문의 정보와 지식만으로는 대처할 수 없기 때문이다. 또한 지식의 재해석과 결합 방법의 다양화를 통한 새로운 고객가치 창조에는 다양한 분야의 지식이 필수적이기 때문이다.

또한 정보의 홍수시대에는 인터넷을 통하여 가치 있는 정보를 식별하고 찾아내는 능력과 자신에게 필요한 정보와 지식을 신속하게 검색하여 지식화하고 이를 활용하는 것이 지식 경영에서 매우 중요하다. 인터넷 정보 및 업무 활용에 대한 지식 공유가 조직원들의 정보 능력을 획기적으로 키워주고 있지만, 아직도 직원들 간에 인터넷 업무 활용 능력 면에서는 격차가 큰 것이 현실이다. 이런 격차를 해소하는 것이 조직 내 커뮤니케이션 활성화를 촉진하고, 업무 생산성을 높이는 데 매우 중요한 역할을 하므로, 조직원들의 인터넷 정보 및 지식 활용에 대한 교육 또한 중요한 주제임을 간과해서는 안 된다.

학습의 패러다임을 바꾸자

국가나 기업의 경쟁력을 획기적으로 향상시키기 위해서는 기업의 교육 패러다임이 근본적으로 변화해야 한다. 산업화 사회에서 요구하던 지식과 업무 능력에 대한 기준이 지식 정보화 시대로 전환되면서 근본적으로 바뀌었기 때문이다. 산업화 사회에서는 논리적 인과관계를 분석해낼 수 있는 능력과 업무 관련 전문지식을 남보다 많이 갖고 있고 남과 같은 생각을 하는 사람이 대우를 받았다.

하지만 사회 환경의 패러다임이 근본적으로 뒤바뀌었다. 오늘날의 디지털 지식경제 사회에서는 남과 차별화된 상품과 독창성이 뛰어난 제품 및 서비스만이 고객의 선택을 받게 되었고, 상상력과 창의력, 미래의 흐름을 읽어내는 통찰력이 뛰어난 사람, 남과 다른 생각과 해석을 하는 사람이 핵심인재로 부상하게 되었다. 예를 들어, 직장 생활이란 무슨 일을 하든지 결과에 대해 스스로 책임지고 결과가 나쁘면 퇴출당하는 현실을 받아들여야 하지만, 대학 시절에는 평가를 받아 능력 향상을 입증할 책임도 없고, 평가 결과가 나쁘더라도 그뿐이었다. 대학생은 정해진 과목과 주제를 이해하고 핵심 내용만 암기하면 되지만, 직장은 정해진 과목이 없고 주제 또한 무한하며 상황과 시대에 따라 항상 바뀌게 마련이다. 이렇게 다른 환경임에도 불구하고 대학에서 공부하던 방식대로 시간만 두 배로 늘려 공부한다고 해서 남보다 앞서갈 수 있겠는가? 천만의 말씀이다. 학습과 관련된 모든 것이 바뀌어야 한다. 사회는 정해진 과목이 아니라 자신이 필요한 과목, 정해진 시간이 아니라 새로운 지식이 필요한 시점, 재생적 지식이 아니라 창조적으로 재해석된 지식, 이론이 아니라 이론의 응용을 필요로 하기 때문이다.

왜 이 주제를 학습해야 하는가? 어떤 분야를 공부해야 하는가? 학습한 내용을 어떻게 표현할 것인가? 어떻게 현실에 적용할 것인가? 과제와 연관된 어떤 내용들을 동시에 익혀야 하는가? 어떻게 학습한 내용을 결합할 것인가? 직장인이라면 이 모든 질문에 스스로 대답할 수 있어야 하며, 학습의 목적과 방향, 결과 모두 책임져야 한다. 학습 대상도 문화, 예술, 스포츠, 영화, 철학, 심리학, 과학, 기술, 마케팅, 심리학, 소비자 행동론, 리더십, 커뮤니케이션, 디자인, 감성 이론 등 다양해져야 한다..

　중요한 것은 무엇을 배웠다는 학습 자체가 아니라, 자신이 학습한 내용을 어떻게 실제 현실에 창의적으로 적용할 수 있느냐 하는 문제다. 자신이 배우고 축적한 경험을 현실에 적용하려면, 새로운 의미와 개념으로 재해석하고 새로운 방식으로 표현할 수 있는 능력을 갖추어야 한다. 그렇지 못할 경우에는 치열한 생존 경쟁에서 살아남을 수 없다. 따라서 국내 최고를 넘어서 세계적 수준으로 도약하기 위해서는 사고하는 방식에서부터 전 부문에 걸쳐 철저한 변화를 촉진하는 학습 개념으로 탈바꿈해야 한다. 그렇지 못할 경우 창의력을 갖춘 핵심인재도 양성할 수 없을 것이다.

　창의력을 갖춘 핵심인재를 양성하기 위해서 교육은 첫째, 지식 전달 위주의 주입식 교육에서 창의적 사고력을 향상시킬 수 있는 토론식 교육방식으로 바뀌어야 한다. 둘째, 전 직원 대상의 평균화 교육에서 벗어나 창의적 사고능력을 갖춘 핵심인력을 양성하는 데 초점을 맞추어야 한다. 셋째, 재생적 지식 전수가 아닌 문제 해결 능력을 배양하는 방향으로 가야 한다. 넷째, 단편적 사고가 아니라 전체를 바라보는 시스템적 사고능력을 배양하도록 해야 한다. 다섯째, 전문 분야의 지식만을 습득하는 것이 아니라 다양한 분야(디자인, 커뮤니케이션, 감성, 심리학, 인문과학 등)의 지식을 습득할 수 있는 기회를 제공하는 방향으로 바뀌어야 한다. 여섯째, 다양성에 대한 긍정적인 생각을 갖도록 사고방식을 변화시키고 사고의 유연성을 강화하는 데 초점을 두어야 한다. 일곱째, 연례행사형 교육에서 벗어나 일정기간 집중적인 교육을 받도록 해

창조경영을 실현할 수 있는 시스템을 구축하자

야 한다. 여덟째, 외부 강사를 초빙할 때는 유명 강사를 돌아가면서 초청하는 방식이 아니라 한두 명의 전문강사에게 연간 단위로 의뢰해 자사 상황에 맞는 교육 프로그램을 개발하고 워크숍 형태의 교육을 실시하는 것이 바람직하다. 아홉째, 직급 승진을 위한 이수과정이나 평점을 얻기 위해 수강하는 교육 방식이 아니라 직급에 맞는 능력 배양을 위한 워크숍 형태로 교육이 이루어져야 한다. 열 번째, 논리적 인과관계 분석 중심의 교육에서 변화의 흐름을 읽어내는 직관력과 통찰력을 강화시키는 데 교육을 집중한다. 열한 번째, 의무적 학습에서 자발적인 독서를 통해 배우도록 해야 한다. 마지막으로 다양한 주제의 세미나와 여행 체험을 통해 다양한 시각을 배울 수 있는 방향으로 교육과 학습 패러다임이 근본적으로 바뀌어야 한다. 뿐만 아니라 글로벌 경쟁에서 살아남기 위해서는 다양한 문화와 가치관을 수용할 수 있는 개방적 사고를 심어주는 교육과 고객의 감성을 이해하고 이를 표현해낼 수 있는 능력을 배양하는 교육을 강화해야 할 것이다.

지혜 경영을 위한 학습조직을 만들자

'아는 것이 힘'인 시대는 이미 지나갔다. 이제는 지식 자체가 아니라 '지식을 어떻게 활용할 것이냐?'는 지혜의 힘이 중시되는 시대다. 즉 미래를 자신의 세상으로 만들려는 열정과 상상력을 가진 사람, 지식을 새로운 가치를 창출하는 신지식으로 바꿀 수 있는 사람이 중시되는 시대다. 현실 세계에서 보면 남보다 더 많이 아는 사람이나 업무에 대한 전문지식이 더 깊은 사람이 오히려 경쟁에서 뒤처지고, 우수한 대학을 나오고 전문지식과 문화적 소양을 두루 갖춘 경영자가 기업을 파산에 이르게 하는 경우를 종종 본다.

왜 이런 현상이 일어나는 것일까? 다른 조건이 동일하다면 '남과 다른 사고능력, 해석 능력, 표현 능력, 행동 능력'이 1% 부족하기 때문이다. 지식은 사람의 두뇌에서 용용되어 색다른 시각으로 재해석되고 재결합되고 재창조될 때 비로소 가치를 지니게 된다. 바꾸어 말하면, 과거의 의미로 머무는 것이 아니라 끊임없이 재창조되고 숙성되고 발전해야만 가치가 있다. 따라서 학습목표 또한 새로운 지식 습득보다는 사고능력을 키우는 데 초점을 맞추어야 한다.

기업이나 개인의 발전은 현재 어떤 능력(기술)과 자원을 보유했느냐에 달려 있는 것이 아니라, 고객의 감성을 사로잡기 위해 어떤 능력(기술)을 개발하고 어떻게 표현해야 하는가 하는 능력에 더욱 의존하게 되었다. 창조와 혁신을 이끌어야 할 기업가에게 상상력과 이를 새로운 고객가치로 전환시킬 수 있는 창의력이 더욱더 중요해지고 있다. 교육에 대한 리더의 인식이 조직원들의 사고력과 실행력을 향상시키는 데 결정적 역할을 하게 된 만큼, 리더는 조직원들에게 무엇을 가르치고 지식 활용 능력을 높이기 위해 어떻게 가르쳐야 할지 깊이 연구해야 한다. 새로운 기술 방향, 시장, 방법, 시스템 개발, 고객의 욕구 변화, 사회 변화의 방향과 그

것이 사업에 미치는 영향 등 다방면에서 풍부한 식견을 갖춘 리더만이 올바른 교육 방향을 설정할 수 있다. 따라서 리더는 항상 새로운 생각을 하도록 끊임없이 배우고 노력해야 한다.

급변하는 환경과 치열한 경쟁 속에서 기업들은 역사상 전례가 없는 험난한 도전과 시련을 요구받고 있다. 하지만 현실은 어떤가? 많은 기업들이 창의적인 연구개발과 학습을 통해 훌륭한 인재 육성이라는 과제에 충분히 대비하지 못하고 있다. 그러나 기업을 제대로 경영하기 위해서는 기업가 자신이 먼저 세계적인 지도자로 존경받는 사람들로부터 "리더 자신이 누구보다 먼저, 그리고 누구보다 더 많은 것을 배우고 이를 활용하기 위해서 노력했다"는 사실을 배우고 이를 실천해야 한다.

오랜 기간 동안 초고속 성장을 지속하고 있는 GE, 삼성전자, 도요타 자동차, 마이크로소프트와 같은 기업들은 최고경영자를 중심으로 조직 전체가 부단한 학습을 통해 내부 역량을 강화함으로써 남보다 앞서갈 수 있었으며, 다른 기업의 실패를 되풀이하지 않을 수 있었다. 이런 점을 배우고 실천하라.

현대 기업에서 진정으로 필요한 교육과 학습은 단순히 정보나 새로운 지식을 습득하는 것이 아니라, 인간의 사고방식과 습관을 변화시키고 사고능력을 향상시키는 데 초점을 맞추어야 한다. 그들 스스로 주어진 문제나 과제를 효과적으로 해결하고, 창의적인 생각으로 새로운 개념이나 방법, 기술, 콘텐츠를 개발할 수 있도록 해야 한다. 사고의 유연성과 창의력을 강화하는 교육 시스템과 조직원들이 스스로 학습할 수 있는 자율 교육 프로그램을 개발하여, 평생 학습체제를 구축하는 것이 기업 경영의 필수조건으로 부상하고 있다.

변화와 혁신이라는 단어가 항상 서로를 필요로 하는 것처럼, 학습과 교육이라는 단어 또한 상호 불가분의 관계에 있다. 이러한 학습과 교육은 조직원들이 다양한 지식 습득과 사고능력 배양을 통해 문제해결 능력을 향상시키고, 신지식을 더 빠르게 더 많이 만들어낼 수 있도록 해준다. 뿐만 아니라 과거의 실수를 반복하지 않도록 도와주고, 경쟁자의 실패 사례를 보고 배우며 사전에 실패를 피할 수 있는 지혜를 향상시켜주는 교육이어야 한다. 이를 위하여 리더는 조직원들이 부단히 학습하도록 격려하고, 경영자 또한 스스로 부족한 점을 보완하고 새로운 지식과 정보를 습득하는 데 앞장서야 한다. 오늘날처럼 변화무쌍한 시장 환경에서 경쟁자들과 생사를 건 전쟁에서 이기기 위해서는, 남보다 먼저 차별화된 고객가치를 제공하는 기술과 신제품을 개발, 공급해야 한다. 이를 위해서는 조직원 개개인이 끊임없는 학습을 통해 창의력 강화, 문제해결 및 실행 능력을 높이는 것이 시급한 과제다. 그렇지 않고서는 경쟁자들의 공격에 의해 한순간에 퇴출당하게 될 것이다.

지혜 경영의 궁극적인 목표는 무엇인가? 그것은 새로운 시장 기회를 창출하는 데 필요한 질 높은 지식의 생산 속도를 높이고 양질의 지식을 다량 창출할 수 있는 학습 시스템을 만들고, 임직원들이 새로운 지식 창조에 앞장서도록 만드는 것이다. 특히 21세기에는 학습형 조직 시스템으로 바꾸어 조직 역량을 강화하고 미래 변화에 대비하기 위한 잠재 역량을 지속적으로 개발해야 한다.

그리고 고객을 감동시키고 가치 표현 역량을 개발하고 고객과의 유대관계를 강화할 수 있는 가치 제공 서비스 역량을 연마해야 한다. 그렇지 않으면 경쟁자들의 새로운 기술과 새로운 제품 또는 방법에 의해 퇴출당하는 불행을 겪게 될 것이다.

미국 MIT 경영대학의 피터 센게 교수는 1990년에 발표한 학습 조직 구축을 위한 '제 5경영(The 5th Disciple)'에서 증상 처방 위주의 사고방식에 대한 문제점을 통렬하게 지적하면서, 어떤 문제나 현안에 대한 근본적인 해결방법으로 다섯 가지 학습 시스템을 주장했다.

첫째, 전체를 바라보고 이해하는 시스템 사고(system thinking)다. 단선적이고 단면적인 문제 인식에서 벗어나 전체 관계를 파악하고, 전체 기획력을 가장 우선시하는 것이다. 이를 위해서는 전체와 부분, 부분과 부분 간의 상호관계를 인식하고 파악하는 능력을 갖추어야 한다. 둘째, 자기 성장을 위한 개인적 숙련(personal mastery), 셋째, 정신 모델(mental model), 넷째, 비전 공유(shared vision), 다섯째, 팀 학습(team learning)으로 구성된다. 특히 팀 학습에 초점을 맞추는 이유에 대해 그는 "복잡해진 환경 속에서는 개인이 아니라 팀을 기초 단위로 할 때 업무 성과가 높게 나타나고, 기초 단위의 팀이 학습하지 못하면 조직 또한 학습하기 어렵기 때문"이라고 설명했다. 그리고 팀 학습의 가장 효과적인 방법으로 '대화와 자유토론'을 제시했다.

창의적 사고능력 향상에 초점을 맞추자

기업가와 최고경영자 중에는 10년 후와 같이 장기적 성장 기반을 구축하기 위한 신기술, 신상품, 신사업 개발 및 인력 양성과 같은 본질적이고 근원적인 문제와 장기적인 과제를 해결하기 위해 노력하기보다는 눈에 보이는 현상에 초점을 맞추어 일하는 경우가 많다.

경영자들의 이런 행동방식은 서서히 조직에 영향을 미쳐, 조직원들이 점점 더 눈앞에 보이는 문제와 이해관계에만 매달리고 임기응변적인 미봉책만을 찾도록 만든다. 이런 상황이 오래 지속될 경우, 장기적인 투자와 노력을 요구하는 기업 내 창의적 사고능력 향상에 초점을 맞춘 학습 시스템 구축은 더욱 어려워진다.

따라서 경영자는 통합적이고 시스템적인 사고를 기반으로 임직원들을 격려하고, 적극적으로 새로운 아이디어를 모으고 서로 마음을 터놓고 토론할 수 있도록 해야 한다. 또 회사의 실적과 상황을 직원들에게 자주 알려서 '우리'라는 의식과 '함께 만들어간다'라는 공감대를 형성하고 미래에 도전해가야 한다. 새로운 개념, 새로운 기술, 새로운 방법, 새로운 프로세스, 새로운 시스템을 배우려는 학습문화와 서로의 지식, 경험, 노하우를 발표하고 배우는 토론의 무대와 새로 배운 것을 바탕으로 한 새로운 도전을 장려하는 문화를 만들어야 한다. 이러한 학습문화를 구축하여 조직원들의 자기계발 의지를 장려해야 한다.

또한 경영자는 남의 눈으로 세상을 보려 하지 말고 자신의 눈으로 바라보아야 한다. 학습에 대해서도 마찬가지다. 학습과 교육의 중요성을 재인식하고 새로운 관점으로 접근해야 할 것이다. 빌 게이츠 회장은 "학습은 일종의 새로운 일이다."라는 말을 자주 한다고 한다. 이런 학습에 대한 남다른 철학이 오늘날의 마이크로소프트를 강한 조직으로 만들었다고 할 수 있다.

가치 창출의 핵심 요소인 지식은 활용하는 사람이 어떤 관점으로 기존 지식을 재해석하고 재정의하느냐, 그리고 어떤 새로운 의미 부여를 하느냐를 통해서 가치 창조의 힘을 갖게 된다. 따라서 경영자라면 가치의 기본인 지식을 습득할 수 있는 학습 시스템을 반드시 만들어야 한다.

삼성전자는 최근 10여 년간 세계 최고의 기업들과의 경쟁에서 어떻게 고성장과 고수익의 강세를 유지할 수 있었는가? 그 해답은 아마도 이건희 회장을 비롯한 최고경영진의 끊임없는 노력에 있지 않을까.

그들은 기존의 제품들이 엄청난 돈을 벌어다주고 있는 지금 이 순간에도 결코 만족하거나 안주하지 않고 밤잠을 설치며 5년, 10년 후의 성장을 위한 수종 사업을 찾고 있을 것이다. 그들은 회사 전체가 한순간도 긴장의 끈을 놓지 않도록 노력하는 동시에 경영자들의 생각을 현실로 만들어낼 직원들의 지력과 능력을 향상시키기 위하여 더 체계적이고 양질의 교육 방법과 프로그램 개발을 지속적으로 지원하고 있다. 창조와 혁신 가치 그리고 속도로 경쟁해야 하는 지식경제 시대에서 창의력과 전략적 사고에 초점을 맞춘 자발적 학습은 기업의 생존과 성장을 위한 수단으로서 점점 더 중요해지고 있다. 우수 인재를 유치하는 것 못지않게 지속적인 교육과 훈련을 통한 인재 육성이 중요하기 때문이다.

부모들의 엄청난 교육열과 배움에 대한 신념은 대한민국을 연간 국민소득 150달러의 가난한 후진국에서 세계 10대 경제대국으로 키운 원동력이 되었다. 그러나 과거의 지식과 사고능력에서 벗어나지 못하는 한 21세기에는 창조와 혁신의 경쟁에서 살아남을 수 없다. 기업이 조직 경쟁력을 한 차원 높이기 위해서는 하위 직급의 직원들을 교육시키는 것도 필요하지만, 학습 효과의 극대화와 기업의 창의력 향상이라는 측면에서는 팀장, 사업부장, 리더급의 창조적 역량이 우수한 핵심인재 양성 교육에 에너지를 집중할 필요가 있다.

디지털 지식정보화 시대에 학습은 개인과 기업, 나아가 국가 경제의 운명을 결정하게 될 것이다. 따라서 학습의 본질적인 목표는 기존 지식이나 정보를 창의적인 사고력과 결합시켜 새로운 지식을 창출하는 힘을 향상시키는 데 초점을 맞추어야 한다. 또한 직원들의 학습을 권장하고 학습에 대한 보상 프로그램을 실시하여 학습 욕구를 자극해야 한다. 임직원들이 뭔가 새로운 것을 배우고자 하는 욕구야말로 회사 발전의 원동력이기 때문이다. 또한 학습문화가 정착하면 조직원 간의 커뮤니케이션 효율성이 높아지고 불필요한 논쟁은 사라진다.

한편 조직의 학습 효과를 극대화하기 위해서는 사고능력을 키우는 교육과 함께 직원들이 충분히 사고할 시간을 가질 수 있는 환경을 만들어야 한다. 학습의 궁극적인 목적을 생각해보자. 결국 학습은 특정 정보나 지식을 단순히 습득하는 것이 아니라 지식을 얻으면서 교훈을 깨우치는 것이다. 또한 한 차원 높여 지식과 교훈을 바탕으로 똑같은 실수를 미연에 방지하고 새로운 지식을 창조하는 것이다. 이를 위해서는 학습 내용을 숙성시키는 데 필요한 생각하는 시간과 휴식을 갖는 것이 필요하다. 스스로 사고하는 과정을 통해 지식이 숙성되고, 사고의 확장을 이끌어가는 것이야말로 창의력을 키우는 가장 효과적인 학습 방법이다. 학습을 하고 나면 핵심 내용을 기억하고 상호관계를 이해해야 한다. 또한 반드시 생각하고 묵상하며 배운 것을 반복하여 곱씹는 훈련이 필요하다.

사람들의 머릿속에서 생각의 형태로 존재하는 아이디어는 자신이 습득한 정보와 지식에 뿌리를 두고 있다. 생각에서 성공이 시작되고, 남과 다른 사고와 나만의 창의적인 사고의 현실화로 성공이 완성된다. 따라서 학습과 함께 사고의 발산기술, 사고의 체계화 기술, 사고의 형상화 기술, 사고의 표현 기술, 사고의 실행 기술을 익히는 것이 필요하다. 기업이나 국가에서 인력의 자질과 능력을 향상시킬 수 있는 지름길은 결국 사고의 방법과 사고의 기술을 습득하는 것이다.

경영자와 기업 오너가 미래를 예측하고 통찰력을 키우기 위해 끊임없이 학습하고 수많은 실수를 통해 깨달음을 얻으려는 노력의 중요성은 아무리 강조해도 지나치지 않다. 왜냐하면 리더의 실수는 아무리 작아도 조직에는 치명적이기 때문이다. 대기업의 오너 중에 매우 왕성한 활동을 하는 사람들을 만나보면 자신들이 이루어놓은 기업이 얼마나 취약한 상태에 있는지 잘 알고 있다. 그래서 최선의 판단을 내리기 위해 한순간도 방심하지 않고 남들보다 수십 배 노력하고 있는 것이다. 그들은 수많은 정보에 대해 특정 분야의 담당자보다는 남다른 시각으로 바라보는 경우가 훨씬 많으며, 업무 전반에 걸친 결정을 내릴 때조차 임직원들과 이견을 보이면서도, 기업의 운명을 좌우하는 전략적인 문제에 부딪혔을 때는 단호한 결정을 내리곤 한다.

조직의 창의적 사고능력을 향상시켜라

기업이 지속적으로 성장 발전하기 위해서는 색다르고 창의적인 아이디어와 방법에 대한 새로운 지식을 끊임없이 만들어내야 한다. 이를 위해 리더는 조직 구성원들이 지적 능력을 최대한 발휘할 수 있도록 학습형 조직과 문화를 만들고 이끌어야 한다. 이를 발전시킨 개념이 바로 지혜 경영이다.

창의력은 99% 동질적인 생각에서 나오는 것이 아니라 1%의 다른 시각에서 이루어진다. 사람과 침팬지의 유전자는 98.4%가 같지만, 불과 1.6%의 작은 차이에 의해 인간과 동물로 나뉜다. 중국 사람과 한국 사람은 유전자 측면이나 외모에서는 거의 유사하지만 가치관, 문화, 행동방식에서는 서로 전혀 다르다. 이처럼 오랜 세월에 걸쳐 이루어진 문화와 가치관이 사고의 토대를 이루어, 동일한 현상을 보고도 평가하는 기준이 달라지고 다른 방법으로 표현하고 행동하게 되는 것이다. 1%의 생각 차이를 현실화시켜 100%, 아니 1,000%의 차이가 나게 하는 것이 창의력이고 상상력이며 실행력이다.

이러한 창의력 있는 조직을 만들기 위해서는 조직원들의 사고의 유연성과 개방성을 키워야 한다. 새로운 문화, 새로운 환경에 대한 개방적 사고는 환경 적응력과 새로운 창조로 이어지는 출발점이다. 세상의 모든 사람과 세상의 모든 나라, 세상의 모든 문화가 나와 내가 속한 기업과 다르다는 사실, 특히 살아가는 겉모습은 비슷하다 할지라도 삶과 행동을 지배하는 사고방식 및 가치관이 다르다는 사실을 정확히 직시해야 한다. 이를 창조적으로 지혜롭게 활용하기 위해서는 무엇보다도 사고의 유연성과 함께 개방성에 기초를 둔 독창적인 사고능력의 개발이 더욱 중요해지고 있다.

새로운 가치를 창조하기 위해서는 기업가와 조직이 이(異)문화의 충격을 겪어야 한다. 창조는 낯설고 새로운 세상에 자신을 던지는 것과 같고 미래 환경에 적응하는 것인데, 정신적 혼란을 겪지 않는다는 것이 오히려 이상하지 않은가. 평상시 자신이 익숙한 길에서 이탈하여 새로운 길을 닦으며 걸어야 하는데 그게 어디 쉬운 일인가? 따라서 기업이 창조경영을 통해 미래 환경을 주도적으로 만들어가려면, 환경 변화보다 더 빠른 속도로 사고의 관점을 바꾸어갈 수 있도록 조직 내 학습 프로그램을 개발해야 할 것이다. 뿐만 아니라 다양한 사고, 다양한 전공, 다양한 경험을 가진 사람들로 조직을 이끌어가게 해야 한다.

창의적 사고, 긍정적 사고방식을 격려하고 교육시키자

주입식 교육으로 만들어진 만물박사는 마케팅이나 창의적 아이디어를 요구하는 일을 수행하는 데 있어서는 빵점이거나 마이너스인 경우가 많다. 즉 주입식 교육으로 탄생한 재생적 사고력이 탁월한 우등생은 대부분 논리적이지만 매우 비판적이거나 부정적 성향을 가졌고, 창의적이거나 남과 차별화된 사고에 매우 취약하다는 특징을 갖고 있다. 이런 사람들은 대부분 자신과 다른 색다른 아이디어를 접할 때마다 '그런 사례가 없습니다.', '그런 방법은 타당하지 않습니다.', '그런 조건으로는 어렵습니다.' 라는 식으로 부정적이고 비판적으로 반응한다. 아니면 '성공한 사례를 말해보라.', '논리적으로 증명해보라.' 는 식이다.

그러나 여기서 우리가 깊이 통찰해야 할 점은 창조란 본질적으로 참고하거나 모방할 사례가 없다는 것을 의미하며, 미래를 말하고 있는 창조란 논리적으로 완벽하게 설명될 수 없다. 창조적인 아이디어나 방법, 기술, 제품은 당연히 성공 사례가 아직 없을 것이고, 그런 방법을 사용하고 있는 기업도 없을 것이다.

따라서 교육의 방향은 이런 비판적이고 부정적인 사고를 낳는 것이 아니라, 긍정적이고 발전적인 사고로 접근할 수 있도록 이끄는 것이 되어야 한다. 예를 들면, 직원이나 동료가 사원이 창의적이고 훌륭한 아이디어를 냈을 때, 칭찬하고 긍정해준 다음 '어떤 방법을 쓰면 실행할 수 있을까?', '어떤 조건을 만들어낸다면 현실화할 수 있을까?' 와 같은 질문을 던져 토론을 유도해야 한다. 또는

'다른 의견은 없는가?', '보다 발전된 아이디어는 없을까?' 등의 질문을 통해서 더 다양한 아이디어를 생각해내도록 이끌어야 한다. 교육 프로그램도 이런 방향으로 개발해야 하는 것이다.

창의적이고 훌륭한 아이디어가 막연한 공상에서 나오는가? 결코 그렇지 않다. 창의적인 아이디어는 다양한 분야의 새로운 지식을 습득하기 위해 책을 읽고, 다양한 여행을 통해 견문을 넓히고, 다양한 사람들을 만나서 다양한 이야기를 듣는 노력과 주어진 문제 또는 과제를 새로운 관점에서 접근하려는 문제의식과 치열한 지적 활동의 결과로 탄생한다. 따라서 리더라면 창의적 아이디어를 생각하는 직원을 지속적으로 격려하고 칭찬해야 한다. 한편 과거 수년 또는 10여 년간 학습한 수많은 경영 및 마케팅 관련 지식과 이론이 최고인 양, 논리적인 사고로만 전략을 수립하고 실행하는 방식으로 기업을 경영하고 마케팅하는 것은 매우 위험한 발상이다. 경영과 마케팅은 실행을 통한 결과 창출을 기본으로 하기 때문이다. 그러나 지식과 논리를 앞세우는 사람은 미래 지향적이기보다는 과거 중심적 또는 당면 과제를 중시하는 경향이 매우 강할 뿐만 아니라, 과제나 문제점을 분석하는 데만 집중한다. 결국 논리적 인과관계에 의한 현상 분석으로만 끝나고 실행으로 이어지지 않는 경우가 태반이다.

변화란 새로운 가치이자 성장이요 발전이다. 이미 상황이 변했는데, 과거의 지식과 방법이 무슨 의미가 있는가? 새로운 상황에 맞는 아이디어와 방법은 무엇인가? 그럼에도 불구하고 생각과 행동이 변화하지 않는다면? 이미 그 자체로 성장을 멈추고, 퇴보의 길을 가고 있다는 의미다. 내일을 위해 오늘 변화하고 스스로 실천해야 한다. 다방면으로 사고할 수 있도록 자신을 변화시키고 변화의 속도를 높이고, 변화가 서로 상승작용을 할 수 있도록 해야 한다. 특히 고객이 요구하는 방향으로 생각을 변화시키기 위해서는 무엇보다도 남과 다르게 생각하는 사고 습관을 만들어야 한다.

시장 환경을 바꾸는 것은 어려울 뿐만 아니라, 거의 불가능에 가깝다. 그러나 시장 환경을 바라보는 생각을 바꾸는 일은 그리 어렵지 않다. 이를 위한 최선의 방법은 발상을 전환하는 것이다. 부정적 사고방식이 아니라 긍정적 방식으로, 특히 반복적이고 재생적인 사고방식에서 벗어나 창조적이고 생산적인 사고방식으로 바뀌야 한다. 이처럼 시장을 바라보는 시각을 바꾸면, 이미 시장 환경이 변해 있는 것과 같다.

시장이 바뀌었다는 말은, 우리가 그 변화를 주도한 것이 아니라면 경쟁사에 의해 이루어졌다는 것을 의미한다. 후자라면 우리에게 무익하거나 극약일 수밖에 없다. 진정으로 변하고 싶은가? 새로운 변화를 주도하고 싶은가? 그렇다면 지금 당장 생각을 바꿔라. 그리고 자신을 변화시킬 작은 일부터 하나씩 실천하라.

달라진 시각으로 현실을 직시할 수 있다면, 그동안 보이지 않던 해결책이 보이고 숨어 있던 새로운 가능성과 기회를 잡게 될 것이다. 이런 사고와 행동이 반복되면 결국 당신과 당신이 속한 기업에 의해 시장 환경도 바뀔 것이다. 시장 자체가 스스로 바뀌겠는가? 경쟁자가 주도하느냐, 내가 주도하느냐에 따라 결과가 달라질 뿐이다.

신지식 창출 속도를 높이자

　하루가 다르게 급변하고 승자와 패자가 짧은 순간에 뒤바뀌는 디지털 지식경제의 시대에 기업은 무엇으로 경쟁해야 하는가? 이에 대한 해답은 창의적 지식 창출과 실행의 속도가 될 것이다. 그 중에서도 가장 중요한 것은 경영자의 창의적 사고능력이다. 아이리버가 이노디자인의 김영세 사장을 만나 기업의 운명을 디자인에 맡기겠다는 생각으로 출구를 찾았던 것처럼, 경영자의 발상이 전환될 때 기업은 새로운 기회를 잡을 수 있다. 그러나 경영자의 생각이 정체되고 현실에 안주하려는 생각이 들기 시작하면 순식간에 어려움에 빠져들게 된다.

　이처럼 사업의 방향을 결정하는 경영자의 사고능력은 기업의 생존과 발전에 더없이 중요한 요소다. 아는 것이 힘이라고들 말하지만 실행으로 옮겨지지 않는 지식은 아무런 가치가 없다. 지식은 과거의 산물로서 그 자체로 가치가 있는 것이 아니라 지식을 기반으로 창의적 생각과 결합되어 새로운 가치를 창출할 때 비로소 의미가 생긴다. 창의적 생각을 이끌어내는 것이 사고력이다.

　지식은 끊임없이 진화하지 않는 순간 가치를 상실하게 된다. 경영자는 끊임없이 가치를 혁신하기 위해 다양한 각도로 세상을 바라보고 깊이 생각하고 학습하는 일에 앞장서고, 신지식 창출을 격려하는 조직문화를 창조해야 한다. 지속적 가치 혁신을 창조하려는 기업가의 생각과 리더십이 중요하다. 따라서 개인 또는 기업이 지속적으로 성장하기 위해서는 학습과 실행을 통해 새로운 개념,

새로운 방법과 수단을 생각해내고 이를 실행으로 옮겨야 한다.

아무리 훌륭한 직원과 엄청난 자원과 막강한 브랜드 파워를 가진 기업이라 할지라도 기업가가 새로운 생각을 하지 못하고 지속적인 창조적 파괴를 이끌어내는 조직문화를 만들지 못하면 결국은 벼랑 끝에 몰릴 수밖에 없다.

경쟁 기업 간의 기술 수준이 비슷해지고 자본이 풍부한 오늘날에는, 어떤 기업이 변화의 흐름을 정확히 파악하고 누가 먼저 발상의 전환을 통해 새로운 주도권을 잡느냐에 승패가 달려 있다. 사고의 전환이 없으면, 개인이나 기업의 발전도 없다. 생산성을 획기적으로 향상시키기 위한 방법을 찾거나 고객의 가치 패러다임을 전환시키기 위해서는 먼저 '생각'이 새로워져야 한다.

미래는 단순 정보 및 지식 중심의 경제가 아니라 남과 다르게 바라보고 해석하는 사고력과 상상력을 갖춘 지혜로운 자가 지배하게 될 것이다. 즉 조직이 갖고 있는 정보와 지식 그리고 이를 창의적으로 활용할 수 있는 두뇌에 따라 결과가 달라진다. 창의적 사고력이 뛰어난 리더를 갖는 것은 기업의 생존과 발전에 절대적인 요소이며, 우수한 핵심인력을 얼마나 많이 확보했느냐가 기업 경쟁력의 핵심적인 조건이 된다. 그래서 훌륭한 경영자일수록 인재에 대한 욕심을 부리게 마련이며, 창의적인 지식 창출과 인재 육성 및 관리에 심혈을 기울이는 것이다.

21세기는 창의력과 상상력의 시대라고 할 수 있다. 자신들이 습득한 다양한 정보와 지식을 경쟁자보다 빠르게 새로운 개념과 새로운 방법으로 재정의하거나 탈바꿈시켜야 하는 지혜의 시대이자 속도의 시대인 것이다. 따라서 과거 수십 년에 걸쳐 축적되어온 양의 정보와 지식이 단 하루 만에 만들어지고 있는 정보 홍수 시대에는 양질의 정보와 지식을 찾아내고 활용하는 방법을 조속히 배워야 한다. 그리고 양질의 신지식 창출 속도를 높여야 한다. 따라서 미래를 자신의 것으로 만들려는 열정과 창조의 꿈을 가진 사람들이 시장을 주도하게 될 것이다.

지식 경영이 아니라 지혜 경영이다

지식 경영이라는 말을 집어던져라. 이제는 지식 경영이 아니라 미래의 흐름을 통찰하고 그 흐름 속에서 새로운 기회를 발견하고 상상력을 발휘하여 새로운 가치를 가진 신지식 창출을 위한 사고력 향상에 초점을 맞춘 지혜 경영으로 바뀌어야 할 것이다. 일반화되어가는 전문지식의 습득에 초점을 맞출 것이 아니라, 새로운 관점으로 사물과 현상을 바라보고, 동일한 현상을 다른 관점으로 해석하고, 남과 다른 방향과 느낌으로 표현하고, 남과 다른 방법으로 실행하는 능력을 향상시켜야 한다. 그러므로 창의적 사고, 사고의 유연성, 발상의 전환과 상상력, 역발상 사고, 의사결정 속도의 향상에 기반을 둔 신지식 창출력에 초점을 맞추어야 할 것이다.

지혜 경영은 궁극적으로 혁신적 고객가치를 창출하는 양질의 신지식을 다량으로 만들어내고, 신지식 생산 속도 향상에 초점을 맞추어야 한다. 이를 위해서는 조직원들이 사고능력, 사고 속도,

사고 기술 등을 몸에 익혀 신지식 창출에 앞장서야 한다. 특히 디지털 지식경제하에서 고객 창출 기회를 선점하기 위해서는 남과 차별화된 신지식 생산을 강화할 수 있는 사고능력과 사고 속도가 중요하다.

물론 지혜 경영에서도 다양한 지식 습득과 다양한 경험의 축적, 그리고 지식과 경험의 공유가 중요하지만 새로운 고객가치 창조를 위해서는 자신의 전공 이외에 다양한 분야의 인문과학 지식을 습득하고 다양한 시각을 익히는 것이 매우 중요하다. 또한 조직과 개인의 지식 생산력과 창조력이 기업의 승패를 결정하는바, 습득한 지식을 바탕으로 발상력, 상상력, 창의력과 실행력을 발휘하여 새로운 지식을 창조하는 속도를 높이는 것이 필요하다.

지식 창조 능력을 강화하기 위해서는 다섯 가지 방법이 있다. 첫째, 창의적 사고능력의 중요성에 대한 조직 내 인식을 공유해야 한다. 둘째, 창의적 사고능력을 향상시키기 위한 교육을 지속적으로 실시하되 최신 지식의 습득에 30%, 사고 및 활용·실행 능력 향상에 70%의 비중을 두어야 한다. 셋째, 사내 독서 및 토론 대학을 개설하여 활성화한다. 넷째, 고객의 라이프스타일 변화를 지속적으로 주의 깊게 관찰한다. 다섯째, 다양한 이문화 경험을 늘린다. 특히 인터넷의 확산에 따른 다양한 삶의 양식 변화에 대한 심층적인 분석이 매우 중요하다.

어떻게 하면 개인과 조직의 지적 사고능력을 향상시킬 수 있을까? 개인별 팀별 자율적 학습 방법 및 활용 능력 향상을 위한 교육 방법을 개발하고 이를 시스템화해야 한다. 특히 조직원의 지적 능력을 개발하기 위해서는 첫째, 스스로 배우고자 하는 마음을 이끌어내야 한다. 즉 개개인의 가슴에 배움의 불을 붙이는 데 성공하면 능력 개발의 50%는 이미 달성한 것이나 마찬가지다. 둘째, 기본 원리를 몸에 익힐 때까지 철저히 반복하게 한다. 셋째, 지속적이고 시기적절한 격려와 질책을 통하여 학습에 대한 동기부여를 해준다.

이러한 지혜 혁명의 이점은 크게 네 가지로 요약할 수 있다. 첫째, 지식 혁명의 핵심인 사고의 속도를 높인다. 둘째, 독서 및 토론 대학 활성화와 전략적 사고능력을 높이는 교육을 통하여 사고 기술(방법)을 익힌다. 셋째, 개인 또는 조직의 지식 및 정보 보유량 및 창출량을 늘린다. 넷째, 지식의 방향과 깊이에서 질을 높이는 것으로 완성된다. 특히 '의사 결정력=지식 생산력=지식 창조력'을 의미하는바, 의사결정 속도와 질을 높이는 것이 지혜 경영의 또 다른 목적이기도 하다.

이런 측면에서 볼 때, 상품 제조가 다소 늦어지는 것은 괜찮지만, 지식 생산 속도는 기업의 사활을 결정한다. 즉 지식 생산 속도는 디지털 경쟁시대의 또 하나의 성공 요인이다.

자신만의 정답을 찾아라

조직의 리더인 경영자는 하고 싶지 않은 일이라도 해야 할 일이라면 단호하게 행해야 한다. 회사의 매출이 곤두박질치고 수익이 악화되어 재정적으로 어려운 지경에 빠졌는데도 리더가 우유부단하여 인원 감축을 포함한 구조조정을 실시하지 못하거나, 조직의 발전에 저해되는 문제점이 발생했는데도 문제해결을 뒤로 미룬다면 어떤 결과가 생기겠는가? 조직원들로부터 비난받을 것을 두려워해서 해야 할 일을 하지 않거나 방관한다면, 결국 시기를 놓쳐 더 큰 난관에 봉착하게 될 것이다. 차일피일 결정을 미루고 방기한다고 해서 문제는 해결되지 않으며 오히려 시간이 흐를수록 더 악화될 뿐이다. 조직을 책임져야 한다는 사명을 망각하고, 사람들의 비난이나 인정, 인기에 연연해 할 일을 하지 않고 다른 사람에게 그 일을 미루는 한 문제는 영원히 해결되지 않는다. 또한 모든 사람들이 공감하는 모범답안을 찾기 위해 차일피일 미루어서는 더더욱 안 된다. 모범답안은 존재하지 않는다. 자신만의 정답을 찾아라. 그렇지 않으면 결국 기업은 리더의 무책임하고 안이한 생각과 행동 때문에 더 큰 어려움에 봉착하거나 몰락이라는 재앙을 맞게 된다.

어떤 행동이 조직을 위하는 길인가? 리더는 사명에 충실한 단호한 결단을 내리고 행동을 취해야 한다. 남다른 길을 가는데 주위의 시선을 의식하지 마라. 일반인들은 평범함을 추구하기 때문에 남들이 자신과 다른 길을 가려는 이유를 이해하지 못하며, 설사 이해한다고 할지라도 자신을 앞서가려는 그들을 격려하고 칭찬하기보다는 시샘하거나 비난할 뿐이다. 따라서 경영자가 되려면 단기적으로 대중적인 인기를 잃는 위험을 감수해야 한다. 기업 경영의 모든 결과는 100% 기업가의 몫이기 때문이다.

창조경영을 실현할 수 있는 시스템을 구축하자

창의적인 토론 문화를 만들자

  문제해결 또는 과제 수행, 신상품 개발이나 신사업 개발을 위한 회의 때, 소중한 시간과 조직의 에너지가 낭비되는 것을 막고 훌륭한 아이디어를 얻기 위해서는 창의적인 토론 문화를 정착시켜야 한다. 최고경영자나 임원, 팀장들은 조직원들의 의견이나 아이디어가 자신의 생각과 다르다고 해서 비판하거나 부정해서는 안 된다. 지위가 높은 사람이 내는 아이디어가 더 비중 있게 다뤄진다는 인식을 심어주어서는 더더욱 안 된다. 이에 대한 확고한 원칙이 정립되지 않으면 조직원들은 결코 좋은 아이디어를 내지 않을 것이다.

  이런 측면에서 볼 때, 제일기획, 오리콤, 웰콤 같은 국내 유수의 광고대행사에서 실행하고 있는 '아이데이션'이라는 회의 문화를 도입할 필요가 있다. 그들은 창의적인 아이디어를 얻기 위한 회의를 할 때면, 특정 과제에 대한 자료 조사와 연구를 충분히 한 후에 미팅에 참석하고, 아이디어를 내지 않는 사람은 참석자들로부터 눈에 보이지 않는 비난을 받게 된다. 회의 진행은 철저히 과제 중심으로 이루어지고 회의 참석자는 임원이든 사원이든 직급과 직위에 관계없이 한 사람 한 사람 개개인의 의견을 존중하기 때문에 다양한 아이디어가 나오고 시간이 지날수록 이이디어가 숙성되어 간다. 뿐만 아니라 직급에 상관없이 참석자들은 각자의 아이디어를 내야 하고, 회의 중에 나온 아이디어는 모두 동일한 가치를 지닌 것으로 간주하며, 상대방의 의견을 존중하고 비판하거나 비난하지 않는다는 원칙이 있다. 생각해보라. 사장 또는 임원이라고 해서 아이디어를 내지 않을 것이라면 왜 회의에 참석하는가? 적극적으로 아이디어를 내지도 않으면서 회의에 참석한다는 것은 정말이지 바보 같은 행동이다. 그 시간에 고객을 만나고 거래선을 만나라. 아니면 휴식이라도 취하는 것이 생산적이다.

또 하나의 특징은 일반 회사들과는 달리 무난하다고 생각되는 아이디어나 모방적인 아이디어는 결코 채택하지 않는다는 점이다. 또 회의에서 채택된 아이디어는 타당한 이유가 없는 한 무시하거나 기각하지 않는다. 그 결과 일반인들의 예상을 뒤엎는 창의적인 아이디어가 쏟아져 나오고 그것은 고객 회사의 마케팅 성공으로 이끈다. 그 밖에도 독서 클럽이나 토론 대학을 만들어 다양한 주제를 갖고 자유롭게 토론하도록 기업 차원에서 지원하는 것도 매우 효과적인 방법이다.

Question

1. 학습과 교육에 대한 기본 인식은 어떠한가?
2. 창의적 사고 및 문제해결 능력을 키우기 위해 어떤 방식으로 교육하는가?
3. 창의적인 회의·토론 문화를 조성하기 위하여 무엇을 하고 있는가?

창조경영을 실현할 수 있는 시스템을 구축하자

팀워크 및 커뮤니케이션 능력을
강화하자

팀워크로 일하게 하라

아무리 우수한 인력을 선발하고 그들을 훌륭한 인재로 육성한다고 할지라도, 개개인의 뛰어난 재능과 능력을 창조적인 조직의 힘으로 만들어내지 못한다면 창조경영은 결코 이루어질 수 없다. 진정한 조직 경영이란, 우수한 인재를 뽑고 육성하여 그들이 최대한 능력을 발휘하여 일할 수 있도록 적재적소에 배치하고 회사에 대한 자긍심과 충성심을 갖고 일할 수 있게끔 무대를 만들어주는 것이다. 또한 자발적인 경쟁과 협력이 이루어져 상의하달뿐만 아니라 하의상달의 조직문화를 조성해 전 직원이 신바람 나게 일할 수 있게 하는 것이다. 감성과 이성이 자연스럽게 조화를 이루고, 조직이 일을 중심으로 유연하게 변화해갈 수 있도록 해주어야 한다.

농부들은 모를 한 포기씩 심는 것이 아니라 5~6포기를 한 번에 심는다. 그래야 서로 땅 속 깊숙이 뿌리를 내리도록 돕기 때문이다. 이렇게 함으로써 단단히 뿌리를 내린 모는 여름철의 비바람과 폭풍을 맞으면서도 서로의 뿌리가 뽑히지 않도록 도와준다. 여러 포기가 한곳에서 줄기를 낸 모는 강한 바람에도 줄기가 부러지지 않도록 서로 지탱해주면서 건강하게 자라 결실을 맺게 된다. 마찬가지로 아무리 출중한 사람이라 할지라도 혼자 힘으로는 아무것도 할 수 없다. 팀워크로 일하게 하라. 아무리 큰 기업이라 할지라도 전 조직원의 힘을 한 방향으로 모으지 못하는 한 큰 일을 할 수 없으며, 크나큰 도전과 시련을 헤쳐나갈 수 없다.

삼성전자가 세계인들이 부러워하는 초우량 기업이 될 수 있었던 것도 세계 수준의 인재들이 팀워크를 이루어 강력한 조직을 형성했기 때문이다. 이는 삼성그룹의 이건희 회장과 경영진들이 임직원들에게 최고의 회사라는 자부심과 대한민국 경제를 선도하겠다는 사명감을 심어주었기 때문일 것이다. 또한 천재형 인재를 중시하면서도 프로젝트나 업무 수행 시에는 개인이 아니라 조직력을 중심으로 운영함으로써 상호 협력에 의한 업무 속도를 높여 생산성을 증대할 수 있었던 것으로 판단된다. 이처럼 조직의 원대한 공동의 목표를 전 조직원들이 공유하게 하고, 그들 스스로 소명의식과 사명감을 갖게 하는 것이 중요하다. 그리고 무엇보다도 조직이 함께하기 때문에 강해진다는 사실을 일깨워주어야 한다.

한편 회사는 대기업이든 중소기업이든 최고경영자와 임직원, 그리고 그 가족이 모인 유기체이기 때문에, 리더가 앞장서서 다른 사람들과 함께 협력하며 일하는 방법을 개발하고 교육시킬 필요가 있다. 뿐만 아니라 팀워크를 강화하기 위해서는 우리는 '○○가족'이라는 공허한 구호를 백 번 부르짖는 것보다 임직원과 협력업체, 그리고 임직원 가족들을 한 가족으로 만드는 다양한 프로그램을 개발하는 것이 효과적이다.

커뮤니케이션의 활성화가
조직의 창의성과 팀워크, 생산성을 높인다

미국의 컨설팅 회사인 프라이스워터스 쿠퍼스의 연구 조사에 따르면 '회사 생활의 약 75퍼센트가 커뮤니케이션에 소요되며, 경영자와 직원 사이에서 약 50퍼센트의 정보 손실이 발생하고, 이사회와 매니저들 사이에서는 약 50퍼센트 이상의 정보 손실이 발생한다.'고 한다. 바꾸어 말하면, 조직 내 커뮤니케이션은 팀워크에 필요한 상호 신뢰 구축과 의사소통, 창의적인 아이디어 창출과 지식 공유, 기획·사무직 생산성에 크게 영향을 미친다고 할 수 있다. 특히 조직 내 커뮤니케이션 문제는 의사결정을 지연시키고 환경 변화 대응력을 약화시킬 뿐만 아니라 시장 선점에 필요한 타이밍을 놓치게 하는 등 결정적인 악영향을 끼친다. 이처럼 커뮤니케이션은 팀워크, 생산성, 의사결정 속도와 밀접한 관계가 있다. 특히 커뮤니케이션이 원활할수록 조직원들이 즐거운 마음으로 일할 수 있다. 사람은 즐거운 마음으로 일할 때 업무에 더 집중할 뿐만 아니라 창의력과 협동심이 생기고 업무 생산성도 자연스럽게 높아진다. 조직원들의 건강 상태도 좋아져 건강 상실에 따른 의료비용과 조직원들의 업무 중단과 관련된 많은 기회비용을 줄여준다. 또한 조직에 대한 자긍심을 키워주고 기업 이미지도 높여준다.

한편 팀워크가 잘 이루어지지 않고 있다면, 그 원인은 리더와 중간 관리자들의 사고방식과 업무 스타일에서 찾아야 한다. 또 하나의 원인은 조직원들이 서로 마음을 열지 않는 데 있다. 그러나 리더가 솔선수범하여 긍정적인 언행을 보여주기 시작하면, 조직원들도 긍정적이고 전향적으로 바뀌면서 굳이 팀워크를 강조하지 않아도 저절로 그런 분위기가 형성된다. 서로 마음을 열기 시작하면 자연스럽게 협력하게 되기 때문이다.

앞에서 설명한 내용들을 살펴볼 때, 기업의 생산성을 저해하는 가장 큰 요인은 조직내 커뮤니케이션 문제다. 커뮤니케이션이 활성화되면, 조직에서 사용하는 언어와 각 언어의 의미가 자연스럽게 통일되면서 쉽게 공감대를 형성하게 되고, 의사소통과 의견 통일, 그리고 의사결정의 속도가 급격히 빨라지게 된다. 그 결과 조직 간, 상하 간, 동료 간에 불필요한 에너지 낭비가 줄어들어 업무 속도도 현저히 빨라지고 그것은 곧 생산성의 증가로 이어진다. 조직원 간에는 유대감이 자연스럽게 형성되며, 조직 내의 보이지 않는 장벽도 낮아져 상호 신뢰와 협력의 분위기가 조성된다.

기업의 가치 창출의 근원이 되는 고객과의 밀접한 관계, 우수한 조직 프로세스, 조직 구조와 조직 내에 축적된 업무 지식·노하우·기술 특허 데이터베이스와 같은 지적 자본의 축적과 지식 공유는 가치 창조와 혁신에서 매우 중요하다. 창조와 혁신이란 다양한 정보와 지식, 경험이 새로운 의미를 갖는 방향으로 재결합되고 상호 연결됨으로써 이루어진다. 이러한 지식을 축적하고 지속적으로 재생산해내는 주체는 다름 아닌 사람이기 때문에 커뮤니케이션은 지식의 전파와 축적 그리고 신지식 창출에 있어서 매우 중요한 역할을 한다. 뿐만 아니라, 커뮤니케이션이 활성화되면 비전 공유에 따른 공감대 형성과 조직의 목표가 분명해져 어디에 힘을 쏟아야 할지 조직원들이 쉽게 알게 된다. 따라서 언제 어디서든 정보 및 지식의 전달과 공유가 원활히 이루어지도록 투명하고 신속한 정보 시스템을 구축하고 조직원 상호 간의 원활한 의견 교환이 이루어질 수 있는 커뮤니케이션과 자유로운 토론 문화를 구축해야 한다.

상대를 존중하는 문화와 상대의 의견을 경청하는 문화가 형성되어 있지 않은데, 자신의 소중한 지식과 경험을 다른 사람과 공유하려고 하겠는가? 공식적인 관계는 있다 할지라도 감정적인 교류가 일어나지 않는 사람들에게 자신들의 핵심적인 지혜를 제공하고 공유하려 하겠는가?

이런 문제점들을 극복하기 위해 후발주자로 뛰어들었지만 단기간에 국내 대형할인점 업계 2위로 성장한 '홈 플러스' 삼성테스코나 국내 최고의 광고대행사인 제일기획은 최고경영자들이 솔선수범하는 가운데 "조직원들 간에 자주 머리를 맞대라."고 강조하며 다양한 프로그램을 시행하고 있다. 그들은 조직원들 간의 상호 신뢰 없이는 직원 간, 부서 간 협력을 이끌어낼 수 없으며, 반면에 서로 얼굴을 맞대고 대화를 나누는 일이 많아지면 자연스럽게 마음을 열게 된다는 사실을 알고 있기 때문에 직원 간에 머리를 맞대는 분위기를 조성하려는 것이라 생각한다. 또한 그들은 기업의 모든 일은 리더나 우수 인재가 혼자서 할 수 있는 것이 아니라 강력한 팀워크가 형성되어 있을 때 가능하다는 사실을 알고 있다. 자유로운 모임이 거듭되면서 직원들 간에 다양한 사고와 다양한 관점이 만나면서 새로운 아이디어, 새로운 지식이 창출되기도 한다. 아무리 좋은 아이디어를 채택했다 할지라도 이를 실행하기 위해서는 조직원 간의 상호 협력이 필수적이다. 이처럼 아이디어가 창출에서부터 실행을 통해 꽃을 피우기 위해서는 조직 내 원활한 커뮤니케이션이 이루어져야 한다.

경영진과 조직원 간의 신뢰가 낮아 기업 내 상하 및 동료 간 의사소통이 원활하지 못하면, 경영자가 창의적 경영과 혁신을 위한 변화를 도입하려 해도 조직 내부에서 보이지 않는 강한 저항에 부딪혀 실패하기 쉽다. 이런 조직 내 의사소통에 있어서 가장 큰 문제는 대화 단절 현상이다. 한편 경영진이 조직원들의 의사를 자주 무시하거나 묵살하면 직원들은 점차 자신의 의사를 이야기하지 않게 된다. 특히 이런 현상은 조직 상하 간 대화와 토론을 자주 하면서도 최고경영진이 의사결정을 미루곤 할 때 자주 발생한다. 경영진이나 팀장들에게 문제제기나 새로운 아이디어를 제안해봐야 아무 소용없고 공개적으로 망신을 당하거나 찍힐 수 있다는 피해 의식에 사로잡혀 있을 때도 마찬가지다. 이런 현상이 확산되면 직원들은 문제가 생겨도 신속하게 보고하지 않고 숨기거나 차일피일 미루고, 회의 때는 적극적으로 의견을 개진하지 않게 된다.

이런 문화가 조직에 자리 잡게 되면 아래로부터 창의적인 아이디어의 제안이나 자발적인 업무 참여가 사라지고 경영진에 대한 신뢰는 점점 떨어져 상사의 지시가 없는 한 아무도 나서서 일을 하지 않는 수동적인 조직으로 바뀌게 된다. 뿐만 아니라 경영진에서 아무리 좋은 생각을 갖고 시작한 혁신 프로그램이라고 할지라도, 조직원들은 회사와 조직원들의 발전을 위한 것이라 생각하지 않고 직원을 쥐어짜려고 하는 것으로 단정 짓는다. 따라서 창조경영을 위한 기반을 만들기 위해서는 먼저 경영자와 팀장들이 조직원들의 생각과 존재를 존중하는 분위기를 조성해야 한다. 특히 직원을 존중하는 말과 행동에서 일관성을 지켜야 한다. 이 같은 커뮤니케이션의 단절 현상으로 발생하는 가장 큰 폐해는 조직원들의 창조적인 아이디어를 말살한다는 것이다.

〈LG 주간 경제(672호)〉에 실린 '신뢰 경영의 성공 포인트'라는 글의 일부를 소개한다. 우수한 인재의 이직을 막고, 높은 수익을 올리는 데 큰 영향을 끼치는 조직 내 커뮤니케이션 활성화 방안에 대해 언급한 글이다.

LG경제연구원의 조사에 따르면 국내 기업들 대부분이 경영진과 조직원 간의 커뮤니케이션 수준이 높지 않은 것으로 나타났으며, 개방적인 커뮤니케이션 문화가 정착되어 있다는 의견이 20% 정도에 불과하고, 보다 심각한 문제는 중요한 문제를 제기하지 않고 덮어둔다는 의견이 약 40%나 된다는 것이다. 이와 같은 커뮤니케이션의 단절 및 왜곡 현상이 발생하는 가장 큰 원인으로 경영진과 구성원 간 낮은 신뢰 수준임이 밝혀졌다. 특히 경영자와 임원진, 팀장들의 커뮤니케이션에 대한 그릇된 인식과 올바르지 못한 말과 행동 그리고 스킬 부족이 신뢰 저하의 가장 큰 이유인 것으로 판명되었다.

리더와 팀장이 솔선수범하자

리더가 먼저 솔선수범하는 태도와 자세가 중요하다. 팀장이나 리더가 되려면 대화와 커뮤니케이션에 대한 생각, 태도 및 생활습관까지도 바꿀 수 있어야 한다. 최고경영자 중에는 자신의 위치와 역할이 바뀌었음에도, 과거의 사고습관이나 커뮤니케이션 방식에 빠져서 스스로 몰락하는 경우가 많다. 즉 창의성보다는 벤치마킹과 모방을 통한 일류기업 따라잡기 전략이 중요했던 시절에는 생산성과 원가 절감, 품질 향상이라는 목표를 달성하는데 우리나라의 동질성 문화가 효과적이었다. 하지만 독특한 디자인, 독특한 콘셉트, 혁신 기술, 혁신의 속도가 중요한 창조와 감성의 시대에는 조직 및 팀 운영 방식 또한 창의력, 디자인, 속도를 중시하는 다양성이 살아 숨 쉬는 문화, 개방적 문화로 바뀌어야 한다.

첫째, 조직원들 각자 사고방식, 가치관, 행동방식 등이 다르다는 사실을 존중하라. 팀장이나 매니저가 되면서 사람들은 문화적인 충격을 받는다. 승진에 대한 기쁨은 잠시일 뿐 업무 환경이

180도로 바뀌는 것이다. 그전까지는 상사의 지시와 명령에 따라서 또는 자율적으로 자신의 노력과 능력만으로 일을 하면 됐지만, 팀장이 되는 순간 팀원들을 이끌어 팀의 목표를 달성하고 팀원들이 업무에 만족하고 업무 역량을 키워나가도록 이끌어야 하는 입장이 되기 때문이다.

팀원 시절에는 업무 역량만 탁월하면 되었다. 그러나 팀 리더가 되는 순간 목표 설정과 목표 달성을 위한 실행, 창의적인 전략 수립, 조직 운용과 커뮤니케이션, 팀원 능력의 배양 및 자신의 업무 역량 향상과 관련된 새롭고도 다양한 문제와 도전에 직면하게 된다. 이러한 과제들은 팀장이나 리더가 되기 전에는 전혀 상상할 수 없었던 일이다.

왜 이러한 문제점들이 끊임없이 일어나는가? 개인적인 측면에서 보면 '팀장, 임원, 리더가 되었을 때 어떻게 일을 해야하는가?'에 대해 준비해오지 않았기 때문이다. 또한 기업 측면에서 보면 팀장이든 임원이든 리더의 역할이 조직의 성과에 심대한 영향을 끼친다는 사실을 간과하여 사전교육을 시키지 않은 결과다.

또한 리더는 조직원들이 서로 간의 차이를 이해하고 존중하도록 적절히 관리하지 못할 경우 조직 내 갈등이 생기는 것을 미연에 방지할 수 없으며, 이는 조직의 불화로 이어져 팀워크가 깨지고 조직이 와해되고 만다. 따라서 리더는 단순히 업무 능력과 커뮤니케이션 능력을 갖추었다고 해서 누구나 될 수 있는 것이 아니다. 스스로 준비된 자를 팀장, 임원, 리더로 발탁해야 한다.

둘째, 열린 사고로 직원과 자주 접촉하고, 코치형 리더를 양성해야 한다. 경영진과 조직원 각자가 열린 마음으로 상대의 관점을 이해하고 받아들이려고 노력해야 한다. 특히 경영진이 먼저 열린 모습을 보여주어야 한다. 경영진이 자신의 생각을 조직원에게 강요하거나 정당화하려고 힘쓰기보다는 조직원의 입장에서 문제의 본질을 생각해보고 자신의 의견을 말하기 전에 구성원들의 의견에 좀더 귀 기울일 필요가 있다.

이처럼 열린 마음으로 서로를 바라볼 때, 이제껏 보지 못했던 놀라운 기회와 새로운 지평이 열리며, 창조경영을 위한 새로운 장이 펼쳐진다. 뿐만 아니라 기업은 코치형 팀장을 양성하는 데 앞장서야 한다. 이를 위해서 최고경영자는 먼저 내부 고객을 존중하고 그들의 의견을 경청하면서 코치형 리더십을 갖춘 팀 리더를 체계적으로 양성하는 데 주력해야 한다.

셋째, 기업의 비전과 가치관 공유를 통해 상호 윈-윈하는 관계를 만들어야 한다. 경영자가 바라보는 회사의 모습과 비전, 조직원들이 바라보는 회사의 모습과 비전이 전혀 다르며, 가치관과 추구하는 우선순위도 다르다는 사실을 경영진과 직원들이 서로 인정하고 받아들여야 한다. 사람들마다 '행복'이라는 단어를 다르게 바라보고 해석하는 것처럼 '비전과 꿈'에 대해서도 리더와 조직원들의 생각은 서로 다를 수밖에 없다.

경영자와 조직원들 간에 기업의 비전과 가치관을 공유하지 않으면 원활한 커뮤니케이션이 이루어지지 않으며 공감대가 형성되기 어렵다. 커뮤니케이션의 핵심은 상대방을 설득하는 것이 아니라 상호 간에 공감과 공명을 불러일으키는 것이다. 따라서 직원들이 회사의 비전이나 정책에 대해 "맞아, 그렇지."라는 느낌을 공감하도록 만들기 위한 교육과 노력이 병행되어야 한다. 이를 위해서 직원들의 가치관, 사고방식, 행동방식과 라이프스타일의 차이를 존중하라. 이것이 원활한 의사소통의 기본이다.

넷째, 자유 토론의 장을 만들어라. 열린 마음으로 타인의 아이디어를 수용하는 토론 문화를 만들어라. 조직의 동질성이 강한 경우 일사불란하게 움직이기 때문에 속도와 효율성은 높지만, 창의성과 변화에 대응하는 유연성은 매우 약하다. 리더와 팀장이 말을 많이 하면 할수록 직원들은 자신의 생각을 이야기하지 않게 된다. 이건희 회장은 선대 회장으로부터 '경청(傾聽)'이라는 좌우명을 받은 후, "이건희는 말을 못한다."는 소문이 날 정도로 회의장이나 현장에서 가능한 한 말을 아꼈다고 한다. 리더가 말을 많이 하기보다는 경청하려고 노력할 때 직원들은 적극적으로 자신의 의견을 표현하게 된다.

다섯째, 공통의 언어를 많이 만들어 사용하고, 언어 개념을 통일하라. 공통의 언어를 만들기 위해서는 커뮤니케이션의 룰과 프로세스를 만들 필요가 있다. 조직 내 커뮤니케이션은 정보가 수직적, 수평적으로 신속하게 흐르도록 함으로써 조직원 간의 신뢰를 구축하고 조직의 목표에 대한 공감대를 형성하여 의사결정을 빨리 내리고 조직원들의 힘을 결집시켜 조직 목표를 달성하는 데 매우 중요하다. 뿐만 아니라 자유로운 토론과 의견을 교환하는 커뮤니케이션 문화는 조직원들이 창의적이고 다양한 아이디어를 내도록 하는 데 중요한 역할을 한다. 이처럼 조직 내 커뮤니케이션은 창조경영, 속도 경영, 팀워크 경영에 결정적 영향을 미친다고 할수 있다. 이런 조직 내 의사소통 문화를 만들기 위해서는 최고경영자의 역할이 막중하다. 창조적인 조직 경영에서 조직관리 커뮤니케이션은 장기적이고 근본적인 측면에서 보면 특정 정책이나특정 사업보다 더 중요하다고 할 수 있다.

조직 내 커뮤니케이션에서 의사소통의 왜곡과 혼선, 상호 간의불신과 비협조, 의사결정 속도의 지연, 업무 생산성 저하라는 큰악영향을 끼치는 요인 중에 부서 간, 동료 간, 사용 언어의 불일치에서 오는 문제와 동일한 언어를 사용한다고 할지라도 그 언어를이해하는 개념의 차이에서 오는 오해와 왜곡 문제가 큰 비중을 차지한다. 예를 들어, 영업부서에서는 영업과 마케팅이란 같은 의미로 사용하지만 마케팅 부서에서는 크게 다르다고 생각한다. 이런의식 차이가 커뮤니케이션의 효율성을 심각하게 저하시킨다. 또한 마케팅에서 생각하는 품질과 R&D나 생산부서에서 말하는 품질이라는 개념의 차이도 실로 엄청난 것이다.

마케팅 부서에서는 고객이 인식하고 있는 주관적이고 심리적인 품질이 구매결정의 기준이기 때문에 주관적 인식 품질이 중요하다고 주장하지만, R&D나 생산부서에서는 제품의 소재, 내구성, 기능, 성능이나 효능이 품질의 기준이 되어야 한다고 생각한다. 어느 편이 적합한 품질인가? 그것은 결국 고객이 판단하고 결정한다는 관점에서 보아야 할 것이다.

커뮤니케이션 활성화를 위해 사내 정보공유 시스템을 구축하자

광속의 변화 시대에는 디지털 사내 정보공유 시스템을 구축해야 한다. 최고경영자의 지시와 사내 공지 사항이 말단 사원에게까지 신속하게 전달되어야 하고 현장의 목소리가 회장에게까지 곧바로 전달되어야 하는 것이다. 이런 시스템이 구축, 활용되기 시작하면 커뮤니케이션 왜곡 및 단절 현상을 크게 줄일 수 있다. 또한 기업이 원하는 속도 경영과 의사결정 시간의 단축, 의사소통 활성화에 크게 기여한다. 사내 정보 포털 시스템을 구축할 때는 언제 어디서나 국내뿐 아니라 해외에서도 전 임직원이 실시간으로 업무에 이용할 수 있도록 하는 데 초점을 맞추어야 한다.

이러한 시스템은 사무 생산성을 높이고 의사결정 시간을 줄여줄 뿐만 아니라 직원들 간에 투명한 정보 공유가 이루어져 유언비어가 사라지고 회사에 대한 신뢰도를 높이는 데 크게 기여한다. 또한 눈에 보이지는 않지만 직원들의 지식 공유를 촉진시킴으로써 아이디어 교환 및 업무 협력이 강화되어 창조경영에 기여하게 된다.

직원 간, 상하 간, 부서 간에 커뮤니케이션과 대화가 신속하고 정확하게 이루어지고 상호 간에 공감대를 형성할 때, 서로 간에 오해가 발생하지 않고 신뢰를 구축하게 되며, 조직의 힘이 한 방향으로 결집된다. 따라서 경영자는 조직원들이 신바람 나게 일하도록 만들기 위해서는 토론의 활성화를 촉진하고, 일방적인 상의하달이 되지 않도록 해야 한다. 또한 리더라면 커뮤니케이션을 활성화하기 위해 솔선수범할 필요가 있다.

기업의 성과는 팀워크에서 나오게 마련이며, 상하와 동료의 참여와 협력을 이끌어낼 때 시너지 효과를 창출할 수 있다. 팀장이나 부서장이 혼자 힘으로 조직원을 이끄는 것은 너무나 소모적인 일이므로 대화와 협력을 통해 조직원 스스로 창의적으로 일할 수 있도록 이끌어야 한다. 자기 팀, 자기 스타일만을 고집하여 팀을 이끄는 것을 방지하고 회사 전체의 관점과 외부 환경 변화에 주도적으로 대응해갈 수 있도록 만들어야 한다. 이를 위해서는 개인의 업무 성과도 중요하지만 '팀'과 '우리'가 강조되고 팀으로 평가하는 시스템을 구축해야 한다.

Question

1. 팀워크를 강화하기 위한 프로그램으로 무엇이 있는가?

2. 팀워크 강화를 위해 리더가 어떻게 솔선수범하고 있는가?

3. 조직 내 커뮤니케이션 능력을 향상시키기 위한 프로그램은 무엇인가?

창조경영을 실현할 수 있는 시스템을 구축하자

혁신을 장려하여
도전하는 조직문화를 창조하자

신사업 개척과 신상품 개발이 살 길이다

　남과 다른 창조의 길, 선구자의 길을 가노라면 끊임없이 예기치 못한 상황에 직면하게 된다. 실수를 하지 않기 위해 노력해보지만, 100% 성공하는 것은 아니다. 어느 기업이나 하나의 성공을 이룰 때까지 수많은 실패를 경험했다는 사실을 간과하지 마라. "실패를 어떻게 받아들일 것인가?", "실패를 통하여 어떤 교훈을 얻고 이를 어떻게 업무에 활용할 것인가?"에 대한 해답을 찾으려는 노력이 중요하다. 특히 혁신을 장려하기 위해서는 무엇보다도 리더의 끊임없이 배우려는 자세와 도전하는 자세가 중요하다.

　과거 수십 년 동안 국내외 유명 경영학자들과 기업가들이 혁신적인 신상품과 신사업 개발이 기업의 성패를 결정하는 핵심 요소라고 강조해왔음에도 불구하고, 이를 실천하는 기업과 최고경영자는 드물다. 뿐만 아니라 새로운 성장동력을 얻기 위해 신상품 및 신사업 개발에 나서지만 신개념 상품 개발을 통한 신시장 창출이 거의 일어나지 않는다. 왜 그런 것일까?

그 원인을 몇 가지 정리해보면 다음과 같다. 첫째, 신개념의 상품이란 획기적이어야 한다는 그릇된 선입견으로 인해 불가능에 가깝다고 생각하기 때문이다. 둘째, 조그만 아이디어가 고객의 사용가치를 획기적으로 높이고, 고객의 마음을 끌 수 있다는 것을 인식하지 못하기 때문이다. 셋째, 시장 선도기업의 경우 자사의 신상품이 기존 상품을 잠식하지 않을까 염려하기 때문이다. 넷째, 실패 가능성에 대한 위험 부담을 피하려는 생각에 기존 상품과 사업만을 고집하기 때문이다. 다섯째, 과거의 성공 방정식이 계속 통할 것이라는 착각과 현실 상황에 안주하려는 조직의 타성 때문이다. 여섯째, 리더와 조직원들이 변화를 회피하려는 타성에 젖어 있기 때문이다. 일곱째, 현재 상황이 지속될 것이라는 착각 또는 자신이 일하고 있는 동안만 괜찮으면 된다는 생각이 조직에 만연해 있기 때문이다.

한편 기업이 혁신적인 기술 상품을 개발하면서 실패하는 경우를 살펴보면, 첫째, 많은 경영자들과 개발부서 직원들이 기술 그 자체가 중요하다고 착각을 하고 있기 때문이다. 물론 우수한 기술을 개발하고 보유하는 것도 중요하지만, 더 중요한 것은 고객이 원하는 제품이나 소프트웨어를 만들기 위해 필요 기술을 어떻게 조달하고 활용할 것인가에 대한 회사의 접근방식이다. 그리고 어떻게 시장을 창출할 것인가 하는 상품화 과정과 디자인, 마케팅 중심의 사고가 중요하다. 여기서 눈여겨봐야 할 점은 혁신 기술과 혁신 제품이 실패한 경우는 무수히 많지만, 고객 사용가치가 탁월한 상품이나 서비스가 실패한 사례는 매우 적다는 사실이다. 아무리 혁신적인 기술이라고 할지라도 고객에게 사용가치와 편리성, 재미와 감동을 주지 않으면 실패할 수밖에 없고, 다소 덜 혁신적이라고 할지라도 고객의 시선을 끌고 고객의 감성을 자극할 수 있도록 디자인이 우수한 제품이 성공할 가능성이 훨씬 높다. 그럼에도 불구하고, 너무나 많은 기업의 리더들은 기술개발과 첨단기술 보유 그 자체를 경쟁력의 척도로 생각하고, 최고의 기술과 혁신적인 제품이면 성공한다는 그릇된 신념을 갖고 있다.

둘째, 혁신적인 신상품을 개발할 경우 조직원들이 기존 상식을 깨고 새로운 패러다임을 받아들이도록 설득 및 이해시키는 과정에서 어려운 일이 발생하기 쉽다. 그럼에도 불구하고, 기업들은 이를 쉽게 생각하고 간과하기 때문이다. 사실 신개념의 기술이나 제품 개발은 생산 방식과 업무 방식을 바꾸는 등 패러다임을 전환하고 새로운 상식을 받아들이도록 만드는 일과 같다. 개발의 주체가 아닌 사람들이 그동안 본 적도 없고 이해할 수도 없는 기술이나 방법을 쉽게 받아들이지 못하는 것은 당연한 현상이다. 사람들은 제품 개념보다는 그 제품이 자신에게 어떤 의미를 가지며, 얼마나 유익한지를 따져본 다음 구매하고 제품이나 기업에 대한 신뢰가 형성되지 않은 상태에서는 쉽게 받아들이지 않는다.

셋째, 신상품이 출시된 후 시장에 정착하기까지 1~2년 심지어는 3년이라는 기간 동안 지속적인 마케팅 투자를 해야 하는데도,

최고경영자들은 빨리 수익을 내라고 재촉하기 일쑤다. 그리고 출시 후 불과 수개월 만에 신상품이나 신사업을 평가하고자 한다.

예를 들어, 아무리 건강한 나무라도 옮겨 심은 뒤에는 새로운 토양과 기후에 적응할 시간이 필요하다. 그런데 농부가 새로운 환경에 적응도 하기 전에 빨리 자라서 탐스러운 열매를 맺기를 바란다면, 그 과수를 제대로 재배하지 못할 것이다. 마음이 조급한 농부는 과수가 뿌리를 내리고 어느 정도 내성과 면역력을 갖도록 퇴비를 주고 가꾸는 과정을 생략한 채, 열매를 빨리 맺게 하려고 그에 맞는 간편한 화학비료와 방제 농약만 뿌리는 것이다.

기업가든 농부든 새로운 아이디어를 찾아내고도 실패하는 원인은 새로운 환경을 새로운 눈으로 바라보고 실행하지 못하기 때문이요, 또한 무엇을 해야 하고 왜 그 일을 해야 하며, 어느 기간까지 기다려야 하는지 등에 대한 본질적인 것을 중시하지 않기 때문이다.

새로운 방법, 새로운 아이디어를 적극적으로 만들어내고 시장에서 수용할 수 있도록 하기 위해서는 일정 기간 동안 체계적이고 집중적인 노력을 기울여야 한다는 사실을 명심하라.

과거의 상식이 반드시 오늘의 상식이 되지 않는 것처럼, 오늘의 기준이 미래의 기준으로 살아남을 수 있는 것은 결코 아니다. 따라서 어떤 기업이든 선두자리를 지키려 한다면, 경쟁 상대가 자사와 동일한 제품을 생산하고 동일한 생산기술을 확보하기 전에 반드시 자사 기술과 상품을 과감하게 도태시킬 수 있는 차세대 기술과 신제품 개발에 착수해야 한다. 이와 동시에 선두 지위를 확

창조경영을 실현할 수 있는 시스템을 구축하자

보한 후에 재빠르게 고비용, 고가격 구조에서 생산 비용과 제품 가격을 낮추어야 한다. 이와 같은 공격적인 신상품 개발 전략만이 장기적으로 경쟁에서 승리할 수 있도록 만들어준다.

새로운 아이디어를 받아들이지 못하는 이유

많은 대기업과 오래된 회사들이 환경 변화에 적응하지 못하고 쉽게 좌초하는 원인 중의 하나가 바로 현 상황을 유지, 발전시켜야 한다는 사고방식에 사로잡혀, 새로운 아이디어를 잘 받아들이지 않기 때문이다. 왜 새로운 도전을 거부하고, 새로운 아이디어를 받아들이지 않는 것일까? 그 이유는 대부분의 사람들이 새로운 분야와 새로운 길에 발을 내딛는 것을 두려워하며 과거에 매달리고 현실에 안주하려 하기 때문이다.

그러나 그들도 과거의 시장 상황이 현재와 전혀 다르고, 내일의 기업 상황과 기회 또한 오늘과 확연히 다를 것이라는 사실을 알고 있다. 그럼에도 불구하고 오늘의 성공을 가져다준 현재의 상품과 서비스, 아이디어와 전략이 내일도 계속될 것이라고 착각에 빠져 생활하는 것이다. 그렇다면 조직이 새로운 아이디어를 쉽게 수용할 수 있도록 만들려면 어떻게 할 것인가? 이것이 중요한 문제다.

경영자나 직원들의 생각과 행동방식이 과거에 머물러 있고, 미래에 적극적으로 도전하려는 노력보다는 현실에 안주하고자 하는 데, 어떻게 새로운 아이디어를 적극적으로 생각해내려 하겠는가? 오로지 과거와 동일한 판에 박힌 생각과 행동만이 반복될 뿐이다. 리더가 새로운 변화를 받아들이고, 새로운 지식을 배우는 데 힘쓰고, 새로운 도전에 앞장서라. 그리고 조직이 완전히 변했다는 확신이 들 때까지는 결코 뒤를 돌아보지 마라. 뒤를 돌아보는 순간 과거로 되돌아가게 된다.

새로운 기회를 잡으려면 실패를 격려하라

필자가 즐겨보는 TV 프로그램 중에 〈신화 창조〉라는 것이 있었다. 그 프로그램을 시청하면서 창조경영에 관한 많은 지혜를 얻을 수 있었는데, 그 중 하나는 새로운 성공 신화를 창조하는 것은 초일류 기업 또는 대기업들만의 전유물이 아니라는 사실이다. 기업의 규모와 시장 지위가 중요한 것이 아니라, 어느 기업이든 시대 변화에 따른 기회를 찾아내고 끊임없이 도전하는 용기와 반드시 성취하겠다는 열정만 있다면 성공할 수 있다는 사실이었다. 단 한 번의 시도로 성공한 기업도 없었고, 더 이상 후퇴할 수 없는 상황에 몰리지 않고서 성공한 기업도 없었다. 선택한 이상 뒤를 돌아보지 않고 앞만 보고 달려가는 자세, 우수한 머리보다 반드시 해내겠다는 의지, 할 수 있다는 긍정적 사고가 신화 창조의 비밀이라는 것을 알 수 있었으며, 좋은 아이디어는 수많은 고민과 연구 끝에 탄생한다는 단순한 진실을 새삼스럽게 깨달을 수 있었다.

창조경영을 실현할 수 있는 시스템을 구축하자

그 프로그램에서 소개한 기업 중에서도 특히 '1밀리미터 눈금에 건 승부, 세계를 재는 토종 줄자, 코메론'의 이야기가 인상 깊었다. '지성이면 감천'이라는 격언은 바로 코메론을 두고 하는 이야기였다. 코메론(KOMERON)은 미국 시장과 일본 시장을 장악하며 세계 80여 개국에 줄자를 수출하고 있는 기업이다. 하지만 코메론의 성공 신화가 탄생하기까지는 숱한 난관과 어려움이 있었다. 해외기업 최초로 일본 JIS 규격을 획득한 후 일본 시장에 진출했으나 코메론은 처참하리만큼 냉담한 반응에 눈물을 흘려야 했고, 코메론이라는 브랜드로는 구매하지 않을 테니 OEM(주문자 상표부착 방식) 납품을 요구하는 바이어들 앞에서 독자 브랜드를 고수할 것인가, 포기할 것인가를 놓고 수많은 고민을 해야 했다.

코메론이 해외 진출의 첫 도전장을 내민 곳은 바로 세계 줄자 시장을 석권하고 있는 기술 강국 일본이었다. 까다롭기로 유명한 일본 시장에 진출하기 위해 국내 기업으로는 최초로 0.001밀리미터의 오차도 허용하지 않는 JIS 규격에 도전하여 해외기업으로서는 최초로 JIS 규격을 획득하는 쾌거를 이루었다.

하지만 호사다마라 할까, 임직원 모두의 기쁨과 기대를 안고 선적된 수출물품이 거래선으로부터 품질 불량이라는 이유로 '반품' 통보를 받았다. 이런 쓰라린 좌절을 극복하기 위해 코메론 직원들은 밤낮없이 원인 규명을 위해 난상토론을 벌이면서 기술개발과 품질 향상에 매달린 끝에 세계 최고의 품질과 기술력으로 거듭날 수 있었다. 그 후 미국과 유럽 시장 진출은 성공적이었다.

또한 바이어의 요구에 굴복해 OEM 생산을 할 경우 장기적 성장의 발판을 마련할 수 없다고 판단하고서는 결코 쉽지 않은 길이지만 독자 브랜드를 육성하기로 결심했다. 코메론 상표를 부착하여 한발 한발씩 미국 시장에 뛰어들어 종국에는 미국 내 대형 제품 보관 창고를 건립하였다. 하지만 시련은 그것으로 끝나지 않았다. 대형 거래선에 제품 출고를 앞둔 전날 밤, 토네이도라는 살인적인 광풍이 몰아쳐 코메론 현지 공장이 파괴되고, 보관 중이던 모든 상품이 손상되었다. 공장 전파라는 비보를 접한 순간 임직원들의 심정은 어떠했겠는가? 그들은 피해 현장으로 날아가 공장을 복구하고 제품을 하나라도 건지기 위해 위해 밤낮으로 일했다. 그때 복구 현장을 지나던 미국 TV 방송 카메라에 'KOMERON' 이라는 이름이 포착되어 전파를 타게 되면서 토네이도의 악몽은 곧 전화위복의 기회가 되었다. 미국 전역에 코메론 이름을 알리고, 복구 작업을 하는 동안 본사와 현지 임직원 간에 보이지 않던 벽이 허물어졌던 것이다. 이것이 바로 '지성이면 감천'이라는 말을 증명하는 신화 아니겠는가?

이렇게 미국 시장을 공략한 코메론은 한 단계 더 높은 도약을 위해 디자인과 기술력으로 승부하고자 했다. 이를 위해 세계 곳곳에서 열리는 전시회를 찾아다니며 시장조사를 다닌 비행거리만 해도 지구 80바퀴가 넘는다고 한다. 세계시장의 문을 끊임없이 두드리며 세계시장에서 살아남는 방법은 지속적인 기술 혁신과 디자인이라는 것을 깨달았다. 그리고 디자인이 우수한 상품 개발에 힘쓴 결과, 세계 최초의 자석훅자켓 줄자, 파이버 글라스, 셀프락 줄자 등을 생산하여 세계시장에서 히트할 수 있었다.

오늘도 이 회사는 새로운 신화 창조를 위한 도전을 계속하고 있다. 실패를 격려하는 도전의지, 이것이 바로 창조경영의 요체다.

도전에 따른 실패에서 배우자

무엇을 목표로 하든지 공짜나 요행으로 얻을 수 있다고 생각하는 경영자는 한 사람도 없을 것이다. 목표를 성취하기 위해서는 반드시 대가를 지불해야 하고, 경쟁에서 이기기 위해서는 남보다 먼저 발견하고 먼저 행동하고 먼저 경쟁자를 제압하고 먼저 고객과 시장을 선점해야 한다. 그런데 수많은 최고경영자와 직장인들이 도전을 회피하고 실패를 두려워하면서도 기업이 잘되기를 바라고 있다는 사실에 놀라지 않을 수 없다.

마이크로소프트의 빌 게이츠 회장은 일반 사람들의 통념을 비웃기라도 하듯이 "실패한 기업에 몸담은 경력이 있는 간부를 의도적으로 채용하고 있다. 실패할 때는 창조성이 자극되게 마련이며 그 과정에서 밤낮없이 생각에 생각을 거듭할 수밖에 없다. 나는 그런 경험을 갖고 있는 사람을 주위에 두고 싶다."고 말했다. '실패한 사람에게서 많은 것을 배운다.' 는 그의 생각은 인재 채용에도 그대로 적용되는데, 실패에 대한 그만의 독특한 인식을 엿볼수 있다.

분명한 사실은 이 세상에 학습의 대가를 지불하지 않고 배울수 있는 것이 없으며, 수많은 실패를 극복하려는 노력 없이는 새롭고 창의적인 것을 절대로 얻을 수 없다는 것이다. 세상에는 공짜가 없다는 말을 항상 기억하라. 최선을 다하지 않고, 무엇인가를 얻으려 한다면 그것은 로또 복권이 당첨되기를 바라는 것과 다를 바 없다.

〈로마인 이야기〉의 저자 시오노 나나미는 천년 제국을 건설했던 로마의 위대한 힘의 원천에 대해 "로마는 패자에게도 명예회복의 기회를 주는 사회였기 때문에 실패를 두려워하지 않는 기풍이 형성됐고 실패를 통해 얻은 교훈을 사회가 공유함으로써 지속적인 혁신과 발전이 가능했다."고 지적했다.

생존과 성장을 위한 기회를 붙잡으려 애쓰는 것은 우리만이 아니라 수많은 경쟁자들도 마찬가지라는 점을 기억해야 한다. 그런데 안타깝게도 우리는 보이지 않는 경쟁자의 치열한 노력을 못 본 체 외면하고 있다. 우리가 새로운 전략을 수립하고 아이디어를 얻기 위해서 밤낮없이 노력하는 것 이상으로 그들도 노력하고 있다는 사실을 잊지 마라.

비즈니스 세계에서는 기회를 잡기 위해 남보다 먼저 선수 쳐야 한다. 남다른 통찰력과 예지력 그리고 숨은 노력에 대해 시장은 높은 수익으로 보상해줄 것이다. 비즈니스의 세계는 냉혹하다. 기업이 남보다 먼저 새로운 기술과 제품을 개발하고, 새로운 소재나 생산 공정을 개발하기 위해 노력하지 않을 경우, 고객들은 등을 돌리게 마련이다. 아무리 훌륭한 브랜드라 할지라도, 고객들은 자신들의 마음에 들지 않으면 순식간에 냉정하게 등을 돌리는 것이 현실이다. 세계적인 소니도 이런 현실 앞에서는 어쩌지 못하고 있는 것이다.

변화와 함께 시장에는 끊임없이 기회가 찾아온다. 그러나 기회의 이면에 위험 요인이 도사리고 있는 것처럼, 성공을 위한 기회를 잡으려는 시도에는 반드시 도전에 따른 리스크도 따르는 법이다. 리스크를 과감히 수용하지 않는 한 자신에게 찾아온 기회를 잡을 수 없다. 다른 사람이 쉽게 발견하고 잡을 수 있는 기회는 그만큼 시장의 잠재력도 크지 않다. 진정한 경영자라면, 자신뿐만 아니라 기업 전체가 새로운 도전에 몸을 던지고 모험을 즐기도록 만들어야 한다. 남들의 뒤를 뒤쫓기만 해서는 결코 그들을 앞설 수 없다. 경쟁자를 앞서기 위해서는 남과 다른 기회를 포착하고 남과 다른 일에 뛰어들어야 한다.

예를 들어, 경쟁자와 똑같은 소나타를 몰고 서울에서 부산까지 간다고 하자. 그들보다 먼저 부산에 도착하려면, 한 시간 먼저 출발하거나 아니면 그들보다 빠른 속도로 주행하는 수밖에 없다. 누구나 알고 있는 동일한 길을 동일한 방법으로 간다면 후발주자는 결코 경쟁자를 앞지르지 못할 것이다.

현실의 경쟁에서는 승리가 목적이기 때문에 불법을 저지르지 않는 범위에서 수단과 방법을 가리지 않고 먼저 출발하려고 하고, 같은 시각 또는 한 시간 뒤에 출발한다 할지라도, KTX나 비행기 등의 다른 수단을 이용하려고 할 것이다. 부득이 늦게 출발하고 고속도로를 타야 하는 경우가 생기더라도 경쟁자가 방심하도록 다른 고속도로를 선택할 것이다. 이것은 남과 다르게 하지 않으면 이길 수 없다는 사실을 의미한다. 하지만 진짜 현실은 어떠한가.

경쟁사보다 절대적 열세에 놓여 있는 기업의 경우, 남과 동일한 길을 동일한 수단으로 가려고 한다면 효율성과 생산성을 높이려고 노력해도 결코 앞지를 수 없다. 선도기업이 가는 길을 뒤따르는 한, 그들이 떨어뜨리고 간 부스러기나 좁고 가격 인하 경쟁을 벌이며 피 터지는 싸움을 할 수밖에 없다.

기업이 지속적으로 성장하기 위해서는 변화와 함께 찾아오는 기회와 위협에 지속적으로 도전하여 크고 작은 성공을 만들어내야 한다. 화려한 신화를 창조하는 것이 중요한 것이 아니라 지속적인 도전을 통해 한발씩 전진해가는 것이 필요하다. 실행 없이 결과 없고, 실패 없이 성공 없는 법이다. 마찬가지로 위험을 무릅쓴 도전과 실패 없이 성장과 발전은 결코 없으며, 남과 다른 길을 가지 않고 앞설 수는 없다.

실패를 두려워하지 않는 도전 문화를 조성하자

기업의 경쟁력 향상은 원가 경쟁력을 확보하여 무조건 가격을 낮추는 데 있는 것이 아니라, 고객이 원하는 사용가치와 편리성, 색다른 경험과 즐거움을 제공하는 창의력과 이를 뒷받침할 수 있는 기술개발과 품질 향상, 그리고 고객이 원하는 멋진 디자인의 상품을 만드는 데 있다. 따라서 경영자라면 혁신을 통해 새로운 변화를 만들어내거나 새로운 시장을 창출해야 한다. 즉 어떻게 하면 혁신을 통해 기업의 핵심 경쟁력을 높일 수 있을까, 항상 고민하고 해결책을 찾아야 한다.

이런 과정 속에서 수많은 실패를 겪게 마련이다. 하지만 성공한 기업을 연구해보면 실패는 필연적인 것임을 알 수 있다. 그러므로 실패를 무릅쓴 도전과 실험정신을 격려하지 않고는 결코 정상의 자리에 올라설 수 있는 최상의 기술과 아이디어가 나오지 않는 법이다.

세계 자동차 산업에서 후발주자였던 혼다자동차를 '기술의 혼다'라는 신화로 만든 혼다 소이치로(本田宗一郎)는 생전에 "실수를 저지르지 않는 사람은 위에서 시키는 대로 하는 사람이다. 혼다는 그런 사람을 필요로 하지 않는다."는 말을 하면서 혁신을 위한 도전정신을 강조했다.

혁신이란 신기술, 신소재, 신공정 개발을 의미한다는 그릇된 인식에서 탈피하라. 자사의 목표 성취를 위해서는 경쟁 기업의 힘을 빌리고 경쟁자와 손을 잡는 것도 발상의 전환이요 새로운 혁신이다.

경쟁자는 반드시 죽여야 할 적인가? 때론 협력자가 될 수도 있지 않을까? 〈손자병법〉에도 '이이제이(以夷制夷)'라고 하지 않았는가? 즉 적을 적으로 제압하라는 말이다. 이처럼 세상을 바라보는 관점과 사고방식을 스스로 혁신해야만 치열한 경쟁 속에서 살아남을 수 있고, 폭넓고 다양한 시각에서 세상을 바라보는 기업만이 경쟁에서 앞설 수 있다. 고객이 원하는 상품을 만드는데, 자사기술이면 어떻고 타사의 기술이면 어떤가? 중요한 것은 남보다먼저 고객이 원하는 상품을 개발하여 제공하는 것이다. 경쟁자의 실수에 기업의 미래를 거는 것은 어리석은 생각이며, 반드시 스스로 사고 변화와 사고 혁신을 이루어, 창조의 힘으로 살아남아야 한다.

3M, 화이자, 삼성전자, GE 등 세계적인 기업들은 연구개발 분야에만 투자하는 것이 아니라, 새로운 아이디어를 받아들이고 과감하게 위험을 무릅쓰고 혁신에 도전하며 실패조차 받아들이는 조직문화를 만들고, 시장 지향적인 마케팅 강화에 적극적으로 투자하고 있다.

현대그룹의 정주영 회장만큼 수많은 재기 불능의 실패에 빠졌던 사람도 없을 것이다. 정주영 회장의 자서전 〈시련은 있어도 실패는 없다〉에 나오는 말이다.

"시련은 있어도 실패는 없다. 나는 생명이 있는 한 실패는 없다고 생각한다. 내가 살아 있고 건강한 한 나한테 시련은 있을지언정 실패는 없다. 낙관하자. 긍정적으로 생각하자."

그는 1940년 2월 빌린 돈 4,500원에 자신의 돈 500원을 합하여 자동차 수리공장을 설립했다. "경쟁 회사 수리공장보다 더 빠르고, 더 경제적인 가격으로 수리한다."는 게 그의 슬로건이었고, 자동차 수리를 통해 엄청난 돈을 벌었다. 그러나 회사에서 숙식하며 일을 하던 정 회장의 실수로 공장에 화재가 나는 바람에 고객들의 외제 차량과 공장이 전소되면서 그는 엄청난 빚더미에 올라앉았다. 하지만 그는 스스로 쌓아올린 신용을 바탕으로 일어섰다.

1953년 4월 현대건설은 '교량교' 복구공사를 맡았지만 살인적인 인플레 때문에 공사 계약대금의 두 배가 넘는 손해를 보면서

부도 직전에 몰렸다. 그러나 엄청난 손실에도 불구하고 고객과의 약속을 지키며 쌓은 신뢰와 명성을 바탕으로 한강 인도교 공사를 수주하여 1년 만에 공사를 끝냄으로써 국내 최고의 건설회사로 성장하게 되었다.

이후 1960년대 중반 정주영 회장은 국내 최초로 태국에 진출하여 나라티왓 고속도로 건설 공사를 수주했지만 부도에 몰릴 만큼 수백억 원대의 손실을 겪기도 했다. 그런 엄청난 적자를 감수하면서도 계약기간 안에 공사를 완공했다. 이 공사로 현대건설은 엄청난 손해를 보았지만 그는 실패로 보지 않았다. 오히려 국제공사의 노하우를 쌓고 고속도로 시공기술을 축적할 수 있는 계기로 삼았기에 이후 태국, 베트남, 중동에서 수많은 건설공사를 수주하여 엄청난 돈을 벌어들일 수 있었다. 뿐만 아니라 태국에서 고속도로를 건설했던 기술과 경험은 대한민국 경제 발전의 토대를 이루는 경부고속도로 건설로 이어졌다. 1968년 2월 1일 기공식을 한 후 세계에서 유례를 찾아볼 수 없을 정도로 짧은 기간인 2년 5개월 만에 429킬로미터에 이르는 경부고속도로를 단 429억 원의 공사금액으로 완공했다. 이 같은 경부고속도로 건설의 신화에는 정주영 회장의 역할이 결정적으로 작용했다.

만약 정주영 회장의 실패에도 좌절하지 않는 도전정신과 박정희 대통령의 식견 및 리더십이 없었다면 경부고속도로 건설을 계기로 비약적으로 발전한 오늘날의 한국 경제는 결코 없었을 것이다. 그는 현대 임직원들에게 "모든 일의 성패는 그 일을 하는 사람의 사고와 자세에 달려 있다. 새로운 일에 도전한다는 것은 확실히 대단한 모험이다. 모험이 없으면 제자리걸음을 해야 하고, 그 다음에는 뒤떨어지며, 그 다음에는 아주 주저앉게 된다."고 말하며 도전을 격려했다.

이건희 회장은 2007년 신년사에서 이렇게 말했다.

"실패를 받아들이는 풍토가 조성되어야 한다. 실패와 창조는 물과 물고기 같아서 실패를 두려워하면 창조는 살 수 없다. 실패는 창조의 디딤돌이며 성공을 위한 자산이다."

이 말은 새로운 경영 키워드인 '창조경영, 상상력, 혁신'을 실천하려면, 무엇보다 도전정신이 있어야 하고 도전정신을 살리려면 실패를 두려워하지 않는 도전의식, 적극적 사고가 필요하다는 이 회장의 경영 철학과도 일맥상통한다.

처절할 만큼 실패를 경험한 경영자를 말할 때 애플의 스티브 잡스를 빼놓을 수 없다. 그는 자신이 설립한 애플컴퓨터에서 매킨토시라는 혁신적인 컴퓨터를 개발했으나 기술 중심의 전략 선택과 마케팅 전략에 실패하면서 결국 애플로부터 쫓겨나기에 이른다. 그 후 개인 자산 700만 달러를 투자하여 넥스트(NeXT)를 설립하여, 1988년 10월 최고 성능을 갖춘 PC 넥스트 큐브를 야심작으로 출시했지만 예상외로 판매가 부진하여 크게 실패했다. 그 후 〈스타워즈〉를 만든 조지 루카스 감독이 운영하던 루카스 필름을 1천 만 달러에 인수하여 픽사(Pixar)를 설립한 스티브 잡스는 하드웨어 사업에 주력했으나 IBM과 선마이크로시스템에 밀려 결국 하드웨어 사업에서 철수하지 않을 수 없었다.

이런 실패 속에서 스티브 잡스가 좌절하고 도전을 포기했다면 오늘날의 누드 컴퓨터 '아이맥'과 디지털 뮤직 시스템 '아이팟'의 신화는 탄생하지 못했을 것이다. 그리고 스티브 잡스에게 화려하게 부활한 애플과 창조경영의 CEO라는 명칭은 주어지지 않았을 것이다. 또한 세계 최초의 3D 애니메이션 영화로 전 세계인들로부터 사랑을 받은 〈토이스토리〉도 탄생하지 못했을 것이다.

정주영 회장이나 스티브 잡스 회장의 경우를 보면, 그들은 공통적으로 '모두 잃어보았자 결국 처음 상태로 되돌아가는 것이고, 설마 실패했다고 죽기야 하겠는가?'라는 생각으로 일했던 것 같다. 실패의 과정에서 얻은 지혜와 용기로 다시 시작하면 된다. 아무리 어려운 상황에 봉착해도 해결하지 못할 일은 결코 없다. 이것이 창조경영 리더들이 가르쳐주는 교훈이다.

Question

1. 실패에 대한 당신 회사의 철학은 무엇인가? 그리고 실패에 어떻게 대응하는가?
2. 새로운 도전을 장려하기 위해 어떤 정책을 갖고 있는가?
3. 실패에 대한 기록을 축적하고, 실패 속에서 무엇을 배우는가?

실행 중시의 행동 문화를 만들자

긍정적 사고로 실천하라

정주영 회장의 자서전 〈시련은 있어도 실패는 없다〉 중에 앞에서 한 번 인용했던 말이 있다. "시련은 있어도 실패는 없다. 나는 생명이 있는 한 실패는 없다고 생각한다. 내가 살아 있고 건강한 한 나한테 시련은 있을지언정 실패는 없다. 낙관하자. 긍정적으로 생각하자."

이 얼마나 멋진 말인가? 정주영 회장다운 생각이라고 확신한다. 그는 항상 이런 긍정적인 사고로 도전하였기에 현대자동차와 현대중공업과 같은 세계적인 기업을 일굴 수 있었다.

창의적인 리더나 창의적인 마케터들은 경기가 나쁠 때 오히려 어려운 시장 상황을 타개할 새로운 사업이나 신상품을 개발해보려고 한다. 그렇지만 일반적인 경영자나 사람들은 기존 사업도 잘

안 되고 기존의 제품도 팔리지 않는데, 왜 그런 쓸데없는 일에 신경 쓰냐며 비난하는 경우가 많다. 생각을 바꾸어보라. 모두가 어렵고 위험하다고 말할 때가 절호의 기회가 될 수 있다. 아무도 새로운 시도를 하지 않을 때, 도전적인 사람이 새로운 기회를 잡기가 쉬운 법이다. 모든 문제는 마음먹기에 따라서 기회가 될 수도 있다. 긍정적인 사고를 가지는 한 변화는 곧 기회다. 용기를 갖고 도전하는 사람에게 기회는 줄을 서서 기다리고 있는 법이다. 그렇다. 똑같은 현상을 보더라도 리더의 시각에 따라 불경기가 기회가 되고, 환경의 변화는 위기가 아닌 기회가 될 수 있다. 이처럼 리더의 긍정적인 사고는 발상의 전환과 새로운 성공을 가능케 한다.

경영을 책임지는 리더라면 책임을 회피하기 위해 구실을 찾기보다는 문제를 해결하고 미래를 적극적으로 대비해야 한다. 최악의 상황에 빠졌다고 해서 누군가 나서서 도와주겠는가? 결국 스스로 해결해야 한다. 상황을 긍정적인 시각으로 바라보지 않는 한 출구를 찾을 수 없다. 물론 외부 환경 여건이 좋을 때, 신사업을 시작하든 신상품을 개발하든 편한 것은 사실이다. 경기가 확장 국면에 들어섰을 때는 시장이 자연 성장을 구가하고 경쟁의 강도 또한 완화되지만, 경기가 침체기로 빠져드는 순간 경쟁력 차이가 확연하게 드러나고 실적의 격차가 급격히 벌어진다.

리더는 위기를 기회로 받아들이는 긍정적인 발상을 가져야 한다. 저출산, 고령화에 따른 인구 감소, 환율 변화, 고객 욕구 변화와 같은 외부 환경보다는 환경 변화를 바라보는 시각과 적절한 대응이 중요하다는 점을 기억해야 한다.

예를 들어, 갑작스러운 폭우로 불어난 계곡물에 휩쓸려 내려가는 상황에 빠졌다고 가정해보자. 이런 상황에서 당신은 어떤 생각과 어떤 결정을 하겠는가? 폭우를 원망하며 어쩔 수 없는 숙명이라고 체념하며 빠져 죽겠는가, 아니면 어쨌든 주어진 현실이기에 필사적인 노력으로 헤엄쳐 나오겠는가?

리더는 신상품이나 신사업이 성공할 때까지 포기하지 않고, 목표를 성취할 때까지 계속 시도하기 위해서는 먼저 강한 의지와 함께 밝고 긍정적인 생각을 가져야 한다. 그리고 즐거운 마음으로 일해야 한다. 이 세상에 생각대로 쉽게 이루어지는 것이 어디 있는가?

과거에 존재하지 않았던 새로운 사업은 시작하는 순간부터 예기치 못한 상황에 부딪히게 마련이다. 그 중에서도 가장 어려운 시련은 회사 내부에서 발생하는 경우가 많다. 신사업이나 신상품 출시가 예상보다 부진할 경우, 조직 내부에 잠복해 있던 기득권자나 상습적 불평분자들은 즉각적으로 "왜 안 되는 일을 시작했느냐? 이렇게 가다가는 본업도 어려워질 수 있다. 지금이라도 중단해야 한다"며 거세게 반대할 것이다. 시장에서 기득권자인 경쟁자들과 전문가들이 하는 말을 빌려 "한계에 봉착했다. 전문 역량이 부족해서 어려울 것이다"와 같은 부정적인 말을 하면서 리더가 원하는 방향으로 나아가려 하지 않는다.

생각해보라. 경쟁자들이 당신 회사의 새로운 사업과 신상품이 성공하기를 바라겠는가? 또 전문가들은 자신들이 생각지 못했던 새로운 사업과 신상품이 성공하기를 진정으로 바라겠는가? 결코 성공하기를 원하지 않는다. 왜냐하면 경쟁 기업의 신사업, 신상품의 성공은 곧 자신의 기득권을 포기하거나 기업이 쇠퇴한다는 것을 의미하고, 전문가에게는 자신의 이론체계를 깨뜨리는 것이기 때문이다.

리더 또한 사람이기 때문에 우수 인력의 부재, 자금 부족, 기술 부족, 그리고 고객 신뢰 확보 및 시장 진입의 어려움 등 수많은 과제에 봉착하게 되면 괴롭고 고통스러울 수밖에 없다. 어떤 기업이라도 문제가 발생하지 않는 날이 없고, 더군다나 신사업과 신상품에는 어떻게 풀어야 할지 막막한 문제가 지속적으로 발생하는 법이다.

이런 때일수록 리더는 좌절하는 모습을 보여주어서는 안 된다. 실망하거나 낙담한다고 해서 상황이 호전되는 것도 아니며, 오히려 몸과 마음 모두 의욕을 잃게 되면서 회사는 더 나쁜 상태로 치닫게 된다. 더군다나 리더의 실망은 직원들의 눈에는 절망으로 보이고, 더욱 열심히 일을 해야겠다는 생각보다는 가능하면 빨리 발을 빼야겠다는 부정적인 생각만을 조성하게 되어, 일을 추진하기가 더욱 어려워진다.

따라서 리더는 어려운 때일수록 용기를 잃지 않고 미래의 비전을 제시하며 긍정적이고 적극적으로 일하는 자세가 중요하다. 리더의 마음자세가 새로운 사업이나 신상품이 다시 힘을 얻어 일어서느냐 완전히 추락하느냐를 결정하게 된다. 따라서 리더는 강한 의지와 집념을 갖고 어떤 일에 대해서도 긍정적으로 받아들이고 실행하는 것이 중요하다. '파나소닉'이라는 브랜드로 유명한 마쓰시타의 창업자인 마쓰시타 고노스케는 "성공이란 성공할 때까지 포기하지 않는 것이다."라고 말했다.

이론보다 실행이 우선이다

새로운 창조는 과거의 경험과 데이터를 바탕으로 세워놓은 이론대로 이루어지지 않는다. 창조란 이전에 존재하지 않았던 미지의 세계이니만큼 참조할 사례도 없는 게 당연하다. 전략을 우선시하는 사람들은 좋은 아이디어나 방법만 찾아내면 끝이라고 생각하는 경우가 많다. 하지만 탁상공론만으로는 아무것도 실행할수 없고 결과를 얻을 수도 없다. 현실과 생각이 반드시 일치하란법도 없다. 그렇기 때문에 실행하면서 깨닫고 계속해서 계획을 변경하고 신상품을 보완해야 한다. 완벽한 것은 존재하지 않는법이다. 계획은 실행하기 위해 존재하는 것이요, 실행하면서 예기치 못했던 다양한 문제점들과 마주치고 해결책을 찾는 과정에서 직관력과 통찰력이 크게 향상된다. 이것이 리더에게는 매우중요하다.

미지의 세계에 도전하는 새로운 사업은 정말 어려운 것이다. 실패할 리스크를 감수하고 예상치 못했던 크고 작은 어려운 문제들에 끊임없이 부딪힌다. 참고할 사례도 없고, 설명할 논리도 없기 때문에 조직원들을 설득하기가 매우 어렵다. 그렇기 때문에 더더욱 스스로 도전하는 용기가 중요하다. 리더가 먼저 도전하는 모습을 보여주지 않는 한 어느 누구도 나서서 행동하지 않는다. 따라서 리더는 어느 정도 리스크를 각오하고, 목표를 추진해 나가야 한다. 중요한 것은 이론이나 전략 그 자체보다 실행이 우선이라는 사실이다.

일에 몰두하는 문화를 만들자

일에 미치지 않으면 목표에 다다를 수 없는 것처럼, 창조 또한 업무에 미치는 사람이 많을 때 지속적으로 이루어진다. 사람은 누구나 크든 작든 내면에 창조의 힘과 능력을 갖고 있다. 그러나 특정한 일에 집중하지 않고는 폭넓고 깊은 생각이 들지 않는 법이다.

무한히 잠재된 창조의 에너지를 효과적으로 발휘하기 위해서는 '할 수 있다' 는 자신감과 열정을 가져야 한다. 자신의 꿈에 미쳐야 한다. 꿈을 이루기 위해서는 자신의 일에 미쳐야 한다. 그렇지 않으면 성공에 이르기 위한 새로운 가치, 의미, 방법, 도구, 경험, 상품, 서비스의 창조에 미치지 못하게 된다. 우리의 기술로 세계를 제패하고 말겠다는 뜨거운 열정을 갖도록 만들어야 한다. 매미는 땅 속에서 오랜 시간 동안 인내하며 단단한 고치를 뚫고 나와야 비로소 세상과 만날 수 있다. 누군가의 도움을 받아 허물을 벗고 밖으로 나온 매미는 날개를 펴지 못한 채 떨어져 죽고 만다. 새로운 아이디어 또한 내가 아닌 경쟁자에 의해 주도되어 세상에 나오게 되면 결국 그 아이디어에 의해 나와 내가 속한 조직이 도태되고 말 것이다.

　정부든 기업이든 명확한 비전이 없는 조직에서는 희망과 열정을 찾을 수 없다. 열정이 없는 곳에서 상상력과 창의력이 살아 숨쉬겠는가? 비전이 없다면 직원들이 자발적으로 업무에 몰두하겠는가? 당신이 일하고 있는 회사가 뚜렷한 비전과 열정이 없다면 어떤 선택을 하겠는가? 그 직장을 버리고 다른 회사로 전직을 할 것인가, 아니면 혼자만이라도 새로운 꿈과 목표를 갖고 열정적으로 일할 것인가? 회사의 사장과 임원 그리고 팀장들로부터 비전과 열정을 찾아볼 수 없다고 해서 당신 또한 똑같을 필요는 없다. 당신이 일을 사랑하고 열정적으로 일해야 하는 이유는 팀장과 회사에 있는 것이 아니라 오늘의 당신과 내일의 당신에게 있기 때문이다.

　물론 일에 몰두하는 조직 풍토를 만드는 것은 최고경영자와 팀장들의 역할이다. 이를 위해서는 리더가 솔선수범해야 한다. 비판과 질책보다는 격려와 칭찬을 아끼지 말아야 한다. 〈칭찬은 고래도 춤추게 한다〉는 책도 있지 않은가? 실패에 대한 질책과 비난이 두렵다면 새로운 도전을 할 직원들이 있겠는가? 전략이나 이론을 내세우지 마라. 실행을 격려하고 중시하라.

　리더가 조직원들을 격려하고 칭찬할 때, 조직원들이 서로를 칭찬하고 격려할 때 기업의 운명이 달라질 것이다.

　애사심을 키우고 일에 몰두하는 문화를 만들기 위해서는 더 많은 연봉, 더 많은 복지 혜택을 주는 것도 좋지만 노력하는 사람에게 더 많은 기회를 제공하는 시스템을 구축해야 한다. 그것이 조직의 활력을 높이고 조직원들이 업무에 몰두할 수 있도록 자극하는 가장 좋은 방법이다. 뿐만 아니라 리더나 관리자들이 비판과 질책보다는 칭찬과 격려하는 일에 앞장설 때 조직원들은 자발적으로 일에 집중하는 경향이 강해진다. 승진과 급여 그리고 새로운 기회 제공을 통해 공평한 보상 시스템을 만드는 것은 직원들의 사기를 높이고 자발적으로 일을 하도록 하는 강한 동기부여 수단이다. 철저한 능력 중심의 실력주의가 인사의 근간을 이룰 때, 직원들은 더 능동적이고 적극적으로 일에 임하게 된다.

변화에 앞장서는 공격형 조직으로 만들자

변화의 선두에 서지 않고 성공한 기업이 있는가? 성공한 기업들은 지속적으로 변화하는 환경을 기회로 바라보고 변화를 적극적으로 활용해왔다.

디지털 뮤직 시스템인 아이포드를 개발한 애플, 윈도 OS로 소프트웨어 시장 개척의 선두에 선 마이크로소프트, 메모리 반도체와 플래시 메모리 시장에 과감하게 뛰어들어 신기술 개발을 선도해온 삼성전자, 국내 최초로 육상 건조 공법을 개발하고 독자적인 선박엔진을 개발한 현대중공업, 가스오븐렌지 시장을 개척한 동양매직, 임대 정수기 시장 창출을 통해 정수기 시장 변화를 선도한 웅진코웨이, 유기농 야채와 식품 시장을 개척한 풀무원, 국내 대기업을 대상으로 국제법률 서비스 시장을 개척한 김앤장 법무

법인, 청계천을 재개발한 이명박 전 서울시장 등 수많은 성공 기업과 개인들은 변화의 선두에 서서 공격적으로 일을 실천했다.

그러나 개인이든 기업이든 특정 상품이 히트하거나 신사업이 어느 정도 성공하면 안주하고 싶어하게 마련이다. 벤처 기업을 창업한 사람들이 사업 계획을 가지고 자금을 모으거나, 어느 정도 매출 성장을 이루고 수익이 발생하면서 코스닥에 등록하여 상당한 시세 차익을 얻는 순간 본격적으로 기술개발 투자를 늘리고 기업 경영에 나서기보다는 고급 외제차를 타고 골프 회원권을 사는 등 현실에 안주하려는 경우가 많다.

또 어떤 벤처 기업가는 기업과 상품이 고객들에게 유명해지고 사랑받게 만들기 위해 애쓰기보다는 개인적인 유명세를 위해 강연 활동 및 사회 활동에 몸담기 시작하는데, 이러한 리더의 활동으로 인해 뛰어난 기술력에도 불구하고 경영이 부실해지고 조직내 일하는 분위기가 사라지게 되어 결국 기업을 와해시키는 결정적인 역할을 한다. 이처럼 몰락한 벤처 기업의 사례는 우리 주변에서 쉽게 접할 수 있다.

조그만 성공의 달콤함에 빠져 현실에 안주해서는 결코 안 된다. 기업이 지속적으로 성장하기 위해서는 신상품이나 신사업을 끊임없이 개발해야 한다. 새로운 세계에 도전하려는 용기와 결단력이 없이는 큰 성공을 이룰 수 없다. 실패해도 실망하거나 좌절하지 않고 오뚝이처럼 다시 일어나 계속해서 공격할 수 있는 강인한 정신력을 갖지 않고는 결코 리더가 될 수 없다.

자신이 태어난 고향에서만 살면서 해외로 한 번도 나가보지 않

창조경영을 실현할 수 있는 시스템을 구축하자

은 수비형 사람과 국내 시장만 고집하며 해외시장에 나가보지 않은 현실 안주형 기업이 다양하고 창의적인 생각을 할 수 있겠는가? 사람은 태어나면 서울로 보내라는 말이 왜 생겨났겠는가? 수많은 사람들이 모여 사는 곳에 가지 않고는 많은 것을 배울 수 없고, 기회를 엿볼 수도 없으며, 더 크고 더 넓은 세상으로 가지 않고는 결코 큰 꿈을 이룰 수 없기 때문이다.

대한민국 경제 발전의 견인차 역할을 해온 삼성그룹과 현대그룹의 기업 역사를 보면 공격 경영의 중요성을 알 수 있다.

삼성전자는 메모리 반도체 시장에서 256메가 D램을 개발하여 세계시장 점유율 1위에 올라선 이래, 지속적으로 천문학적인 투자를 감행함으로써 경쟁자들의 투자의욕을 무력화시키고 메모리 용량별 반도체 시장을 지속적으로 선점했다. 그 결과 엄청난 수익 창출과 시장 확대를 통한 매출 증가라는 선순환 구조를 만들었으며, 이런 공격 경영은 플래시 메모리 반도체 시장에서도 똑같이 적용되었다. 결국 반도체 시장의 최강자였던 인텔과 도시바를 제치고 플래시 메모리 시장 1위 자리를 확고히 다진 것이다.

한편 LCD 디스플레이 사업부는 1995년 삼성 기흥 제1공장에서 사업을 개시한 이래 수많은 어려움을 극복하고 5년 만에 종주국 일본을 제치고 대형 LCD 분야에서 세계 1위에 올라서며 1조 원대의 흑자를 내기 시작했다. 하지만 여기에 만족하지 않고 해마다 수조 원에 달하는 공격적인 투자를 집중하여 일본의 소니, 샤프, 마쓰시타, 필립스 등이 투자를 미루는 사이에 기회를 선점하였다. 이런 공격적인 투자로 삼성전자는 세계에서 가장 큰 LCD TV를 지속적으로 개발하고, 차세대 LCD 표준 경쟁을 주도하게 되었다. 그리고 10조 원대의 매출과 2조 원대의 수익을 창출하는 명실상부한 세계 1위 기업이 된 것이다.

이런 지속적인 공격 경영의 현장을 보고 싶다면 충남 탕정을 가보면 된다. 여기에 건설되는 차세대 LCD 생산단지가 바로 삼성전자 공격 경영의 현장임을 실감할 수 있을 것이다.

여기서 우리가 주목해야 할 것은 세계 1위라는 자리에 오르기까지 사업 존폐의 위기도 수차례 겪었으나 반드시 미래 사업을 성공시켜야 한다는 사업부 수장과 이를 믿고 일관되게 지원해준 리더가 있었기에 가능했다는 사실이다. 이처럼 남들이 부러워하는 일은 결코 하루아침에 이루어지지 않았고, 쉽게 이루어진 것 또한 아니다. 어려울수록 내일을 향해 공격적으로 생각하는 것이 필요하다.

특히 급변하는 디지털 기술 시장 환경에서는 현실 안주형 수비 경영으로는 경쟁사의 공격 경영에 속수무책일 수밖에 없다. 경쟁은 우리가 예상하는 방향이나 방법으로 공격하는 것이 아니라, 우리가 예기치 못한 기술과 방법으로 고객의 마음을 사로잡고 고객의 사용 방식을 바꾸어가기 때문이다.

세계 최고를 자랑하던 일본의 반도체와 LCD 디스플레이, 그리고 조선 산업이 한국기업들에게 차례로 시장과 기술 우위력을 넘겨주고 몰락하게 된 결정적인 원인은 현실 안주형 수비 경영과 의사결정을 미루며 시장 변화에 신속하게 대응하지 못했기 때문이다. 따라서 수비형 경영으로는 변화하는 속도에 비례하여 빠르게 쇠퇴하는 길만 있을 뿐, 결코 성장할 수 없다. 기업도 인류 역사상 세계 최대의 몽골제국을 건설했던 칭기즈칸처럼 유목민(nomad) 문화를 도입해야 한다. 돌궐제국의 명장 톤유쿡의 비문에 적힌 "성을 쌓고 현실에 안주하는 자는 반드시 망할 것이며, 지속적으로 이동(변화)하는 자만이 살아남을 것이다."라는 말처럼, 끊임없는 자기 변화를 위한 공격 경영만이 빛의 속도로 변화하는 디지털 기술 시대의 유일한 생존 전략이자 성장 전략이다.

Question

1. 긍정적 사고 조직으로 만들기 위해 어떤 노력을 하고 있는가?
2. 실행 중심의 조직으로 만들기 위해 무엇을 하고 있는가?
3. 공격형 조직으로 만들기 위해 어떤 노력을 하고 있는가?

개방적인 글로벌 조직을 만들자

개방적이고 미래 지향적인 풍토를 조성하자

우리가 인식하지 못하고 있을 뿐 이미 우리 사회 안에도 다인종, 다언어, 다민족 문화가 자리 잡고 있다. 주변에 외국인과 결혼하는 사람이 늘어났고, 매일 얼굴을 맞대며 일을 하는 회사 동료가 외국인임에도 불구하고 아직도 인종과 국가에 대한 편견을 갖고 있다. 진정한 세계화를 이루기 위해서는 정부든 기업이든 개인이든 이처럼 생활 깊숙이 들어와 있는 타 문화와 타 인종, 타 국가에 대한 부정적인 사고와 편견을 버려야 한다. 즉 세계화를 저해하는 나 중심의 사고에서 벗어나는 것이 타 문화에 대한 개방성을 키우는 첫걸음이다.

새로운 창조는 개인이나 기업, 국가를 막론하고 외부 세계를 향해 마음을 여는 것에서부터 시작되고, 다양한 문화와 다른 가치관, 다른 라이프스타일 등을 수용하는 것으로 이루어진다. 서로 다른 생각과 문화가 만나면서 새로운 시각이 탄생하고, 이것이 상상력과 결합하여 새로운 창조를 만들어낸다. 나와 다른 문화, 나와 다른 언어, 나와 다른 업무 영역의 분야를 자유롭게 넘나드는 사고의 개방성과 나와 다른 존재와 나와 다른 시각, 나와 다른 표현을 인정하는 사고방식이 창의성을 만들어낸다. 이제는 우리 기업도 세계로 진출하고 국내 시장에 글로벌 시각을 갖춘 개방적인 조직으로 거듭나야 한다.

여러 분야의 경계를 자유로이 넘나들 수 있는 사람을 찾아라. 다양한 전공자를 받아들이고 다양한 분야의 전문성 개발을 지원하고, 다양한 언어를 구사하는 환경, 다양한 라이프스타일을 즐기는 사람들을 도와라. 그들의 가치를 존중하라. 다기능형 인간을 지원하고 격려하라. 예를 들어, 식품회사라면 각종 요리사 자격증을 따도록 지원하고, 1년에 한 번 요리 축제를 열고, 유명 호텔 주방장을 초청해서 워크숍을 개최하라. 세계적인 여행가를 초청하여, 그들의 입을 통해 세상의 다양한 식문화에 대한 살아 있는 이야기를 들어라. 그 속에서 새로운 아이디어를 얻게 될 것이다. 이러한 노력을 계속하다 보면 조직에는 다양한 사고가 살아 숨 쉬고 다양한 아이디어와 경험이 녹아 새로운 창조와 혁신을 만들어낼 것이다.

같은 민족의 부모에게서 태어나 동일한 문화와 가치관 속에서 자라고 동일한 사고체계에서 배우다 보면, 세상을 자신의 시각에서만 바라보게 된다. 다른 세상을 그들의 시각으로 바라보고 이해하는 눈을 갖지 못하게 되는 것이다. 이처럼 동질적인 문화와 가치관 그리고 사고방식만을 고집할 경우, 결국은 자신보다 개방된 문화와 가치관을 갖고 새롭게 발전한 세력에 의해 퇴출당하게 된다.

이런 사례는 역사에서 쉽게 찾아볼 수 있다. 중동의 이집트와 시리아, 이란, 이라크의 경우 과거 한때는 찬란한 문화와 강력한 국가를 자랑했다. 그러나 타 문화에 대해 폐쇄적이고 배타적인 정책을 펼치면서 후진국으로 전락했으며, 오늘날에도 같은 전철을 밟고 있다.

이에 반해 과거에 비슷한 어려움을 겪었던 우리나라, 중국과 인도는 개혁과 개방 정책으로 다른 문화를 받아들이기 시작하면서 눈부신 속도로 성장하고 있으며 이제는 경제 강국의 지위로까지 부상했다. 이처럼 동질의 문화를 고집하는 국가와 로마처럼 개방적인 사회를 지향하는 국가의 운명은 극명하게 차이 나게 마련이다.

이것이 역사가 가르쳐주는 교훈이다. 결국 특정 국가가 쇠퇴의 길을 걷느냐, 번영의 길을 걷느냐는 이처럼 개방성과 미래 지향성에 달려 있다. 그렇다면 대한민국의 현주소는 어떤 상황에 있는가? 이러한 문화의 개방성은 국가만의 문제가 아니라, 국내 기업에게도 글로벌 기업으로 성장하느냐 마느냐를 결정하는 핵심 요인이다.

중동의 두바이를 보면 쉽게 알 수 있다. 자본과 문화의 개방 없이 오늘 같은 기적을 만들어낼 수 있었겠는가? 무한 상상력 그리

창조경영을 실현할 수 있는 시스템을 구축하자

고 미래를 내다보는 강한 리더십을 갖춘 셰이크 모하메드 왕의 개방성이 국가 발전의 단초를 제공한 것이다. 멘델의 유전법칙처럼 아무리 우수한 유전인자를 가진 집단이라 할지라도 동일집단의 종자끼리 근친교배하게 되면 결국은 열성인자들만 만들어져 세대가 지나면서 약육강식의 무대에서 사라지게 되는 것이다. 국내 기업들이 세계시장에 성공적으로 진출하여 뿌리내리기 위해서는 "영어 등 해당 외국어만 하면 된다."는 구호뿐인 세계화가 아니라, 타인과 타 기업, 다른 국가들의 다양한 사고와 다양한 문화, 다양한 라이프스타일과 행동방식을 이해하고 받아들일 수 있는 개방적인 글로벌 인재가 필요하다.

다양한 분야를 섭렵하고 마음을 열고 바라보자

미국 스탠퍼드 대학에서 기계공학 박사과정을 밟고 있는 김상배 씨가 개발한 '미끄러운 유리창을 성큼성큼 기어오르는 도마뱀 로봇'이 미국의 시사주간지 〈타임〉이 선정한 2006년을 빛낸 발명품에 올랐다. 이 로봇은 군사적 목적이나 우주개발 등 다양한 분야에서 응용될 가능성이 커서, 미국 학계와 미 국방부가 주목하고 있다고 한다. SBS 방송과의 인터뷰에서, 그는 자신의 개방적 사고가 도마뱀 로봇의 발명에 큰 도움을 주었다고 말했다. 어릴 적부터 유난히 새로운 방법으로 무언가 만들기를 좋아했는데 도마뱀 로봇을 개발하게 된 것도 몸에 배다시피 한 독창적인 접근법 때문이었다. 그는 인터뷰에서 "기계공학만 잘해야지 하고 생각한 것이 아니라 생물학을 공부하고 물리학을 공부하다 보면 그쪽에서 생물학자나 물리공학자들이 생각지 못하는 기계공학적 요소들이 있거든요. 세계의 눈을 의심하게 만든 도마뱀 로봇을 개발하기까지는 완성한 로봇을 처음부터 다시 만들기를 100여 차례나 반복한 실패의 연속이었습니다."라며 "수많은 실패에서 배웠기에 성공할 수 있었습니다. 도전정신이라고 그럴까요? 긍정적으로 좋게 받아들이느냐 아니면 거기서 좌절하느냐는 굉장히 차이가 큽니다."라고 말했다.

'도마뱀 로봇' 발명가의 멈추지 않는 도전! 그것은 꿈과 상상력 그리고 수많은 실패로 이어진 무한 도전으로 이루어졌다. 자신의 전공 이외에 다양한 분야를 열린 마음으로 바라보고 주의 깊게 관찰하는 능력에서 창의적 발명이 나온 게 아닐까 싶다.

한편 미국 MIT 미디어랩의 니콜라스 네그로폰테 교수는 100~150달러대의 교육용 초저가 노트북을 개발하여 개발도상국가에 공급하겠다는 목표로 프로젝트를 수행함으로써 초미의 관심을 불러일으켰다. 그가 처음에 이 프로젝트를 발표했을 때, 사람들은 불가능한 일이라고 생각했다.

그러나 최근 그의 아이디어가 현실화되어 상용 제품이 곧 발표된다고 한다. 100달러짜리 노트북이라는 그의 상상력과 기존 컴퓨터에 대한 발상의 전환이 결합된 작품이다.

그는 이런 말을 하기도 했다.

"기술적인 난관에 부딪혔을 때, 엔지니어와는 거리가 먼 사람이 문제를 해결하는 경우가 종종 있다. 그 이유는 사물을 보는 시각이 다르기 때문이다. 그들의 다양한 배경, 여러 전문 분야를 통찰하는 생각, 그리고 다양한 스펙트럼의 폭넓은 경험이 사고를 도약시키는 혁신적 아이디어를 내게 된 것이다."

네그로폰테 교수가 이 프로젝트를 성공적으로 수행할 수 있었던 동인은 다양한 분야를 수용할 줄 아는 개방적 사고를 가졌기 때문일 것이다.

앞의 두 사람의 경우를 보더라도 창조에 있어서 개방적인 사고가 얼마나 중요한지 쉽게 이해할 수 있다. 다양한 분야를 개방적인 시각으로 바라보고, 이질적인 분야가 서로 제휴하고 독특한 방식으로 결합할 때 새로운 창조가 탄생한다.

로마제국의 개방성을 본받아 용광로 문화를 만들자

〈로마인 이야기〉의 저자인 시오노 나나미가 지난해 12월 13일 시리즈의 마지막 권인 제15권을 발표하면서 지구상 천년 동안 세계제국을 지켜낸 로마의 성공 비결이 다시금 화제를 불러일으키고 있다. 로마가 관심을 끄는 이유는 로마제국보다 영토가 넓은 나라는 있었지만 로마처럼 천년간 제국을 성공적으로 유지한 경우가 없기 때문이다.

시오노 나나미는 자신의 저서에서 로마의 성공 요인 중 가장 핵심적인 요소로 '개방성'을 꼽고 있다. 로마는 건국 초기부터 자신들이 정복한 부족을 죽이거나 복종만을 강요한 것이 아니라, 정복한 민족의 지도자 중에 유력자를 뽑아 그에게 원로원 의석을 제공함으로써 로마의 지배계급으로 편입시키는 전통을 만들었다. 이어서 로마는 정복 민족들의 장점을 살려 토목은 에트루리아인, 식량 생산은 시칠리아인, 바다를 통한 교역은 그리스인, 로마 군의 기병 전력 양성은 갈리아인과 게르만인에게 맡겼다. 지역별 특화형 분업 시스템을 만들어 로마를 정점으로 엮는 네트워크 시스템으로 만든 것이다. 이처럼 지역별 고유의 강점을 살린 특화 전략은 균형 발전이라는 그릇된 논리에 빠져 있는 우리에게 큰 시사점을 던져준다.

특히 세계시장을 무대로 소니, 캐논, 파나소닉, 모토롤라, 도요타, 노키아, GM, 포드 등과 치열하게 경쟁하고 있는 국내 대기업들로서는 로마에게서 배울 점이 많다. 특히 개방성, 지역별 특화형 분업과 네트워크 경영 시스템에 주목하길 바란다. 또한 로마가 기득권층의 주도로 개혁을 시도해 지역과 출신을 불문하고 실력자들이 지속적으로 등용될 수 있도록 만들었던 사실도 참고해야 할 것이다. 가족, 동문, 민족을 따지는 혈통주의 및 '공채 몇 기냐'를 따지는 동질문화 중심의 사고와 경영 관행에 젖어 있는 국내 기업들로서는 귀감으로 삼아야 할 것이다.

해외시장 공략을 염두에 두고 있는 기업들은 글로벌 스탠더드에 부합하는 경영 시스템의 도입과 함께, 출신 국가를 불문하고 뛰어난 글로벌 인재를 영입하여 지역별 문화에 맞는 전략을 개발, 실행하는 것이 중요한 과제다. 특히 인재를 발탁할 때는 선진국 출신이냐 개도국 출신이냐, 나이가 몇 살이냐, 본사 출신이냐 아니냐를 따지는 폐쇄적 사고에서 탈피해야 할 것이다.

닛산을 화려하게 부활시킨 카를로스 곤 사장의 경우는 브라질에서 레바논계 아버지와 프랑스계 어머니 사이에서 태어난 사람이다. 국적이 무슨 필요가 있는가? 어느 대학 출신이 무슨 소용인가? 중요한 것은 기업에서 필요로 하는 능력을 갖추었는가 하는 점이다. 로마가 타 민족과 문화에 대해 개방적인 자세를 취하며 천년왕국을 지켰음에 반해, 몽골제국은 동아시아에서 동유럽에 이르는 세계 최대의 영토를 차지했음에도 불구하고 불과 200여 년 만에 지구상에서 사라지고 말았다. 칭기즈칸은 창의적인 사고력과 실행력을 갖춘 강력한 리더십, 기마병으로 구성된 속도전 능력, 조그만 성취에 안주하지 않는 지속적 국가 정복, 대제국을 빠르게 연결할 수 있도록 만든 역참형 네트워크 조직, 이슬람뿐만 아니라 다양한 문화를 수용하는 조직의 개방성 등을 무기로 대제국을 건설했다.

그러나 원정 중에 칭기즈칸이 죽고 나자, 몽골제국 건설의 토대가 되었던 특징도 하나둘 사라지고 말았다. 칭기즈칸을 정점으로 한 강력한 리더십이 무너지고 지배계층 내에서 개방성의 문화가 급격히 퇴색하면서 몰락의 길을 걷게 되었다. 강력한 리더십의 부재는 국가 경영자 계층의 분열을 초래하였고, 정복 지역의 뛰어난 인재들은 칭기즈칸 시대와는 달리 몽골 출신이 아니면 지배계층으로 성장할 수 없게 되면서 갈등을 키울 수밖에 없었다. 더구나 숫자가 적은 몽골인으로서는 광활한 지역에서 발생하는 갈등을 막기에는 역부족이었다. 결국 제국의 역량이 급격히 약화되고 분열되면서 멸망의 길로 들어서게 되었다.

글로벌 경쟁의 시대에는 영원한 적도, 동지도 없다. 창의와 속도가 가장 중요한 경쟁 요인으로 부상하면서 자사의 힘만으로 모든 것을 다할 수도 없다. 삼성전자와 소니는 대형 프리미엄 TV, 캠코더, 휴대전화, DVD 분야에서 강력한 경쟁자임에도 불구하고, 차세대 LCD 패널 생산공장의 합작 파트너가 되었다. 이처럼 양사가 세계 프리미엄 LCD TV 시장의 주도권을 잡기 위해 치열하게 싸우면서도 전략적 제휴를 통해 LCD TV 패널 생산을 위한 합작 공장을 건설하는 것을 보면, 기업의 생존과 성장을 위해서는 적도, 동지도 없는 개방적 사고가 필요하다는 것을 실감하게 된다.

글로벌 환경에 맞는 인사를 선발하자

이제 글로벌 경쟁에서 살아남기 위해서는 새로운 인사 선발 기준이 요구된다. 동질성 중심의 문화에서 다양한 문화를 수용하는 개방형 조직으로 변하지 않으면 새로운 혁신 경쟁과 글로벌 경쟁에서 뒤떨어질 수밖에 없기 때문이다. 동질적인 성향을 가진 사람들의 생각은 대개 천편일률적이어서 다양한 의견이 나오지 않으며, 사람들의 행동방식에서도 서로 비슷한 양상을 많이 보인다. 뿐만 아니라 동질적인 성향과 전공, 경험을 갖춘 사람들이 신상품이나 신사업을 구상하거나 마케팅 전략을 수립하는 경우에는 경쟁사와 다른 독창적인 것을 생각하기보다는, 남들이 하는 것을 모방하거나 그대로 따라하려는 성향이 매우 강하게 나타난다. 이런 문제점을 해결하기 위해서는 새로운 인사 선발 기준이 필요하다. 그 기준은 다음과 같이 크게 두 가지로 구분해볼 수 있다.

첫째, 업무와 관련된 지식과 외국어 구사 능력 그리고 커뮤니케이션 능력을 갖추었는지 파악해야 한다. 그 중에서도 외국어 구사 능력과 커뮤니케이션 능력은 매우 중요하다. 4년제 대학을 나왔거나 일을 하려는 열정과 꿈이 있는 사람들이라면 업무에 관련된 지식을 습득하는 것은 학교 성적이 다소 낮더라도 크게 문제가 되지 않으며 비교적 짧은 시간 안에 배울 수 있다. 그러나 커뮤니케이션 능력과 외국어 구사 능력은 하루아침에 습득되는 것이 아니며, 엄청난 노력과 인내를 요구하기 때문이다. 게다가 고객과의 상담이나 비즈니스에서 일어나는 문제도 따지고 보면 업무 지식 때문이라기보다는 상대방의 언어를 알아듣지 못하거나 상대방과의 소통 문제인 경우가 많다. 특히 외국어 구사 능력을 평가할 때는 단순히 회화 능력을 평가하는 것보다는 다양한 분야의 지식을 구사할 수 있는지를 보는 것이 더 중요하다. 실제로 상담을 하다 보면, 단순히 사업과 관련된 이야기를 한다기보다는 사업 외적인 요인을 이야기하는 경우가 훨씬 많기 때문이다. 그리고 비즈니스는 이성적인 접근으로만 되는 것이 아니라 오히려 감성적 유대관계를 만들어갈 때 더 좋은 성과를 가져다주는 경우가 훨씬 많다는 사실을 고려해야 한다.

둘째, 복수 전공한 다양한 전공자를 뽑아라. 가능하다면 다양한 지역 출신의 사람, 다양한 종교인, 다양한 경험을 가진 사람, 다양한 대학 출신자, 다양한 국가에서 공부한 유학생, 다양한 국가 출신의 외국인을 뽑아라. 이 원칙을 인재 채용 정책의 기본으로 삼고 일관되게 지켜라.

시간이 흐르면서 회사 내에는 개방적이고 다양한 사고방식과 가치관이 자연스럽게 확산될 것이며, 장기적으로는 '창의력과 발상의 전환'이 살아 숨 쉬게 될 것이다. 그리고 리더가 솔선수범하여, 개방적 문화 형성에 앞장서면 다양한 개성과 사고방식을 가진 구성원들에 의해 강력한 팀워크를 발휘하게 될 것이다. 또한 사고방식과 가치관이 다른 동료의 협력을 얻기 위해서 그를 설득하고 이해시키는 과정에서 커뮤니케이션 능력이 크게 향상될 것이다. 이런 다양한 커뮤니케이션 경험은 해외시장 개척 시 큰 효과를 발휘한다. 물론 처음에는 동일한 사고방식과 가치관, 문화의 동질성을 지닌 사람들만을 뽑아서 일할 때보다는 구성원들의 일체감과 충성심이 떨어지고, 목표를 향해 일사불란하게 움직이지는 않을 것이다. 그러나 21세기는 단순한 효율성과 생산성 향상을 통한 가격 경쟁력으로 승부하는 것이 아니라, 새로운 시장을 만들어내지 않으면 살아남을 수 없는 창조와 혁신, 효과 중심의 시대다.

서로 다른 가치관과 문화, 라이프스타일과 행동방식을 가진 사람들이 모여서 일을 한다면, 서로 간의 문화적 차이와 사고방식의 차이, 행동방식과 라이프스타일의 차이, 동일한 행동과 말에 대한 인식의 차이로 인해 충격을 겪고 스트레스를 받기도 할 것이다. 뿐만 아니라 상호 간의 사고와 의식의 차이, 동일한 언어와 행동에 대한 해석의 차이로 커뮤니케이션에 어려움을 겪게 될 것이다. 그렇지만 장기적인 관점에서 기업의 창의성과 글로벌화를 앞당기려면, 다른 사고방식과 다른 문화를 존중하고 수용할 줄 알며, 개방적인 사고와 유연성을 갖춘 인재를 양성해야 할 것이다.

다양한 문화를 이해하고 수용할 수 있는 글로벌 인재를 양성하자

단순히 영어나 스페인어, 중국어, 일본어를 잘한다고 해서 세계시장에서 성공할 수 있는 것은 아니다. 외국어 자체보다는 커뮤니케이션 능력을 갖추고 다양한 문화를 이해하고 수용하며 다른 문화의 가치를 존중할 때 세계시장에 효과적으로 진입할 수 있다. 예를 들어 중국이나 일본에서 상담을 할 때, 아무리 일본어나 중국어를 잘할지라도 영어로 상담하는 것이 효과적이다. 그러나 미국과 유럽권의 나라라면 영어나 현지어로 상담을 하는 것이 훨씬 효과적이다. 왜냐하면 자신의 국가와 문화에 대한 자부심이 매우 강하기 때문이다.

삼성전자와 LG전자가 러시아에서 선보인 창의적인 문화 마케팅을 살펴보면, 다른 문화에 대한 존중과 창의적 활용이 얼마나 중요한지 알 수 있다. 삼성전자는 러시아 사람들의 자존심으로 상징되는 볼쇼이 발레단이 1990년대 초반 재정적인 어려움으로 해체 위기를 맞았던 시절부터 지원하고 있다. 1997년 외환위기의 어려움 속에서도 볼쇼이 발레단을 지원했고, 이러한 삼성의 문화적 접근은 예술을 사랑하는 러시아인들의 마음속에 깊이 파고들었다. 그 결과 국가의 자존심을 살리는 데 앞장서준 삼성전자에 대한 러시아인들의 사랑과 신뢰는 말할 수 없이 대단하다. 또한 러시아의 대문호로 추앙받는 톨스토이를 기념하는 톨스토이 문학상과 상트페테르부르크의 에르미타주 박물관 등을 후원하고 있다. 한편 모스크바를 중심으로 건설한 갤러리 삼성을 러시아 젊은이들의 IT 교육의 장으로 활용하고 있다. 또한 모스크바 볼쇼이 극장 전체를 대관하여 '고객의 날' 이벤트를 개최하면서 '선천성 심장병 어린이 돕기' 행사를 열기도 했다. 이런 문화 마케팅을 편 결과 삼성은 러시아 국민 브랜드로 지정되어 엄청난 신뢰와 사랑을 받고 있다.

LG전자는 삼성전자와는 다르게 해마다 러시아 28개 거점 도시를 순회하면서, 다양한 가족 문화 공연 프로그램인 'LG 페스티벌'을 개최함으로써 러시아인들의 마음을 사로잡고 있다. 또한 최근 러시아에 붐을 일으키고 있는 바둑대회도 후원하고 있다.

삼성과 LG는 자사가 어려운 상황에 처했을 때도 러시아를 외면하지 않았고, 이것은 러시아 시장에서 한국 업체들이 일본 업체를 앞지를 수 있도록 만든 이유가 되었다. 일본 업체들은 1990년대 초반 러시아가 국가적인 외환위기 사태를 맞았을 때 가장 먼저 철수하고, 늦게 돌아왔다.

장창덕 삼성전자 CIS총괄 대표는 "한국 업체들은 러시아가 불황에 빠졌을 때도 꾸준히 인간관계를 맺는 노력을 했고 러시아인들의 마음에 다가가는 문화를 바탕으로 한 창의적인 마케팅 전략을 펴왔기에 오늘날 대호황을 이루게 됐다."는 취지의 말을 한 적이 있다. 이처럼 삼성과 LG는 문화적 차이에 대한 발상의 전환으로 러시아에서 창의적인 문화 마케팅을 편 결과 국민 브랜드로 지정될 만큼 사랑을 받고 있으며 선도적인 입지를 더욱 공고히 하고 있다.

한편 LG전자는 중동 시장을 겨냥한 휴대전화에 이슬람교의 성지인 사우디아라비아의 메카의 방향을 알려주는 기능과 하루 다섯 번 이슬람 기도 시간인 살라트를 알려주는 기능을 내장해 폭발적인 인기를 얻었다. 이것도 다른 문화를 깊이 이해한 데서 나오는 마케팅 성공 사례다.

이처럼 삼성전자와 LG전자의 사례를 통해서도 볼 수 있듯이, 개방적인 회사 풍토와 다문화에 대한 수용 능력을 높여 지역에 맞는 창의적인 경영과 마케팅 활동을 하기 위해서는 단순히 현지 문화를 모방하거나 해당 국가의 기업들이 하는 방식만 따라해서는 결코 성공할 수 없다. 왜냐하면 아무리 모방을 잘한다고 해도 현지인을 능가할 수는 없으며, 그들의 문화와 가치관에 새로운 가치를 더하는 창의적 발상이 가미되어야 성공할 수 있기 때문이다.

진정한 세계화를 이루기 위해서는 다양한 문화를 유연하게 수용하고 이를 새로운 모습으로 창조해낼 수 있는 글로벌 인재 양성이 중요하다. 최근 젊은이들 중에 해외 봉사활동이나 선교활동, 배낭여행이나 어학연수를 다녀오는 대학생들이 급격히 늘어나고 있으며, 국내 취업난을 해결하고자 외국으로 일자리를 찾아 떠나는 젊은이들도 점차 늘고 있다. 안목을 넓히고, 새로운 것을 배우는 데 큰 도움이 될 것이다. 이런 경험을 갖춘 젊은이들을 채용해 다른 나라의 문화를 진정으로 이해하고 창의적으로 활용하는 인재로 육성한다면 세계 경영도 가능하게 될 것이다. 다문화에 대한 개방성과 창의적 유연성을 갖춘 인재가 있는 한 해외 진출은 더 이상 두려운 문제가 아니다.

멀티미디어를 활용할 수 있는 사람, 자신의 전공을 바탕으로 다양한 분야를 이해하고 활용할 수 있는 멀티 기능인, 멀티 컬처를 수용하고 창의적으로 해석할 수 있는 사람, 외국어 구사 능력과 커뮤니케이션 능력을 갖춘 개방적 사고방식을 가진 글로벌 리더형의 인재가 각광받는 시대가 되었다. 과거에는 한 분야의 전문지식을 보유하고 있으면 최고의 자리에 오를 수 있었고 성공이 보장되었지만, 오늘날에는 전혀 다른 분야에서도 능력을 발휘하는 사람들이 커다란 혜택을 받고 있다. 즉 한 가지 분야에서 최고의 전문지식을 가진 사람보다는 연기하는 가수, MC 겸 가수, 토크쇼를 진행하는 변호사, 건강 코너를 재미있게 이끌어가는 요리 전문교수, 특히 고객을 즐겁게 하는 표현 능력이 뛰어난 사람들의 몸값이 천정부지로 치솟고 있다.

국가별 서로 다른 문화를 수용할 수 있는 지역 전문가를 양성하자

이질 문화가 서로 조화를 이룰 때 창의력이 나오는 법이며, 현지 문화를 이해하고 존중하지 않고서는 해당 국가에서 결코 성공할 수 없다. 따라서 단순히 외국어를 잘하는 사람이 아니라, 그들의 문화와 가치관, 사고방식, 행동방식, 라이프스타일을 이해하고 창의적으로 활용할 수 있는 사람을 뽑거나 양성해야만 현지화와 마케팅에 성공할 수 있다. 물론 삼성전자처럼 지역 전문가를 양성하려면 엄청난 시간과 투자가 소요된다. 그들과 똑같이 하라는 말이 아니다. 회사마다 자신들에게 맞는 방법을 개발해야 한다. 그러나 단순히 영어나 현지어를 잘하는 사람보다는 무모하리만큼 저돌적이고 적극적인 행동력을 갖춘 사람을 뽑아서 파견할 때 효과적인 경우가 많다. 해외 바이어들과 상담을 통해 수출하는 사업 형태라 할지라도 외국어만 잘하는 사람이 상담하는 것보다는, 해당 국가의 문화와 가치관, 행동 패턴을 이해하려고 노력하는 사람이 상담하는 경우가 훨씬 효과적이라는 사실을 기억해야 한다.

내수 시장 규모로는 생존이 불가능한 한국의 기업으로서는 반드시 글로벌화하여야 한다. 연간 3천억 달러 수출 규모를 자랑하는 대한민국이지만, 국내 기업 중에 해외에 진출하여 성공한 사례는 많지 않다. 심지어는 삼성전자, LG전자, 현대자동차 또한 과거 해당 국가의 문화, 가치관, 사고방식의 차이를 이해하지 못한 채 진출했다가, 삼성은 AST, LG는 제니스 기업 인수에서, 현대는 캐나다 부르몽 공장에서 비싼 수업료를 지불한 적이 있다. 세계 경영이라는 것이 단순히 기술과 자본, 외국어 능력과 의지만으로 가능한 것이 아니라는 사실을 여실히 증명해주는 것이다.

따라서 기업들은 본격적인 세계화에 착수하기에 앞서 먼저 조직 내부적으로 다양성을 인정하고 존중하며 수용할 수 있는 내적 글로벌화를 이루어야 한다. 이를 위해서는 서로 다른 사고, 서로 다른 문화, 서로 다른 가치관, 서로 다른 종교, 서로 다른 라이프 스타일과 행동방식을 있는 그대로 인정하고 받아들이는 풍토를 조성해야 한다. 이것이 마케팅에서 요구하는 고객 중심의 사고요 고객 관점의 창조경영의 출발점이다.

Question

1. 개방형 조직을 만들기 위해 어떤 노력을 하고 있는가?

2. 글로벌 경쟁 시대를 대비하여 어떤 준비를 하고 있는가?

3. 개방형 조직 성공의 핵심인 능력주의 원칙을 어떻게 유지하고 있는가?

창조경영을 실현할 수 있는 시스템을 구축하자

대한민국 CEO, 창조경영으로 무장하자

 창조경영에 대해 전반적으로 살펴보았지만, 창조경영 전략에 대한 비결이 상세하게 설명되어 있을 것이라고 기대한 독자들에게는 진심으로 죄송한 말을 전하고 싶다.

 경영에는 결코 정답이 존재하지 않으며, 간단히 정답을 도출해 낼 수 있을 만큼 단순하지도 않다. 이와 마찬가지로 창조경영 또한 어떤 특정한 정답으로 설명할 수 있을 만큼 단순하지도 않고 유일한 방법이 있는 것도 아니다. 창조경영을 실천하고 있는 경영자와 기업을 단순히 벤치마킹하여 새로운 경영기법으로 도입한다고 해서 가능한 것도 아니다.

 창조란 절대적인 이론이나 방법으로 이루어지는 것도 아니며, 상상력만으로 현실화되는 것도 아니다. 상상력으로 시작되기 때문에 예술적인 면이 크지만, 결국 아이디어를 현실화하기 위해서는 기술과 기능이라는 논리와 과학이 바탕을 이루어야 한다. 그리고 경영에는 경영자가 상상하는 것만큼 다양한 방법이 존재한다는 사실에 주목해야 한다. 따라서 경영자는 기업의 규모와 인적 자원, 조직 특성에 맞는 방법론을 개발, 도입하여 창의적인 아이디어를 현실화시키면 된다.

특히 창조경영은 리더가 미래의 원대한 야망을 시각화시켜놓은 디자인을 창의적 감성적 논리(creative emotional logic)로 남다른 열정과 실행으로 현실화시켜야 하는 것이다. 결국 창조경영의 출발도 리더요, 완성 또한 리더의 숙명이자 의무라고 할 수 있다.

이제 우리나라도 창조경영으로 전환할 시점이다. 더 이상 과거에 함몰되어서는 내일을 기약할 수 없다. 일본을 벤치마킹한 균형발전의 그릇된 환상에서 깨어나야 한다. 국가도 지방도 특화발전만이 살 길이다. 이제는 5년, 10년 후의 미래를 구체적으로 꿈꾸어야 할 시간이다. 미래를 꿈꾸는 사람에게는 오늘이 항상 의미 있게 다가온다. 변화의 출발점인 오늘에 내일의 무한한 가능성이 있다.

오늘 우리나라가 어떤 나라인지가 중요한 것이 아니라, 내일을 위해 무엇을 하고 있느냐, 무엇을 성취하려고 하고 있느냐가 중요하다. 리더가 미래에 대한 꿈과 상상, 도전정신, 성취하고자 하는 열정을 포기하지 않는 한 반드시 성공할 수 있다. 진정한 리더라면 미래의 가능성을 우선시하고, 지금까지 어떻게 해왔느냐가 아니라, 내일의 큰 꿈을 상상하고 지금 무엇을 할 것인가에 관심과 노력을 집중해야 한다.

이제는 창조적인 경영자들을 존중하고 그들의 기업가 정신을 북돋아주는 사회 분위기를 만드는 데 국민 모두가 나서야 할 때다. 제2의 정주영 회장, 이건희 회장과 같은 창조적인 경영자들이 수없이 나와야 우리는 다시 한 번 제2의 한강의 기적을 일으킬 수 있을 것이다. 스티브 잡스나 셰이크 모하메드 왕과 같은 훌륭한 창조형 경영자들을 굳이 해외에서 사례를 찾을 이유가 없으며, 세계인들이 존경하는 기업가들이 국내에도 수없이 많다. 우리가 우리 것을 소중하게 생각하지 않았기 때문에 백안시해왔을 뿐이다.

이제라도 눈을 돌려 창조경영을 실천하는 기업가를 찾아 그들을 사회적인 영웅으로 만들고 격려하는 노력이 절실히 필요하다. 그리고 이러한 사회 분위기가 만들어질 때, 우리나라 창조경영의 미래는 밝을 것이다. 기업가들이 비난받는 사회 분위기에서 국가 발전은 결코 이루어질 수 없다. 그런 사람들이 목소리를 높이는 사회가 되어서는 미래가 없음을 깨달아야 한다. 기업가를 비난하고 남들이 하는 것을 벤치마킹하고 흉내만 내면서 과거의 패러다임에 매몰된 채 살아가고 있는 정치인들의 경제 발전 공약과 구호만으로 새로운 일자리가 창출되고 국가가 발전하는 것은 결코 아니다. 이제는 생각을 바꾸어야 한다. 기업가를 격려하고 그들의 피땀 어린 노고에 감사하는 마음을 갖자.

이 글을 쓰면서 작은 소망이 있다면, 자신의 생명을 걸고 사업을 이끌어가고 있는 중소기업이나 대기업의 경영자, 그리고 새롭게 창업을 꿈꾸는 대한민국의 모든 분들이 진정으로 존중받는 사회가 되는 것이다. 그들이야말로 21세기 한국 경제를 이끌어갈 진정한 주인공들이라는 말을 전하고 싶다. 필자들 또한 그들의 노고에 빚지고 있다는 생각을 하며, 그들의 노고에 감사의 말과 박수를 보낸다. 비록 어려운 사회 현실이라 할지라도 이 땅의 기업가들이 다시 한 번 용기를 내서 기업가 정신을 되새기는 계기가 되기를 바란다.

한국기업 생존의 열쇠
창조경영

초판 1쇄 발행   2007년 4월 30일
초판 2쇄 발행   2008년 3월 19일

지은이 신순철 · 김동준
펴낸이 박종홍
펴낸곳 이코북
기획편집 박윤희

주소 서울시 마포구 동교동 153-18 2층
전화 02)335-6936
팩스 02)335-0550
E-메일 ecobook@paran.com

ISBN 978-89-90856-24-1 03320

값 13,000원